作者简介

孙　静　2005年毕业于复旦大学，获历史学博士学位。现为大连民族大学东北少数民族研究院教授，辽宁省“百千万人才工程”千人层次人选，辽宁省中青年决策咨询专家库成员。主要从事满族历史文化研究。主持及参与国家及省部级科研项目多项。专著《“满洲”民族共同体形成历程》获得大连市人民政府学术著作出版资助，并获辽宁省第十二届（2010—2012）哲学社会科学成果二等奖、2010年度国家民委社会科学优秀成果三等奖、大连市第十四届社会科学进步奖三等奖等多项奖励。在《历史研究》《史林》《史学集刊》等刊物发表学术论（译）文30余篇，论文曾获大连市社会科学进步奖及中国人类学民族学年会优秀论文等多项奖励。

辽宁省教育厅科学研究一般项目（W2013307）成果

满族史论稿

孙　静◎著

人民日报出版社

图书在版编目（CIP）数据

满族史论稿 / 孙静著．—北京：人民日报出版社，2017.12
ISBN 978-7-5115-5133-7

Ⅰ.①满… Ⅱ.①孙… Ⅲ.①满族—民族历史—中国—文集
Ⅳ.①K282.1-53

中国版本图书馆 CIP 数据核字（2017）第 294763 号

书　　名：满族史论稿
著　　者：孙　静

出 版 人：董　伟
责任编辑：梁雪云
封面设计：中联学林

出版发行：人民日报出版社
社　　址：北京金台西路 2 号
邮政编码：100733
发行热线：（010）65369509　65369846　6536528　65369512
邮购热线：（010）65369530　65363527
编辑热线：（010）65369526
网　　址：www.peopledailypress.com
经　　销：新华书店
印　　刷：三河市华东印刷有限公司

开　　本：710mm×1000mm　1/16
字　　数：230 千字
印　　张：14.5
印　　次：2018 年 1 月第 1 版　　2018 年 1 月第 1 次印刷

书　　号：ISBN 978-7-5115-5133-7
定　　价：68.00 元

目　录
CONTENTS

01

内　编

协调与融通:清代满汉关系的演变

清政权是一个满洲居于支配地位的全国性政权。满汉关系在清代多民族国家中具有极其重要的地位,满汉关系的发展变化直接影响着清政权的稳定与中国社会的发展。满汉之间的交往联系始终受到清政权政策调整的影响而表现出鲜明的阶段性特征。从清政权初兴到其覆亡,满汉之间存在矛盾冲突,但双方关系亦有缓和友好的一面,经济文化的交流与融合构成了彼此间关系的主流。

一、清入关前满汉关系的调整

——岳讬的民族思想

岳讬(1599—1639 年),清太祖努尔哈赤孙,礼烈亲王代善长子,因深得祖父的喜欢,养育宫中。初授台吉,后晋封和硕成亲王,主镶红旗,长期统摄兵部,是清初智勇双全、不可多得的重要将领。遗憾的是,岳讬英年早逝。崇德四年(1639 年)三月,皇太极览阅多尔衮伐明捷奏,此中未有岳讬之名,皇太极"惊问之,知病卒,恸哭久之。令且勿使礼亲王知。为辍饮食者三日"①。从皇太极"大恸、辍膳"这一举动,我们不难体味出他对岳讬薨于军中的悲切之情。事实上,皇太极继后金汗位后,岳讬积极辅佐新君,在后金政权从乱到治的转变过程

① 阿桂等纂修:《盛京通志》卷 66,国朝人物二 · 原封成亲王追封克勤郡王岳讬,辽海出版社 1997 年,第 1016 页。

中发挥了极为重要的作用。岳讬最突出的政绩当是天聪六年(1632年)正月以管兵部贝勒身份上奏皇太极,提出了著名的《善抚人民疏》。在这份上疏中,岳讬阐明了他在满汉关系问题上的基本立场与主张,本部分拟以《善抚人民疏》为主,在参稽相关资料的基础上,初步探析岳讬的民族思想,以期深刻理解清入关前民族政策的调整及其重要意义。

(一)

"善抚"是岳讬民族思想的核心,"善抚人民"意即善抚汉民。岳讬主张善抚汉民,通过缓和满汉之间的紧张关系,从而实现人心归附而大业可成的政治理想。具体而言,其民族思想主要包括以下相互关联的三个方面。

首先,岳讬强调争取大凌河降服将士的信任具有重要意义。"若能善抚此众,嗣后归顺者必多,且更宣明前事以告于众,则人皆信服矣"。[①] 善抚汉民的主张建立在对"屠戮汉人"政策进行批判的基础之上,岳讬明确指出:"先年克辽东广宁,其汉人拒命者诛之,后复屠戮永平、滦州汉人,以是人怀疑惧,纵极力抚谕,人亦不信。"屠戮汉人的后果是非常严重的,皇太极统治下的后金政权要重新赢得汉人的信任必将困难重重!与此同时,岳讬对这种局面的出现也有比较清楚的认识,"前杀辽东兵民,此亦当时事势使然,然我等不胜追悔。后杀永平兵民者乃二贝勒阿敏之事"[②]。天命后期的屠戮确有"事势使然"的一面。努尔哈赤决意将八旗迁往辽东,为安辑数十万满洲军民,势必以牺牲汉民的利益为代价。但是,时过境迁,皇太极即位后大力推行宽仁爱民的政策,"今天与我以大凌河汉人,正欲使天下皆知我国之善养人也"。在岳讬看来,妥善安置大凌河降服汉人正是争取汉民、改善满汉关系的重要契机。

其次,岳讬将各类归降汉人分为三类,并提出了区别对待的善抚措施。第一类是"归顺投降的将士"。对于孤身者来说,即根据他们官职的大小将诸贝勒、大臣之女许配为妻,"其大臣之女仍出公帑以给其需",也就是说国家还要提供他们的衣食所需。为了防止归降将士受到诸贝勒、大臣之女的欺凌,岳讬甚至提出了"咎在父母,犯即治罪"的惩治原则。对于原有妻室的归顺者来说,他

① 《清太宗文皇帝实录》卷11,天聪六年正月癸丑条。

② 《清太宗文皇帝实录》卷10,天聪五年十月丙寅条。

亦不顾诸贝勒、人臣的反对，坚持"彼既离其家室，孤踪至此，诸贝勒大臣以女分之"。在"予以家室"这个问题上，岳讬的态度明确而坚决，他深信唯有如此，才能收到"使其妇翁衣食与共，虽故土亦可忘也"的效果。通过满汉联姻甚至是强制性的婚姻家庭生活来感化、收买汉民，以此获得统驭天下之操术，岳讬的用心可谓深沉。

第二类是"归降各汉官"。岳讬要求诸贝勒"人给庄一区"。另外，他还命令"每牛录各取汉男妇二名，牛一头，即编为屯，共为二屯"。给归降汉官分配男妇、耕农，确保他们的家产、家业。同时，提供人口、耕牛的人家也能享受国家的补偿，所谓"出人口、耕牛之家，仍令该牛录以官值偿之"。对于汉官的从人，岳讬建议将各牛录之下的寡妇配予为妻。

第三类是"收编的明之降卒"。"明之兵士从前弃乡土，离妻子，穷年累月戍守各城，一苦也；畏我兵诛戮，又一苦也。此等无业之人不能治生，或资军粮以自给。"资以军粮能够保证明之降卒的生活，但并非长远之计，"若有身家之人，岂犹恋此军饷乎"。岳讬认为，善抚收编降卒的关键是令其成为"有身家之人"。因此，他制订了周详的计划，"令满汉贤能官员先察汉民女子寡妇，酌量给配；余察八贝勒下殷实庄头有女子者，令其给配，如无女子，令各收养为子，为之婚娶。免其耕作，有军兴，则隶戎伍；其余更令殷实商贾，分给婚配"。通过酌量给配、为之婚娶、分给婚配等不同手段为明之降卒"予以家室"，从而创造"毋致一人失所"的社会环境，以此来确保后金政权的安定。

最后，岳讬明确指出，善抚汉民必然造成"人心归附而大业可成"的局面。所谓大业即是入主中原，实现全国范围内的政治统治。事实上，整个天聪年间，满洲最高统治者对于统一中原这样一个宏大的战略目标还是心有余而力不足的。直到天聪九年(1635 年)，皇太极对朝中主张兴兵伐明，攻打京师者仍持反对意见。他说："至谓朕宜速出师以成大业，此亦不达时势之见。夫朕岂不愿成大业，而专以游畋为业耶？但图大事亦须相机顺时而动。……若人心未和，虽兴师动众，焉能攻城必克，野战必胜，今以速击师为言，乃小人之浅见。"①积蓄力量、做好克取京师的各项准备乃是当务之急，而对汉政策直接关乎后金能否实现入主中原的宏伟大业。在与明军民的正面接触中，满洲统治者已经意识到：

① 《清太宗文皇帝实录》卷 22，天聪九年二月戊子条。

屠城掠地，明军民就婴城固守，至死不降；诛戮汉人，不唯难以进取，即求为割据关东也不可得。而要进取，要向中原步步推进，就必须改变屠掠的野蛮做法，并逐渐与自身落后的一切决裂。从此种意义来说，岳讬善抚汉民的指向与目的至为清晰，争取汉人并一统天下，也就是说，岳讬的民族思想着眼并服务于其政治追求。

（二）

岳讬的民族思想集中体现在对满汉关系的认识上。可以看出，贯穿其思想始终的实质是“善抚”两字，岳讬坚持“善养之道当先予以家室”，即千方百计地为降服汉人创造并提供居家的生活环境，通过此种怀柔手段来感化并最终取信于他们。善抚汉民思想的形成既受到天聪年间满汉关系发展变化的深刻影响，同时也与岳讬独特的阅历及其政治远见密不可分。

自天命五年（1621 年），后金政权进入辽沈地区，随着征服战争的不断扩大，大量汉人进入后金统治圈内，如何稳定汉人的民心遂成为后金政权胜败存亡的关键问题。努尔哈赤后期推行“恩养满洲，诛戮汉人”的基本国策，导致满汉矛盾与冲突与日俱增，后金的发展受到严重限制，正如生员胡贡明直言，努尔哈赤“多疑过杀，不知收拾人心，而天即以辽土限之耳”。①

天命十一年（1626 年）努尔哈赤病逝，皇太极在八旗诸贝勒拥戴下即汗位。由于天命末期的殷鉴未远，痛创犹新，权力的更替又为政策的调整提供了可能。皇太极即位伊始便降谕宣布“赦已往潜逃通敌者，嗣后叛逃论死要有实据，减轻徭役，用恤民力；停止圈地，使满汉各安其业；审拟罪犯、差徭公务，满汉相同，严禁八旗官员及贝勒庄头科敛民间财物；将十三丁汉人庄屯改为八丁庄屯，其余汉人分屯别居，编为民户，择汉官清正者辖之；实行诬告反坐”②等诸多安抚汉民的措施，满汉关系从紧张对立逐步趋于缓和。但是，在“养人”问题上满洲统治集团内部始终存在矛盾。所谓“养人”就是如何安置明之降民：是屠戮，还是留养；是沦为奴，还是编户为民。满洲保守贵族认为养人于己无益，屠戮更为便利。天聪三四年间，后金军队攻占遵化、永平、迁安、滦州，曾将降民编为民户，

---

① 《胡贡明陈言图报奏》（六年正月二十九日），载《天聪朝臣工奏议》卷上，辽宁大学历史系 1980 年，第 9 页。

② 《清太宗文皇帝实录》卷 1，天命十一年九月甲戌、丙子、丁丑条。

皇太极特谕和硕大贝勒阿敏:"此四处降民为汉人未降者所属目,岂可令其失望。"①而阿敏竟屠戮永平等地归降官民,"令其妻子为奴"②,并俘获了大量人口财物。由于后金杀戮及抢掠汉人为奴的政策并未彻底改变,汉人的抵抗情绪仍然非常强烈,后金在辽东地区的统治依然困难重重。为了从根本上扭转这一被动局面,皇太极坚持改变屠戮汉人的政策。天聪四年(1630 年)二月谕曰:"天以明土地人民予我,其民即吾民,宜饬军士勿加侵害,违者治罪。"③显然,汉人已经以"民"的身份被满洲统治集团接纳,既然"满汉人民,均属一体",恩养汉人就是情理之事,岳讬善抚汉民的主张正是在这一历史背景下应运而生的。

岳讬民族思想的形成是特定时代的产物,同时也与其特殊经历息息相关。岳讬很早就投身戎马,并立下赫赫战功。天聪五年(1631 年)后金初设六部,他即奉命掌管兵部。同年七月,皇太极亲率大军,对明发动了大凌河之战。在这场战役中,岳讬偕同贝勒阿济格率兵两万作为后备军。由于皇太极部署严密,采取了围城打援的正确战术,明军"外无援兵,内无刍糗,军民危急已极",城中"粮绝薪尽,兵民相食"。尽管形势十分严峻,明军仍死守空城。十月,明总兵祖大寿见大势已去,"降志始决",遂以养子祖可法为质向后金请降。在与祖可法商谈大凌河投降事宜时,岳讬对明军死守空城甚为不解,"因问尔等死守空城何意",祖可法直截了当地告诉他:"畏屠戮耳!"祖可法进而解释说:"上于贫者赈给衣食,富饶者秋毫无扰。宽仁爱民之德,远近闻之,然我国人犹不信也。"④与祖可法的这番谈话深深地触动着岳讬,他未曾想到天命年间的屠杀已成为汉人心里挥之不去的巨大阴影。祖可法辞归三日后,大凌河明军便以城降。天聪六年正月,岳讬上《善抚人民疏》,提出了善抚汉人的一整套主张。从此疏上奏的时间及内容不难发现,大凌河的经历无疑是促使岳讬重新审视满汉关系并提出善抚政策的直接动因。

(三)

实际上,满汉关系的发展变化直接影响着后金政局的稳定与发展。如何处

① 《清太宗文皇帝实录》卷 7,天聪四年五月壬辰条。

② 《清太宗文皇帝实录》卷 7,天聪四年六月丙寅条。

③ 赵尔巽等撰:《清史稿》卷 2,太宗本纪一,中华书局 1997 年,第 32 页。

④ 王锺翰点校:《清史列传》卷 78,贰臣传甲 · 祖可法,中华书局 1987 年,第 6436 页。

理与降服汉民的关系，这是当日任何一个政治家都无从回避的棘手问题。作为皇太极政权的坚定支持者，岳讬积极支持皇太极恩养汉人的施政原则，在大凌河战后，他更是旗帜鲜明地提出了善抚汉民的主张，这一主张切中时弊，深得皇太极的赞赏，史称“太宗嘉纳之”。[①] 毋庸置疑，岳讬的民族思想包含了诸多合理要素，时至今日，这些要素仍然值得我们珍视。

第一，在理性的民族观念之中，对国家前途与命运的关注往往会超越狭隘的民族集团利益。历史的发展证明，满汉上层及其人民终究是要和睦相处的。但是，在彼此敌对情绪仍然非常尖锐的情况下，对于满汉关系问题，后金国中有汉官因谏言而遭杀身之祸者，所以长期以来人们对这一敏感问题都避之若浼。岳讬抛开满汉之间的成见，善抚人民的主张“计高一筹，这在家族中也是出类拔萃，与众不同的”[②]。在后金统治集团中，意识到满汉关系重要性的不乏其人，但是，最早郑重提出这个问题的却是岳讬。岳讬果敢睿智，站在后金事业发展的立场，他抛开狭隘的民族利益，坚持“若不加抚养，将操何术以取天下”的善抚政策。诚如其后范文程指出：“自古未有嗜杀而得天下者。国家欲统一区夏，非乂安百姓不可。”[③]将满汉关系问题提升到统一天下的认识高度，从政治层面阐述善抚汉民的重要意义，并提出具体的操作方案，这正是岳讬的高明之处。

第二，善抚汉民抓住了解决满汉问题的核心，顺应了满洲社会的发展大势。早期满洲社会“地窄人稀，贡赋极少，全赖兵马出去抢些财物”[④]。满洲将士以“抢西边”为令人欣然向往的生财之道。[⑤] 朝鲜人李民寏记天命间后金“出兵之时，无不欢跃，其妻子亦皆喜乐，惟以多得财物为愿”[⑥]。天聪前期，屠掠汉人在满洲社会中仍有广泛的社会基础，而这恰好为部分权贵维护一己私利的难言隐衷提供了绝好的口实。大凌河战后，阿济格抱怨：“我兵围大凌河四阅月，尽获其良将精兵，在皇上与诸贝勒固有得人之庆，但部下士卒及新附蒙古等一无所

---

① 阿桂等纂修：《盛京通志》卷66国朝人物二·原封成亲王追封克勤郡王岳托，辽海出版社1997年，第1015页。

② 张玉兴主编：《爱新觉罗家族全书·文集述要》，吉林人民出版社1997年，第55页。

③ 王锺翰点校：《清史列传》卷5，大臣画一传档正编二·范文程，中华书局1987年，第258页。

④ 《胡贡明陈言图报奏》（六年正月二十九日），载《天聪朝臣工奏议》卷上，第10页。

⑤ 《王文奎条陈时事奏》（六年八月），载《天聪朝臣工奏议》卷上，第16页。

⑥ 李民寏：《建州闻见录》，载《清初史料丛刊》第九种，辽宁大学历史系1978年印，第44页。

获,皆以为徒劳。"[1]对于"养人"与"屠戮"的争议,胡贡明道出了其实质,"各家贝勒有乐于养人的,有不乐于养人的"[2],"不乐于养人者……不过以为国之人,非家之人,谋家之心,非谋国之心也"[3]。岳讬"予以家室"的善抚主张触及到了满汉关系的实质,满与汉并非只是掳掠与被掳掠的敌对关系,而应该建立协调、融洽的关系。大凌河新降各官或被编入八旗,给予房屋,或被配予妻室,赏赐衣物。祖可法说:"大凌河官员困阨已极,蒙上矜全抚养,赐以宅舍田园,丰且足矣;妻妾奴仆,众且多矣;轻裘肥马,荣且贵矣。"[4]需要注意的是,因善抚而享受荣华富贵者只是为数极少的高官,由于诸王、贝勒的种种抵制,多数汉人的境况还是比较悲惨的,如胡贡明所言:"臣于死中得生,分与贝勒养活,虽不能够丰衣足食,然缺短少长,少不得还向贝勒讨给。况生死荣辱悉悬于贝勒之手,臣虽至痴至愚,即至于冻馁以死,决不肯轻易惹恼贝勒,而自履不测之地也。"[5]的确,政治家的远略与庸俗的实利主义者的追求达成共识是非常困难的。但是,随着后金(清)中央集权制的不断加强,善抚汉民已成为天聪后期乃至其后相当一段时期清廷对汉政策的一个重要方面。

第三,予以家室的善抚措施充分表明满洲统治集团已经接受并吸取了儒家的社会政治理想与历代封建王朝的统治经验。实际上,封建统治者把民众视为邦国之本,希望民众能够安居乐业,统治者和被统治者之间能够和睦相处,这并不是一种虚伪的道德说教,而是基于期望国家长治久安的统治需要。早在唐代,"为君之道,必须先存百姓,若损百姓以奉其身,犹割股以啖腹,腹饱而身毙"[6]的政治理念就为统治者所遵行。皇太极即位后提出要以"古帝王"为师,躬行仁义,他完全接受了岳讬善抚汉民的主张。大凌河降众得到了安抚,更为重要的是,诸汉官士大夫亦得到信任与重用。孔有德、耿仲明、尚可喜、沈志祥率众归附,皇太极更封王封公,优宠备至。有关军国大计,皇太极也征询汉官意见,从设六部、立谏官、更馆名等官制改革,到辨服制以确立皇权为中心的封建等级尊卑制度,凡汉官有所建言,均能择善而从。除任用汉官管理汉民、统辖汉

---

① 《清太宗文皇帝实录》卷14,天聪七年六月戊寅条。

② 《胡贡明陈言图报奏》(六年正月二十九日),载《天聪朝臣工奏议》卷上,第10页。

③ 《胡贡明五进狂瞽奏》(六年九月),载《天聪朝臣工奏议》卷上,第31页。

④ 王锺翰点校:《清史列传》卷78,贰臣传甲·祖可法,中华书局1987年,第6436页。

⑤ 《胡贡明请用才纳谏奏》(七年四月十七日),载《天聪朝臣工奏议》卷中,第55~56页。

⑥ 吴兢:《贞观政要》,君道第一,上海古籍出版社1978年,第1页。

军外，皇太极亦非常重视通过汉官吸收汉族先进文化，范文程、宁完我、鲍承先、高鸿中、张存仁、祖可法之辈，或参与机要，或任部院实职，其中范文程尤被倚为心膂。善抚赢得了征服和来投汉人的民心，他们很快便认可了满洲统治的合法性。凌河备御陈延令所言颇有代表性："凌河之众，势力俱弊，逆天拒命，自分必死，继蒙仁恩浩荡，开好生之路，播招抚之，诚踊跃欢呼，实同再造，虽时臣辈，但期不死，宁复他求！讵料洪恩贰年于兹，解衣推食，礼遇不衰，旷古希闻。人非木石，岂不怀惭！大丈夫处世，稍有志气者，乘时遇主，莫不欲立功名、取富贵以显身扬亲。"①美国学者魏斐德在《洪业——清朝开国史》一书中有过这样的判断："自 1631 年大凌河城陷落后，就再未发生过严格意义上的满汉之间的战争。从那以后，后金的许多作战计划和准备工作都是由汉人指导的，所以将此后的战争描述为东北边地武人集团同明朝的斗争，或许更为确切。大凌河降官几乎都是世代为明朝效力的辽阳土著边民。他们是职业军人，严格遵守维护个人荣誉的生活准则。自从他们决定归顺后金之后，便成了金汗麾下极为忠诚和自豪的追随者。"②"东北边地武人集团同明朝的斗争"传达了满汉上层在政治军事方面已经开始联合的讯息，而满汉统治集团的携手合作正是日后清朝能够大举入关，平定中原并统一全国不可或缺的重要条件。

附带指出的是，《满文老档》记载，大凌河的部分降军被安置于八旗之中。"先是，大凌河城新降各官，分与各旗，每旗四员，暂行抚养。至是，汗与诸贝勒商议，若归公中抚养，各官必受劳苦。副将、参将、游击，不论善否，均分隶八旗，永远安插。"③崇德年间，汉军独立编旗后，早期被纳入八旗的汉人即获得了八旗汉军的新身份。八旗汉军在清初统一战争与政权建设过程中发挥了特殊而重要的作用，而且对于新兴的满洲共同体来说，它之所以能够迅速成长、壮大，当与大量异族成员被纳入八旗组织密不可分。而八旗之所以呈现出对汉蒙等各族成员开放的态势，当与满洲统治者所施行的民族政策密不可分。从这个角度来看，岳讬善抚汉民的主张对以满洲为核心的八旗组织的发展起到了积极的推进作用，而八旗恰恰又是少数民族满洲建立的全国性政权——清朝统治中国长

---

① 《陈延令请抢用汉人奏》(天聪七年九月初五日)，载《天聪朝臣工奏议》卷中，第 72 页。

② 魏斐德著，陈苏镇、薄小莹等译，《洪业——清朝开国史》，江苏人民出版社 2003 年，第 61 页。

③ 《满文老档》，天聪六年正月，中华书局 1990 年，第 1219 ~ 1220 页。

达近300年的根本。

毫无疑问,满汉关系的改善与善抚汉民的正确主张有着内在的必然的联系。当然,主要囿于时代与阶级立场的限制,善抚汉民的政策在推行过程中尚存在诸多不足,但这一基于现实考量的民族政策应和了时代发展的大势。事实证明,它乃是后金(清)政权走向更大辉煌的关键因素。遗憾的是,臣子的功绩往往被帝王的神武英明遮掩,天聪朝对汉政策的调整颇具章法,且卓有成效,人们往往归功于皇太极足智多谋、了解汉人和汉文化等。事实上,天聪朝正是后金政权从东北一隅走向全国的转折时期,随着满洲军民与明军民接触的不断深入,后金时期的对汉政策也在日臻完善。可以说,正是在满洲君臣及其后金国中诸多汉官的共同努力与推动下,后金政权才最终得以摆脱努尔哈赤时期对汉政策重大失误所导致的阴霾状态。因此,善抚汉民的主张不只是岳讬的一己之见,它凝结的是一个特定历史时期民族思想的精髓。但是,作为其首倡者,岳讬功不可没,岳讬及其民族思想理应引起更多的关注与肯定。

附《善抚人民疏》(天聪六年正月癸丑):

先年克辽东广宁,其汉人拒命者诛之,后复屠戮永平、滦州汉人,以是人怀疑惧,纵极力抚谕人亦不信。今天与我以大凌河汉人,正欲使天下皆知我国之善养人也。臣愚以为若能善抚此众,嗣后归顺者必多,且更宣明前事以告于众,则人皆信服矣。善养之道当先予以家室,凡一品官以诸贝勒女妻之,二品官以国中大臣女妻之,其大臣之女仍出公帑以给其需。若诸贝勒大臣女有欺凌其夫者,咎在父母。犯即治罪,则安敢复逞?倘邀天眷奄有其地,仍给还家产以养其生,彼必忻然悦服。如谓归顺之人原有妻室,诸贝勒大臣不宜以女与之。此实不然。彼既离其家室,孤踪至此,诸贝勒大臣以女分之,岂不有名,且使其妇翁衣食与共,虽故土亦可忘也。即有一二异心而逃者,决不为怨我之词矣。若不加抚养,将操何术以取天下乎?又各官宜令诸贝勒人给庄一区,此外复令每牛录各取汉人男妇二名,牛一头,即编为屯,共为二屯。其出人口耕牛之家,仍令该牛录以官值偿之。复察各牛录下寡妇,给配各官从人。至于明之兵士从前弃乡土,离妻子,穷年累月戍守各城一苦也,畏我兵诛戮又一苦也,此等无业之人不能治生,或资军粮以自给。若有身家之人岂犹恋此军饷乎。今既慕义归降,须令满汉贤能官员先察汉民女子寡妇,酌量给配。余察八贝勒下殷实庄头有女子者,令其给配,如无女子令各收养为子,为之婚娶,免其耕作,有军兴,则隶戎伍。其余更令般实商贾,分给婚配。一一区处,仍各赐以衣服,毋致一人失所。如此,则人心归附而大业可成矣。(载《清太宗实录》卷11)

二、清初"满汉一家"的实践

"首崇满洲"和"满汉一家"是清王朝实行的两项基本国策。清朝初年,满洲统治者大力宣扬和实施"满汉一家",从而缓解了满汉之间的尖锐冲突,并赢得了汉族士人和官僚对清政权的认可与支持。但满洲统治者不可能超脱历史的窠臼,民族与阶级的局限决定着他们的利益与政策取向,"满汉一家"在很大程度上只能服从并服务于"首崇满洲"这一根本目标。

(一)

清朝入关初期实施的"满汉一家"政策继承并发展了太祖、太宗两朝调整满汉关系的种种做法。事实上,满汉关系始终是满洲统治者面临的无法逃避的最棘手问题。努尔哈赤时期以"恩养满洲,诛戮汉人"为基本国策。但是,随着被征服之汉人的日益增多,特别是天命六年(1621 年)后金劲旅进入辽沈地区以后,"诸申、尼堪合家居住"①的情况已经非常普遍,努尔哈赤不得不调整对待汉人的政策,强调:"今诸申、尼堪全都是汗的国人。"②

皇太极在满汉关系问题上,采取了更为宽和的政策。他制定了"满汉之人,均属一体"③的国策。不过,需要指出的是,这里的"汉"主要是指汉军旗人。天聪八年(1634 年),皇太极在处理汉军众备御(佐领)诉称"徭役似觉过重"的谕旨中比较具体地谈到满汉的关系问题,上谕中说:"于新附之蒙古、汉人……凡贫穷者,给予妻室。""差徭之少,倍减于满洲,而满洲差徭之多,实逾……三十余项。"④谕旨中优待汉人的含义非常明确。这种政策使得征服和来投的汉人能够

---

① 《满文老档》太祖皇帝第 29 册,天命六年十一月,中华书局 1990 年,第 260 页。

② 《满文老档》太祖皇帝第 39 册,天命七年三月,第 359 页。

③ 《清太宗文皇帝实录》卷 1,天聪元年丙子条。

④ 《清太宗文皇帝实录》卷 17,天聪八年癸卯条。

迅速融入八旗并在军事征战中发挥重大作用。后来清圣祖玄烨评价说:“祖宗定鼎初,委任汉军诸官吏,与满洲一体。其间颇有宣猷效力如(孟)乔芳、(张)存仁辈,朝廷亦得其用。”①

1644年,清朝打着“灭流寇,安天下”“吊民伐罪”的旗号,顺利入关占据北京。顺治二年(1645年)四月,清廷遣兵南下,凡遇抵抗,即以杀戮立威,“扬州十日”“嘉定三屠”是清军制造的惨绝人寰的屠城悲剧。凭借八旗兵强大的军事优势,在不到三年的时间里,清军即已占领中国的主要地区,初步完成了明清政权交替。在清朝征服汉地社会的过程以及征服完成一段时间后,明与清的全面政治军事对抗迅速转化为以满洲人为核心的征服者与汉人之间的局部冲突,这种冲突渗透于双方的经济利益、社会习俗、意识形态等几乎所有的领域。加之农民军的余部力量、忠于明政权的反清志士,一直矢志不渝地进行着抗清斗争,清政权一直处于不稳定的状态。汉人的仇视与反抗则又促使清政权采取更为严酷的手段稳固其统治。因而,清初发生在清政权统治下共存的满人与汉人之间的矛盾表现得异乎寻常的尖锐与敏感。

汉人所持有的以文化道德为标准的华夷之防观念是满洲统治者面临的最为强大的壁垒。正因为如此,“剃发令”才在广大汉人中产生了“用夷变夏”“天崩地解”的强烈危机感。汉人对剃发易服的反抗不仅仅是出于维护传统文化的本能,同时,千百年来浸透于儒家“忠孝节义”文化传统中的汉人,还将头发看作效忠明朝的标志。江阴反剃发运动的主要领导人阎应元曾在其绝命词中写道:“八十日戴发效忠,表太祖十七朝人物,六万人同心死义,存大明三百里江山。”②这种“头可断,发不可剃”的强烈感情令当时的意大利目击者大为诧异:“鞑靼人(满洲人)没有碰到抵抗就占领了这座城市(杭州),他们可以同样轻易地占领浙江南部的所有其他城镇。但是,当他们宣布了薙发令之后,士兵和老百姓都拿起了武器,为保卫他们的头发拼死斗争,比为皇帝和国家战斗得更英勇,不但把鞑靼人赶出了他们的城市,还把他们打到钱塘江,赶过了江,杀死了很多鞑靼人。实际上,如果他们追过江去,也许会收复省城和其他城镇,但他们没有继续发展胜利,只满足于保住了自己的头发,在南岸设置防线同鞑靼军队

① 赵尔巽等撰:《清史稿》卷237,孟乔芳传,中华书局1977年,第9481页。

② 计六奇著,任道斌、魏得良点校:《明季南略》卷4,乙酉五月起202江阴纪略,中华书局1984年,第243页。

对垒。”[①]

伴随着清廷军事上的节节胜利,“华夷之辨”的传统思想在汉人中间急剧地膨胀。王夫之在《读通鉴论》中写道:“即令桓温辈功成而篡,犹贤于戴异类以为中国圣。”“夷狄者,歼之不为不仁,夺之不为不义,诱之不为不信,非我族类,不入我论。”顾炎武认为,明清鼎革不是简单的改朝换代,他提出:“有亡国,有亡天下,亡国与亡天下奚辨? 曰:‘易姓改号谓之亡国。仁义充塞,而至于率兽食人,人将相食,谓之亡天下。’”他进而发出“保国者,其君其臣,肉食者谋之;保天下者,匹夫之贱与有责焉”的号召。[②]

更为重要的是,渗透于社会生活方方面面的满汉冲突发生于特殊的社会条件下,即满汉力量对比悬殊。清朝统治者面临着数百万抗清将士的反抗以及如何统治人数众多的汉人的难题。入关时,八旗满洲官兵仅有 5 万余人,包衣汉军 26 万余人。全体满洲家口不及百万,而汉地社会的民众,经过战乱的不完全统计,顺治十二年(1655 年)“人丁户口一千四百三万三千九百有奇”[③]。加之八旗兵分防各省,扼诸险要,划地而居,这使满洲的统治力量更为分散。因此,仅仅依靠满洲人根本无法控驭汉地。消弭汉人的强烈反抗与抵触心理,缓和满汉之间的紧张关系,就成为满洲统治者初入汉地社会的必然选择。

(二)

1644 年,清军顺利入关占据北京。在进入北京之时,即下达了安民告示:“为崇祯服丧三日。”[④]“以礼葬明崇祯、帝后及后妃袁氏、两公主,并天启后张氏、万历妃刘氏,仍造陵墓如制。”[⑤]主要出于征服与稳定统治的现实需要,清政权大力宣扬和实践“满汉一家”,笼络汉地士人,调整满汉矛盾。清廷采取的措施主要有五个方面。

第一,官仍其职,招揽人才。早在顺治元年(1644 年)四月初清军征明前

---

① [意]卫匡国著,戴寅译:《鞑靼战纪》,载杜文凯编:《清代西人见闻录》,中国人民大学出版社 1985 年,第 36 页。

② 顾炎武著,黄汝成集释:《日知录集释》卷 13,正始,上海古籍出版社 1985 年,第 1014 ~ 1016 页。

③ 《清世祖章皇帝实录》卷 96,顺治十二年十二月戊寅条。

④ 《清世祖章皇帝实录》卷 5,顺治元年五月辛卯条。

⑤ 《清世祖章皇帝实录》卷 5,顺治元年五月巳酉条。

夕,内秘书院大学士范文程上书摄政王陈述夺天下安江山之计时,便着重强调要实行"官仍其职,民复其业,录其贤能,恤其无告"的根本性政策,[①]对降附官吏,或留用或升级;对因建言而被明政权罢谪的官员或隐逸怀才之士,也予以征辟录用。因此,在明亡国后,许多汉人士大夫仍然可以保有其功名利禄,从而与满洲统治者紧密合作。

顺治元年五月初二日,多尔衮乘辇于武英殿升座,第二日即连下两道谕旨,宣布:"招抚檄文到日剃发归顺者,亦具以闻,仍以原官录用。"不久又谕令"在京内阁六部都察院等衙门官员,俱以原官,同满官一体办事"[②],遣人以书征召故明大学士冯铨,授其以大学士原衔入内院佐理机务。明顺天巡抚宋权,降后初任原职,顺治三年(1646 年)升任国史院大学士。兵部侍郎金之俊,降后仍为故官,顺治五年(1648 年)擢工部尚书,后连任八年大学士。王永吉、胡世安、党崇雅也分别以总督、少詹事、侍郎擢授尚书、大学士等。[③]

多尔衮摄政期间规定,内阁六部均设满缺汉缺,由满洲人、汉人分别充任。地方总督、巡抚等主要职位也是满汉兼用。清世祖于顺治六年(1649 年)谕兵部"满汉俱属吾民,原无二视之理",[④]并于顺治十年(1653 年)正月庚午下谕:"朕自亲政以来,各衙门奏事,但有满臣,未见汉臣。朕思大小臣工,皆朕腹心手足,凡进奏本章,……满汉侍郎卿以上会同来奏,……尽除推诿,以昭一心一德之盛。"[⑤]

多尔衮经常让身边的汉官随时推举各地的贤才。比如,顺治二年(1645 年)六月,多尔衮问大学士:"江南既下,有甚好人物?"大学士们连忙说:"地方广大,一定有贤才的。"多尔衮皱皱眉头说:"我不是泛论地方贤才,只是先生们心里有没有知道的。"大学士们想了想说:"钱谦益是江南人望。"多尔衮又问:

---

① 顺治元年四月,范文程针对清军剿杀农民军,民多逃匿的状况,提出:"义兵之来,为尔等复君父仇,非杀百姓也。今所诛者唯闯贼。官来归者复其官,民来归者复其业。"见《八旗通志》(初集)卷 172,名臣列传三十二,东北师范大学出版社 1986 年点校本,第 4191 页。

② 《清世祖章皇帝实录》卷 5,顺治元年五月癸巳条。

③ 参见《清史稿》卷 238,宋权、金之俊、王永吉、胡世安、党崇雅列传。

④ 蒋良骐:《东华录》卷 6,顺治六年五月,中华书局 1980 年,第 97 页。在《清世祖章皇帝实录》卷 15、卷 90 中,也有"汉满官民,俱为一家""不分满汉,一体眷遇""满汉人民,皆朕赤子"的记载。

⑤ 蒋良骐:《东华录》卷 7,顺治十年正月,第 109 页。

“如今他在不在呀?”大学士们回答:“昨天送来的归顺文册上有他的名字。”多尔衮这才点点头,表示满意。[①] 由于清初统治者重视搜求汉人充当官员,网罗名士,使大批汉族士大夫纷纷归附。因此,清朝入关不久,就聚集了大量汉族官吏和知识分子,出现了“人才不无壅积之虑”的局面。[②]

康熙年间,朝鲜使臣郑致和说:“(清朝)往时则执政皆沈阳旧老,而今则执权者,亦皆年少汉人。”[③]康熙十三年(1674 年),实行开例捐纳,十六年(1677 年),左都御史宋德宜说:“开例三载,知县捐至五百馀人。”[④]康熙皇帝还曾说过,在平时汉人担任督抚职务,也是可行的。至于州县官基本上都由汉人担任。由此可见,清初汉人在朝廷中还保有一定的发言权。这样,满洲统治者不仅赢得了汉族士大夫的支持,而且,使用汉官也减少了由满官直接统治汉人所导致的满汉矛盾。事实上,到清朝后期,汉人在清朝政府中发挥的作用越来越大,担任封疆大吏的也不乏其人。

第二,开科考试与尊孔崇儒。顺治二年十月,范文程疏言:“治天下在得民心,士为秀民,士心得,则民心得矣,宜广其途以搜之。”[⑤]同年实行科举考试,选拔汉族官员。开科取士笼络了大多数的士大夫。但是,少数特殊人物,并不受科举功名诱惑,如顾炎武、阎尔梅、万季野等人,常著书立论,发故国之思,甚至终日奔走,从事颠覆满清的活动。清政权对这些人也并未一概诛灭,而是尽力笼络,扩大他们的入仕途径。康熙十八年(1679 年),举办博学鸿词科,诏举博学鸿儒,授阎尔梅、万季野等 50 人翰林官,请他们纂修《明史》,以此寄托他们孤臣孽子的深痛。

儒家学说是汉族传统文化的核心。要尊重汉族传统文化,首先必须尊孔崇儒。顺治皇帝袭封孔子后裔孔允植为“衍圣公”。康熙八年(1669 年)四月十五日,康熙采纳汉官建议,不顾鳌拜的淫威和阻力,首次率礼部诸臣前去国子监视

① 《多尔衮摄政日记》顺治二年六月初二日,转引自周远廉、赵世瑜《皇父摄政王多尔衮全传》,吉林文史出版社 1986 年,第 266 页。

② 《清世祖章皇帝实录》卷 13,顺治二年春正月丙申条。

③ [朝鲜]《显宗改修实录》十三年三月甲寅,《朝鲜李朝实录中的中国史料》下编卷二,中华书局 1980 年,第 3978 页。

④ 赵尔巽等撰:《清史稿》卷 112,选举志七,第 3234 页。

⑤ 王锺翰点校:《清史列传》卷 5,范文程传,中华书局 1987 年,第 259 页。

学,举行临雍大典,以示自己尊孔崇儒、兴道致治的决心。[①] 接着,他恢复了顺治朝所定的孔子、曾子、颜回、子思、孟子等圣人子孙送监读书的"圣裔监生例",并亲自指定了孔兴洵等 15 人到国子监学习。鳌拜被捕后,康熙更是不遗余力地推行其尊孔崇儒的政策,在宫中特建传心殿,专祀孔子。康熙二十三年(1684年)十一月,康熙第一次南巡归途中经过山东曲阜,亲诣孔庙参谒,并行三跪九叩大礼,特赐"万世师表"匾额,悬挂于大成殿,并决定重修孔庙。他还亲自撰写孔子、孟子、周公庙的碑文,以及孔子、颜回、曾子、子思、孟子的赞文。[②] 此外,他每次离京出巡,都要给各地孔庙和学府写牌匾,以示其尊孔崇儒之至虔至诚。康熙还把"祖宗家法"明确概括为"文武要务并行",并宣布培养皇太子、皇子"讲肄,骑射不可少废"[③]。这实质上等于宣布把儒家学说作为自己的基本价值观和行使统治的指导思想。

清初的开科考试与尊孔崇儒,淡化了汉族士大夫对满洲统治者的反抗意识,这对于消除满汉之间的对立情绪无疑是十分有效而必要的。许多过去拒不仕清的"隐逸之士"纷纷出山,"争趋辇毂,惟恐不与",甚至出现了"一队夷齐下首阳"的新景象。[④] 就连当时极有声誉的"东南人士宗"顾炎武的外甥徐乾学也出仕清廷,任尚书之职。吴三桂等发动的"三藩之乱",由于得不到广大汉人的支持,短时间就归于失败。

第三,设立绿营兵。绿营兵主要由汉人组成,也有一些兵是回民等少数民族人员,因其使用的旗帜是绿旗,故叫绿旗兵或绿营兵。清朝入关后,清政府便陆续在各省设立绿营官兵,依靠汉兵协助与辖治地方。各省皆有绿营兵,顺治年间各省绿营兵约有六七十万,他们肩负着"以汉治汉""拱卫宸极,绥靖疆域"的重任。

第四,田产归原主,劝民垦荒与停止圈地。清初宣布凡是被农民军剥夺的

---

① 《清圣祖仁皇帝实录》卷 28 康熙八年四月丁丑条,记载:"上幸太学,前期一日,于宫中致斋。是日,上具礼服,乘辇,王、贝勒、贝子、公随行陪祀,文武各官,先诣文庙丹樨下序列。上至太学星门外,降辇,由大成中门,步进先师位前,行二跪六叩头礼,亲释奠毕,驾幸灵伦堂,赐讲官、监生,序立听讲毕,宣制曰:'圣人之道,如日中天,讲究服膺,用资治理,尔师生其勉之。'"

② 《清圣祖仁皇帝实录》卷 117,康熙二十三年十一月己卯条。

③ 《康熙起居注》,康熙二十六年六月癸丑,中华书局 1984 年,第 1639 页。

④ 王应奎:《柳南随笔》卷 4;高翔:《论清初理学的政治影响》《清史研究》1993 年第 3 期。

田产皆“归还本主”，明确保护官民的私有财产。此外，还实行了劝民垦荒、招抚流亡、整顿漕运、清理盐法等政策和措施，“务期积弊一清，民生永久”，有力地促进了社会经济的恢复，扩大了政治权力的基础。清初圈地是激化满汉矛盾的弊政之一。康熙八年，康熙谕户部：“比年以来，复将民间房地圈给旗下，以致民生失业，深为可悯。自后圈占民间房地永行停止。”①到康熙二十四年（1685 年），彻底革除了圈地这一弊政。

第五，满汉联姻。清朝入主中原后，出于政治上的需要，满洲统治者欲借满汉通婚来冲淡当时的紧张关系。清世祖福临于顺治五年（1648 年）八月二十日谕礼部：“方今天下一家，满汉官民皆朕赤子。欲其各相亲睦，莫若使之缔结婚姻。自后满汉官民，有欲联姻好者，听之。”②当时官员的联姻须报部审批，而普通百姓的联姻则不受限制。在这方面皇室率先而行，顺治十二年（1655 年），“和硕显亲王姊赐和硕格格号，下嫁耿精忠；固山贝子苏布图女赐固山格格号，下嫁耿昭忠”③。需要指出的是，满汉之间的通婚并未冲破传统习俗的藩篱，《清稗类钞・满蒙汉通婚》记载说：“满洲、蒙古之男女类皆自相配偶，间或娶汉族之女为妇，若以女嫁汉族者，则绝无仅有。”但通婚令的颁布毕竟表明满洲统治者做出了视满汉为一体的平等姿态。

（三）

清朝前期，满汉冲突急缓起伏。太祖、太宗强调的八旗内部满汉同为一体的“满汉一家”政策，在特殊的社会环境中被满洲统治者赋予了新的内涵：“满汉一家”之“汉”的含义由单纯指汉军旗人转向侧重指汉族士人，即着重突出广大汉地社会士人在新的统治秩序中的重要作用，通过笼络、争取汉人官僚士大夫为清帝效劳，清廷调整了与汉人的关系。“清朝政治的成功，不仅在对一般人民的心理感情之控制，而尤在对一般士大夫的笼络和驾驭，因为中国社会组织的基层，是中间读书做官的士大夫，而不是下级劳苦的民众。他们对于士大夫的利用是煞费苦心的。”④

---

① 蒋良骐：《东华录》卷 9，康熙八年六月，第 152 页。

② 《清世祖章皇帝实录》卷 29、40，顺治五年八月庚申条。

③ 《清世祖章皇帝实录》卷 92，顺治十二年六月乙巳条。

④ 萧一山：《清代史》，辽宁教育出版社 1997 年，第 21 页。

“满汉一家”政策的实施深刻影响着广大汉人官僚和知识分子的思想意识和行为方式,他们逐渐接纳并参与到满洲人统治的新王朝中。清代三大著名反清思想家黄宗羲、顾炎武、王夫之到康熙朝以后陆续归顺清廷,承认清朝为中华之正统。顺治末年,黄宗羲撰写《留书》,他把清朝说成“伪朝”,把清帝骂作“虏酋”。时隔10年,即康熙元年间,黄宗羲著《明夷待访录》,在这部名著中,他不再像《留书》那样仅把批判的矛头指向明皇朝和来自“夷狄”的清皇朝,而是指向了秦汉以来统治中国近两千年的封建君主专制制度。①

总体来说,清初的“满汉一家”政策,“吸收了大批汉官、汉士、汉将、汉兵,他们遵循帝旨国法,治理京内外各级衙门事务,辖束人民,征赋敛役,从征厮杀,为统一全国,安定九州,巩固清朝统治,起了很大作用”②。正如日本学者所言:“满洲人在进入汉地后,他们不以自己固有的相对军事化的制度强加于汉人,基本不去触动原有的一套政治、经济结构,这不仅能大大缓和满汉矛盾,尤其能减轻对社会生产和人民生活的破坏,使经济沿着固有的轨道持续发展,而这一发展对清朝统治的巩固,当然是大有裨益的。事实证明,这比同为少数民族入主中原,却在汉人聚居区实行军政合一制度的元朝要明智得多,也更见成效。”③

然而,清王朝毕竟是以满洲贵族为主体建立起来的,满洲人作为当时中国社会一个拥有特权的群体,他们一方面与汉人“共戴一主”,接受君主专制统治;另一方面,他们又是国家所依恃的核心力量。这一性质决定了国家必然最大限度地维护满洲人的种种社会权利。“首崇满洲”是清王朝的基本国策。在清朝的政权机构中,重要官职主要由满人担任,边疆重臣如将军、参赞大臣、办事大臣都规定由满人担任,以起到直接控制全国的作用。中央机构中满官也大大多于汉官,而且在各衙门职官的满汉复制中,满官居主导地位,掌实权。议政王大臣会议,“皆以满臣充之,凡军国重务不由阁臣票发者,皆交议政大臣会议。每

① 参见白寿彝主编:《中国通史》第十卷,中古时代·清时期(下),上海人民出版社1996年,第391~392页。

② 白寿彝主编:《中国通史》第十卷,中古时代·清时期(上),上海人民出版社1996年,第137页。

③ 参见[日]北山康夫:《关于清代的驻防八旗》,载《羽田博士颂寿纪念东洋史论丛》1950年11月,第490页。转引自定宜庄:《清代八旗驻防研究》,辽宁民族出版社2003年,第136页。

朝期,坐中左门外会议,如坐朝仪"[①]。六部尚书开始只有满尚书,汉官仅能充任侍郎,"然往往势力较重者一人主之,则其余皆相随画诺,不复可否",顺治五年(1648 年),始设六部汉尚书,但部务仍由满尚书主持,汉尚书"一切皆唯所命"[②]。顺治十年(1653 年),少詹事李呈祥疏陈各衙门应裁满官,专任汉人。顺治帝览疏不悦,谕称"若从实而言,首崇满洲,理所宜也"[③]。部议将李呈祥流徙,可见汉人申言之难。另外,清廷还通过官爵世袭制度将满洲贵族的特权地位世代相传。

康熙与起居注官揆叙有一次颇耐人寻味的对话,康熙说:"太(大)约观汉人虽似易,而知之却甚难。"揆叙奏曰:"臣等虽日与汉官同处,总不能深知之。"[④]从中,我们不难体味出清朝统治者对汉人的诫惕之心是多么根深蒂固!光绪年间,某部翻造大堂,堂中被纸糊上多年的一段御碑碑文得以重见天日,内容乃示谕满大臣"本朝君临汉土,汉人虽悉为臣仆,而究非同族,今虽有汉人为大臣,然不过用以羁縻之而已。我子孙须时时省记此意,不可轻授汉人以大权,但可使供奔走之役而已"[⑤]。这段碑文非常清楚地揭示出清代满汉关系的实质,宣扬和实施"满汉一家"不过是为了更好地维护"首崇满洲"这一基本国策而已!

三、清中期对"国语骑射"的维护

乾隆时期,在清朝迎来"一统同文之盛"[⑥]的同时,随着满汉之间的频繁交往与交融,满洲人的传统文化在迅速消失,乾隆为挽救"国语骑射"进行了种种努力。透过乾隆帝所作所为的表象,我们发现乾隆并非要恢复"国语骑射"的实际功用,他动用国家政权力量,以"国语骑射"来凝聚满洲人,其结果使得"国语骑射"成为实际生活中区别满汉的尺度,而且最终发展成为满洲共同体的象征。

---

① 昭梿:《啸亭杂录》卷 4,议政大臣,中华书局 1997 年,第 93 页。

② 赵翼:《簷曝杂记》卷 2,兼管部务,中华书局 1982 年,第 34 页。

③ 蒋良骥:《东华录》卷 7,顺治十年三月,第 111 页。

④ 《康熙起居注》康熙四十五年丙戌七月,第 1995 页。

⑤ 徐珂编撰:《清稗类钞》,上谕谓满汉非同族,中华书局 2003 年,第 1899 ~ 1900 页。

⑥ 弘历等《评鉴阐要》卷 9,元太祖却特特穆津元年注,《文渊阁四库全书》第 694 册,第 537 页。

（一）

“国语骑射”是清朝兴起过程中统治者制定并极力倡导的。1599 年，努尔哈赤命巴克什额尔德尼、嘎盖创制国书。太祖说：“今我国之语，必译为蒙古语读之，则未习蒙古语者，不能知也，如何以我国之语制字为难，反以习他国之语为易耶！”①太祖遂以“蒙古字合我国语音，增圈点成文，裁定国书颁布”②。

天聪八年，皇太极上谕：“朕闻国家承天创业，各有制度，不相沿袭，未有弃其国语，反习他国之语也。事不忘初，是以能垂之久远，永世弗替也。蒙古诸贝子，自弃蒙古之语、名号，俱学喇嘛，卒致国运衰微。……朕缵承基业，岂可改我国之制，而听从他国？嗣后我国官名及城邑名，俱当易以满语，勿仍袭总兵、副将、参将、游击、备御等旧名。……其沈阳城称曰天眷盛京，赫图阿喇城曰天眷兴京，毋得仍袭汉语旧名，俱照我国新定者称之，若不遵新定之名，仍称汉字旧名者，是不奉国法，恣行悖乱者也。察出，决不轻恕。”③这个规定把满语与国运兴衰联系起来，确定了必须使用满语的社会规范。

对于骑射的重要性，皇太极同样有深刻认识：“我国士卒初有几何，因娴于骑射，所以野战则克，攻城则取，天下人称我兵曰：立则不动摇，进则不回顾，威名震慑，莫与争锋。”④骑射在后金（清）长达半个世纪的征战中，发挥了巨大作用。崇德元年，皇太极命内弘文院大臣读大金世宗本纪，读后，他说：“世宗即位，奋图法祖，勤求治理，唯恐子孙仍效汉俗，预为禁约，屡以无忘祖宗为训。衣服语言，悉遵旧制，时时练习骑射，以备武功。虽垂训如此，后世之君，渐至懈废，忘其骑射，至于哀宗，社稷倾危，国遂灭亡。”⑤皇太极吸取金朝兴亡的历史教训，把懈废衣服、语言、骑射等旧制视作国家衰亡的根本原因。

在与明朝的交往中，以儒家文化为核心的汉文化对后金（清）产生着深远的影响，以至一些大臣屡次劝谕皇太极“改满洲衣冠，效汉人服饰制度”，皇太极不从。⑥ 满洲统治者对一些汉人庸懦、腐朽、文弱、贪鄙等缺点深有感触，担心国民

---

① 《清太祖高皇帝实录》卷 3，己亥二月辛亥条。

② 《皇清开国方略》“联句诗”，《文渊阁四库全书》第 341 册，第 12 页。

③ 《清太宗文皇帝实录》卷 18，天聪八年三月辛酉条。

④ 《清太宗文皇帝实录》卷 32，崇德元年十一月癸丑条。

⑤ 《清太宗文皇帝实录》卷 32，崇德元年十一月癸丑条。

⑥ 《清太宗文皇帝实录》卷 32，崇德元年十一月癸丑条。

习染这些恶习，步契丹、女真、蒙古衰败的后尘。努尔哈赤与皇太极都希望通过“国语骑射”以避免习染所谓“汉俗”。这样，在清朝入关前，“国语骑射”已经成为满洲人立国与治国的一项根本“祖制”。

“国语骑射”对于满洲统治者的重要性不言而喻。如何保持满洲人的独特性以避免辽金元“享国不永”的历史宿命？为了在接受强势的汉文化与保持弱势的满洲文化之间找到平衡点，满洲统治者采取了“因俗而治”的政策。所谓“盖天下之人，有不必强同者，五方风气不齐，习尚因之有异，如满洲长于骑射，汉人长于文章，西北之人果决有余，东南之人颖慧较胜，非唯不必强同，实亦且可相济而为理者也。至若言语、嗜好之间，服食、起居之末，从俗从宜，各得其适”①。

然而，文化传统的改变与否并不以统治者的意志为转移。雍正时期，满洲统治者就深刻地察觉到，“我满洲人等因居汉地，不得已与本习日以相远”②，此乃无可奈何的趋势使然。乾隆三十一年编纂的《清语易言》满汉合璧序言中说：“清语者，我国本处之语，不可不识。但旗人在京与汉人杂居年久，从幼即先习汉语。长成以后，始入清学读书，学清语。读书一二年，虽识字晓话，清语不能熟言者，皆助语不能顺口，话韵用字字意无得讲究之故耳。所以清语难熟言矣。”③清朝中期，随着大规模战争的结束，八旗将士“多以骄逸自安，罔有学勤弓马者”，④他们逐渐丧失了满洲初起时的那种强大战斗力。⑤

（二）

直到十九世纪晚期之前，清政府始终力图维持八旗满洲的“国语骑射”能力。在这方面，乾隆较之康熙、雍正更是有过之而无不及。他认为，“骑射国语乃满洲之根本，旗人之要务”⑥。为了挽救“国语骑射”，他殚精竭虑，采取了种

① 《世宗宪皇帝上谕八旗》，雍正六年十月初六日，《文渊阁四库全书》第413册，第201页。

② 《清太宗文皇帝实录》卷32，崇德元年十一月癸丑条。

③ 博赫：《清语易言》“序”，乾隆三十九年（1774）刊刻本，转引自赵杰：《旗人语言才能探因》，《满语研究》1996年第1期。

④ 昭梿：《啸亭杂录》卷1：不忘本，中华书局1997年，第16页。

⑤ 《清圣祖仁皇帝实录》卷275，康熙五十一年十一月乙亥条。

⑥ 长善主纂：《驻粤八旗志》“卷首敕谕”，载《近代中国史料丛刊三编》第86辑，文海出版社1999年，第60页。

种措施。

第一,检查训导,强调国语骑射的重要性。乾隆十四年五月,乾隆在一次武职人员的引见中发现他们"弓力软弱,发箭多不能及把",他认为这都是"平日不事操练所致"。为此下谕旨说"骑射为我朝根本,一切技艺尤赖熟悉",并要求领侍卫大臣、八旗都统、护军统领等对八旗军兵"嗣后勤加训练,务期精善"。[①]

乾隆十七年,立训守冠服骑射碑于紫禁箭亭、御园引见楼、侍卫教场及八旗教场。该碑文全录崇德元年(1636年)十一月十三日,太宗皇太极训诫满洲重骑射,保持满洲衣冠旧制谕旨,并刊有乾隆就太宗圣训所降之旨:"我朝满洲先正遗风,自当永远遵循,守而勿替,是以朕常躬率八旗臣仆,行围较猎,时时以学习国语、熟练骑射、操演技勇,谆切训诲。无非率由旧章,期以传之奕祀,永绵福祚,唯是我皇祖太宗圣训所垂,载在《实录》,若非刊刻宣示,则累朝相传之家法,外廷臣仆何由共悉?且自古显谟令典,多泐之金石,晓喻群工。"因此,乾隆帝立碑刊刻,"俾我后世子孙臣庶咸知满洲旧制,敬谨遵循,学习骑射,娴熟国语,敦崇淳朴,屏去浮华"[②]。

第二,遵守定制,保持满洲的淳朴之风。乾隆帝对保持骑射的民族传统有着深刻认识,"我朝皇祖时屡次出师所向无敌,皆因平日训练娴熟,是以有勇知,方人思敌忾。若平时将狩猎之事废而不讲,则满洲兵弁习于宴安,骑射渐至疏矣"[③]。他率先垂范,在位60年,四次东巡。他要求八旗诸王以他为榜样,"每岁行围,犹能于马上骑射",人人遵守祖训,使尚骑射之风"传之子孙毋替"。[④]同时,他要求八旗官兵坚持"每月演习六次,春秋两季操练骑射"[⑤]。

第三,兴学教育,强化满语文学习。乾隆二年(1737年),定盛京宗室觉罗设立一学,凡20岁以下、10岁以上情愿入学读清汉书者,准其入学,不限数额。乾隆十七年(1752年),设立世职官学,凡八旗世爵内10岁以上,均送官学教习国语骑射。乾隆四十年(1775年),设健锐营官学。这些学校均以教授清语清文为主,三年期满,考试升用。

---

① 《清高宗纯皇帝实录》卷341,乾隆十四年五月己巳条。

② 《清高宗纯皇帝实录》卷411,乾隆十七年三月辛巳条。

③ 《清朝文献通考》卷139,浙江古籍出版社2000年,第6060页。

④ 《清高宗纯皇帝实录》卷1021,乾隆四十一年十一月丁酉条。

⑤ 《清高宗纯皇帝实录》卷143,乾隆六年五月丁亥条。

第四,奖勤罚懒,鞭策八旗子弟熟谙国语骑射。乾隆二十三年,荆州正红旗从滋生银两中,提取部分款项作为"资济银"赏给兵丁中行走勤谨者。乾隆得到奏报后,在上谕中说"学习清语、骑射最为紧要",如果满语、骑射"具属优长",当差又"勤谨"自应奖赏,"倘若不能如是",不足以示奖励。令荆州将军,今后此项"赏银"要重新考虑,"唯择其清语,骑射实属优长,而当差勤勉者,再行奖赏"。① 对清语、骑射优长者加以褒奖在乾隆时期非常普遍。乾隆二十六年,他要求理藩院堂官等"留心试看,于清话好者即加鼓励,生疏者即予以训饬"②。乾隆二十九年规定,承袭王公爵位时,不分嫡庶,概以长于清语骑射者承袭。乾隆三十九年,诸宗室视其父之爵,列次考试。其优者,带领引见,上每赐花翎缎疋以奖励之;其劣者,停其应封之爵以耻之。③

更为重要的是,清廷以国语骑射熟谙为命官录用、应试入场、官兵列名、京察列等的凭证。乾隆十五年,乾隆皇帝重申,此后带侍卫等武职引见,必须"清语好者录用",如果人品、才干虽可,清语不好"朕亦不用"。选用佐领、协领,除其"著有劳绩",骑射好外,必须要"通晓满蒙话语"。④ 乾隆二十四年(1759年),清廷规定:八旗现任三品以上大臣子孙及亲兄弟子侄,"应试者,具令自行奏闻,国语、骑射皆有可观,方准入场",⑤否则不准参加考试。乾隆二十七年,御史舒明在八旗文武官员、兵丁"不能清语者",遇挑选差使,"不准列名"一摺中提出:现今遇有"会议回禀事件,具用清语,如清语生疏者,概不准其保举"。高宗阅后准其所奏。乾隆三十六年,吏部在京察后,保举一等内阁侍读学士穆克登泰等54员,带领引见时,其中有觉罗吉善、满岱、宗室书径,"均清语平常",不合京察保列满语之要求。乾隆皇帝当即令将诸人降级"改为二等"。⑥

自"太宗文皇帝时,恐我满洲骑射清语日久生疏,曾经特降谕旨",满洲统治者无一不为国语骑射的命运忧心焦虑。乾隆自即位之始,就开始倡导"国语骑射"。乾隆五十年,"八旗文武大臣官员子弟射甚属平常,清语除履历外再问竟

---

① 《清高宗纯皇帝实录》卷557,乾隆二十三年二月庚辰条。

② 《钦定大清会典事例》卷79,"吏部·处分例",《续修四库全书》第799册,第331页。

③ 昭梿:《啸亭杂录》卷7,"宗室小考",中华书局1997年,第205页。

④ 《清高宗纯皇帝实录》卷367,乾隆十五年六月乙未条。

⑤ 《清朝通志》卷92。

⑥ 《清高宗纯皇帝实录》卷882,乾隆三十四年四月辛巳条。

不能答"[①]。五十八年,盛京将军"琳宁奏折仅用汉字,而所奏报盛京并无蝗蝻萌生一折,亦用汉字"[②]。按照清廷规定,盛京官员写奏折要使用满文或满汉文兼用,琳宁因汉文奏折受到乾隆的痛斥。但这已经丝毫不能阻止满洲人使用汉语文了。满洲人的"国语骑射"在与汉人和汉语文的博弈中毫无挽回地衰落了!

（三）

当然,在强调"弓马清文"时,乾隆无法回避汉人及汉语文对满洲的影响,他本人即深受"汉俗"影响,一生题吟不绝,遗存墨迹诗作为清代皇帝之最。但是,乾隆明确指出,"满洲本性朴实,不务虚名,即欲通晓汉文,不过于学习清语、技艺之暇,略为留心而已。……夫弃满洲之旧业,而攻习汉文,以求附于文人学士,不知其所学者,并未造乎汉文堂奥,而反为汉人所窃笑也"。所以,他一再声明,"八旗满洲须以清语、骑射为务"[③]。

乾隆当政六十年,对"国语骑射"的强调与维护贯穿其统治始终。乾隆十九年,他告诫前往军营的满洲大臣:"当念身系满洲,尤宜奋勉。与喀尔喀等争先行走……若但图安逸,不能忍耐劳苦,不唯见讥于喀尔喀等。"[④]

乾隆二十八年(1763年),乾隆阅八旗满洲子弟蕴著的奏文,奏文中"纰缪甚多",阅后,他感叹到:"身系满洲,而清语如此,能不愧惧乎。"[⑤]同年,驻扎新疆的满洲大臣素诚所写奏折清语不通,他气愤地说:"清语不熟,致失满洲体制,必为回子哈萨克诸部所笑。"[⑥]

在这里,国语与骑射作为一种"体制"已成为满洲身份的标志。乾隆曾将不习满语者逐出满洲共同体,在《八旗艺文编目》的子部汉军作者中,有一位"汉军虔礼宝"的著作题目。虔礼宝的简介是这样写的,"乾隆己卯举人,由山西高平县知县累官兵部侍郎,先世本隶满洲正黄旗,因由广西按察使入觐,召见,不能用满语奏对,敕改隶汉军"[⑦]。

---

① 《清高宗纯皇帝实录》卷1228,乾隆五十年夏四月庚辰条。

② 《清高宗纯皇帝实录》卷1427,乾隆五十八年四月辛巳条。

③ 《清高宗纯皇帝实录》卷489,乾隆二十年五月庚寅条。

④ 《清高宗纯皇帝实录》卷479,乾隆十九年四月乙丑条。

⑤ 《清高宗纯皇帝实录》卷680,乾隆二十八年二月甲午条。

⑥ 《清高宗纯皇帝实录》卷698,乾隆二十八年十一月庚申条。

⑦ 宝熙:《八旗艺文编目》"集部别集五",上海图书馆藏铅印本,第96页。

乾隆五十六年(1791年),乾隆召见新任的河州总兵官皂君保,引见时,他不仅"不能清语",而且体态"竟似汉人"。又有成都知府承勋,本是满洲人,"不能清语",动作亦"不似旗人"。①

乾隆感慨道:"今旗人仍复如是,是诚使朕鼓舞士子之心无望矣"。② 事实表明,乾隆采取诸多措施并非完全恢复"国语骑射"的实用功能。康熙曾把满汉之间的界限缩小到骑射与否,他强调"满洲若废此业(骑射),即成汉人"③。

乾隆竭力动员政治资源维护"国语骑射"的目的也无非如此。他以"国语骑射"来团结与凝聚满洲人的结果使得"国语骑射"深深植于满洲人的日常生活与行为中。他的曾孙——宗室奕绘写有《清语》一诗:"大清爰建国,天命始为书。地据三韩旧,言尤渤海余。诹咨通训诂,问学辨虫鱼。继志毋忘本,生民各有初。"④"继志毋忘本,生民各有初"的深刻见解,反映了满洲人对清语怀有的深厚感情。

震钧在《天咫偶闻》中描写满人日常生活时写道:"士夫家居亦以射为娱。家有射圃,良朋三、五,约期为会……定制,赌有禁,唯以射赌者无禁,故有大书于门曰:'步靶候教'者,赌箭场也。"⑤射箭原有的军事功能退化了,但文化功能却渗透到满人的日常生活中。满洲女诗人莹川,"性旷达,识大体,既喜读经史,工书画,又精习骑射"。她的诗作《郊外试马》描写了晴明春风下,满洲女子骑马踏青的景象。她写到:"郊原风拥将台高,盘马遥观兴倍豪。岭树烟横萧寺古,长河一带水滔滔。""晴明走马出都门,晓日春风细柳屯。欲问青山山更远,腾骧踏遍杏花村。"⑥这样一幅满洲女子骑马踏青的画面形象地反映出满洲的骑射习俗。

毫无疑问,"国语骑射"作为满洲共同体的文化标识,它在满洲人心目中已经留下了鲜明的印记。从这个角度说,乾隆对"国语骑射"的维护是成功而有意义的。

---

① 《清高宗纯皇帝实录》卷1346,乾隆五十五年正月辛亥条。

② 《清高宗纯皇帝实录》卷1347,乾隆五十五年正月庚戌条。

③ 中国第一历史档案馆整理:《康熙起居注》,康熙二十六年六月癸丑,中华书局1984年,第1639页。

④ 张菊玲、关纪新、李红雨:《清代满族作家诗词选》,时代文艺出版社1987年,第251页。

⑤ 震钧:《天咫偶闻》卷1,皇城,《续修四库全书》第730册,第576页。

⑥ 张菊玲、关纪新、李红雨:《清代满族作家诗词选》,时代文艺出版社1987年,第229页。

四、晚清的满汉融合思想
——以《大同报》为中心的考察

晚清是一个政局动荡、风云变幻的时期,各种政治派别都争先恐后地利用报纸这一形式新颖、内容广泛、出版周期短、时效性较强的传播媒介来宣传自己的政治主张。辛亥革命前后,在国内外掀起了一股前所未有的办报热潮。据学者的初步统计,此间国内外出版的各种报刊达七八百种之多。①《大同报》即是其中为数不多由少数民族创办的一份颇有影响的报纸。1907 年 6 月(光绪三十三年五月)创刊,为月刊,创办者是当时在日本东京留学的满族宗室恒钧等人。刊物的主要撰稿人有恒钧、乌泽声、穆都哩、佩华、隆福和荣陞等。此报由东京大同报社编印,在北京发行,国内许多书店都有其经销处。"《大同报》创办后,在资产阶级立宪派中产生了极大影响,恒钧等人随即在北京创办了《大同日报》,与之遥相呼应。"②《大同报》之所以引起时人的关注当与其产生的特定环境及其宣传内容密切相关。

(一)

《大同报》是晚清资产阶级立宪派宣传其政治主张的重要刊物。其办报宗旨非常明确:一为主张建立君主立宪政体;二为主张开国会以建设责任政府;三为主张满汉人民平等;四为主张统合满汉蒙回藏为一大国民。③ 在满汉关系问题上,《大同报》倡导的满汉融合主张既受到晚清时局发展变化的深刻影响,同时也与创办者即接受过新式教育的满族知识分子所持有的政治立场密不可分。

清朝晚期,在西方列强侵略和争夺下,中国濒临亡国灭种的严峻形势,这是促使《大同报》报人力挽危局,深刻认识满汉关系的重要社会原因。事实上,从 19 世纪 80 年代英法侵略云南开始,西方列强就开始在中国划分势力范围。"甲午战争后,只过了短短几年,到光绪二十四年(1898 年),中国沿海重要港湾都

---

① 丁守和主编:《辛亥革命时期期刊介绍》(第一集),人民出版社 1982 年,第 89 页。

② 张佳生主编:《中国满族通论》,辽宁民族出版社 2005 年,第 902 页。

③ 乌泽声:《大同报序》,《大同报》第一号。

树起了帝国主义列强的旗帜;许多重要的铁路干线的修筑权,为它们所攫取;中国的几乎全部国土被分划为各帝国主义国家的势力范围。中国面临着从半独立国——半殖民地沦为殖民地的严重危机。"①世乱则文辞盛,正是在清朝统治行将瓦解的形势下,开明的满族知识分子遂以报纸为武器,积极鼓吹君主立宪制度。他们清醒地认识到中国各民族的利益休戚相关。《大同报》的创办者之一乌泽声明确指出:"国兴则同受其福,国亡则俱蒙其祸,利害相共,祸福相倚,断无利于此而害于彼之理。"②他力主民族平等、融合,尤其重视满汉两族的融合,"满汉风俗相浸染、文化相熏浴、言语相糅合、人种相混合程度较各族为高,关系较各族为切,则负救国之责任,尽国之义务,亦不得不较各族为重"③。

《大同报》所倡导的满汉融合思想是创办者所持有的社会改良立场在其民族观中的具体反映,其思想主要来源于早期立宪派的民族平等融合主张。著名立宪派代表人物杨度对《大同报》的影响最大。杨度(1874—1931 年),字哲子,湖南湘潭人,曾留学日本。1907 年,杨度创办《中国新报》,积极倡导君主立宪。在晚清民族问题上,杨度提出了许多富有价值的见解,其民族思想的核心是"五族共和"。他非常重视各民族的联合与融合,"中国之在今日世界,汉、满、蒙、回、藏之土地,不可失其一部,汉、满、蒙、回、藏之人民,不可失其一种……人民既不可变,则国民之汉、满、蒙、回、藏五族,但可合五为一,而不可分一为五"。唯有如此,才能实现"不仅国中久已无满汉对待之名,亦已无蒙回藏之名词,但见数千年混合万种之中华民族,至彼时而更加伟大,益加发达"的目标。同时,他还指出:"一民族与一民族之别,别于文化。中华云者,以华夷别文化之高下也。"④民族融合的关键是彼此间文化的接近。杨度的上述主张在留日学生,特别是满族宗室留日学生中影响很大。以恒钧、乌泽声为代表的《大同报》报人所宣传的满汉融合思想就是对杨度主张的"满汉平等,蒙回同化"的"国民统一之策"的继承与发展。

---

① 胡绳:《从鸦片战争到五四运动》,人民出版社 1981 年,第 460 页。
② 乌泽声:《论开国会之利》,《大同报》第四号。
③ 乌泽声:《论开国会之利》,《大同报》第四号。
④ 刘晴波主编:《杨度集》,湖南人民出版社 1986 年,第 373 页。

（二）

《大同报》的创办者是经过西学熏陶的满族知识分子，对于西方列强的侵略，他们深恶痛绝；对于以“排满”为重要特征的革命浪潮，他们强烈抵制。他们渴望民族振兴而又不愿失去自身的特权与利益。在晚清革命派主张“排满”、保皇派主张“排汉”这两种极端的思想宣传与动员之外，他们强调满汉融合。概言之，《大同报》的满汉融合思想主要包括以下密切关联的三个方面。

首先，《大同报》指出满汉之间并没有界限，满汉是同一民族，所谓“满汉至今日则成同民族异种族之国民矣！”①乌泽声根据日本学者高田早苗的民族要素观，从言语、政治、职业生活、教育风俗、宗教、人种等诸多方面对满汉融合为一族的观点进行了阐释。如在语言方面，“初固有所谓满语汉语之别，相习已久莫不讲同一之语言。今且满人居于粤者粤语，居于楚者楚语，鲁者鲁语，居于晋者晋语，居于何处即能操何处之土语”；从人种来看，“吾中国满汉通婚于法律上虽开禁未久，于事实上则已数百年。……人种混同早遍中国，而血胤为组织民族之重要元素，满汉早已融合同化，合此公例，是以满汉至今日已成一民族而不可分为两民族”②。不仅满汉如此，穆都哩甚至认为“中国之人民，皆同民族异种族之国民”，他还进一步说明了中国人是一个民族的原因，在《蒙回藏与国会问题》一文中，他写道：“盖民族之成，国民之合，其绝大之原因，全由于外部之压迫及利害之均等，而他种之原因，则一缘于居于同一之土地，一缘于相安于一政治之下。至于言语、风俗习惯，虽为成立民族及国民之要素，然有时不以此而亦能判定其为某国之国民。”③从穆都哩的分析中不难看出，《大同报》报人在寻求民族振兴的过程中，其所倡导的民族融合的“大民族”观无疑是对狭隘的民族主义立场的否定与超越。正是基于这种“大民族”观念，《大同报》对排满、排汉都进行了激烈的抨击，排满者力主共和，而于“中国之前途，人民之幸福，彼未尝一措意也”。排汉者“只顾一族之私利，不问国家休戚，真国民之蟊贼也”④。

其次，《大同报》在对西方殖民主义进行批判的基础上，把满汉融合提高到

---

① 乌泽声：《满汉问题》，《大同报》第一号。

② 乌泽声：《满汉问题》，《大同报》第一号。

③ 穆都哩：《蒙回藏与国会问题》，《大同报》第五号

④ 乌泽声：《满汉问题》，《大同报》第一号。

关乎国家兴衰存亡的高度。乌泽声指出：列强“挟其殖民政策、侵略主义，以临东亚之大陆。饮马于长江，逐鹿于中原，割我土地，奴我人民，据我军港，损我利权。彼唯有要求，我唯有承诺；彼唯有进取，我唯有退让”。在西方列强肆意侵略的野蛮世界，“非合全国之人齐心一致以图之不可”①。恒钧亦持有同样的见解，“对外只有同心努力以攖外患，对内只有研究政治以谋改良，满之不如汉者削之，汉之不如满者改之。庶几享同等之权利，服同等之义务，内力充足，百废俱举，外患或可不来，中国或可久保”②。如果满汉两族各持民族主义以求胜于本国，最终必然导致“种族之相残，国民之崩析，将现于中国”③的悲惨局面。

最后，《大同报》提出了解决满汉问题的方案及具体措施。乌泽声等人主张满汉融合，与此同时，他也承认满汉之间尚存在诸多问题，在他看来，满汉问题的产生及其解决都有赖于政治。他直言：“满汉不融合即以政治不良为之原因，欲求满汉之融合亦当以政治改良为之结果。然不有开国会之原因，又未有收政治改良之结果者，故吾人之所主张即以开国会为融合满汉唯一之利器也。”同时，乌泽声还提出了以君宪融满汉的具体实施方案，他认为废除八旗制度，满汉问题就能迎刃而解，即“裁撤八旗，示满汉以军事上之平等，停止旗饷示满汉以经济上之平等，釐定法律示满汉以法律上之平等，改官制示满汉以政治上之平等，则吾人主张满汉平等之目的达矣”④。

（三）

1908 年 3 月，《大同报》出至第七期停刊，创办者回国，在北京出版《大同日报》，继续宣传满汉人民平等，统合满、汉、蒙、回、藏为一大国民的思想。毫无疑问，《大同报》作为一份政治性报刊，它希图通过君主立宪来挽救内忧外患的危局，事实证明这种政治追求只是一种美好的幻想。然而，不可否认的是，《大同报》主张融合满汉，混一蒙、回、苗、藏诸族的大民族观念包含了很多合理的要素，具有重大而深远的影响。

第一，寻归“大同”表明，在开明的满族知识分子中已然形成了民族平等融

① 乌泽声：《满汉问题》，《大同报》第一号。
② 恒钧：《中国之前途》，《大同报》第一号。
③ 乌泽声：《论开国会之利》，《大同报》第四号。
④ 乌泽声：《论开国会之利》，《大同报》第四号。

合的意识，并且这种观念通过《大同报》等报刊得以广泛传播。基于政治立场的一致性，《大同报》与杨度的《中国新报》、李庆芳的《牖报》等立宪派人士主办的新报刊互相支持，大力宣传满汉融合。《大同报》第三号曾登载64个“本社名誉赞成员姓名”，其中满蒙旗人约占80%，另有杨度、汪康年、土尔扈特郡王等汉、回、土尔扈特等各族成员，这份名单表明其“融合满汉”的主张，已赢得了一定范围的支持者，尤其得到了满族各阶层人士的广泛支持。另外，《大同报》的发行量亦可表明这份报刊在当日之影响，其第三号出版广告中说：“自出版以来，大受海内外同志诸君所欢迎，第一、二期俱已印刷再版，而第一期销售罄尽，爰再精印三版。”

第二，满汉融合主张的提出体现了晚清满族知识分子对中国前途与命运的深切关注，他们通过《大同报》传播的这一思想反映了其积极参与社会变革的主动精神。由于《大同报》创办者与主笔的满人身份，他们的主张更容易为同族人所接受，也更容易引起居于统治地位的当权者的重视。虽然现无材料直接说明清政府对《大同报》倡导的满汉融合主张持何种态度。但是，仅据《清末筹备立宪档案史料》一书所收，从1907年7月两江总督——曾出国考察宪政的满人端方代奏李鸿才“条陈化满汉畛域办法八条折”，提出“满汉之界宜归大同”这一主张开始，到1908年4月，上达朝廷关于“平满汉畛域”的专题奏折达20条之多，上折者包括满族、蒙古族、汉族等不同民族近20位成员。从清廷特谕内外衙门妥议化除满汉畛域切实办法及各部踊跃上折这一事实可知，满洲统治者在日益高涨的“满汉融合”的呼声中，他们对民族平等的要求已有所了解，并且将消除满汉畛域作为政治改革和民族国家建设的重要内容。从《大同报》所阐发的民族主张与清政府调整满汉关系的诸种举措可以看出，《大同报》的确在某种程度上影响着晚清社会的走势。

第三，只有彻底废除封建统治，在创造必要的政治与文化条件的基础上，才有可能实现国内各民族的平等、融合与发展。显而易见，《大同报》满汉融合的“大民族”主张尚缺乏相应的社会实践环境。需要注意的是，《大同报》的民族融合主张是针对革命派激烈“排满”作出的回应，正如有学者指出的：“革命派的‘排满’观念在与立宪派的论争中不断得到修正，并非到了辛亥革命爆发后，革命派才一下子来个彻底的自我否定,完全接受立宪派的主张。”①也就是说,革命派在与《大同报》等立宪派的论争中,他们逐渐认可并接受了满汉融合的主张。因此,辛亥革命后,革命党人迅速放弃了“排满”理念,而将“五族共和”的民族平等融合原则立即付诸实践。民族平等、融合理念是中华民族弥久历新的宝贵精神财富,而《大同报》的满汉融合思想则是具有现代意义的民族平等观念不容忽视的必要资源,从这一层面来看,《大同报》倡导的满汉融合思想就不应该随着立宪运动的破产而被淹没,它值得引起人们更多的关注。

① 黄兴涛:《民族自觉与符号认同:“中华民族”观念萌生与确立的历史考察》,《中国社会科学评论》(香港)2002年2月创刊号。

满洲根本之地的满与汉

清入关后的东北地区具有与内地各省许多不同的特点,满汉关系的表现及其发展趋势因此具有特定区域所赋予的鲜明特征。总体来看,清代东北地区没有专门设置满城。清代流人、流民、垦民等不同身份的汉人,他们在不同时期通过各种方式渐次进入东北,从而导致这一地区很早便出现了旗民交错杂居的分布局面。旗民之间相互接近,濡染,融合。现存满族宗谱记载有相当数量的民人被编入八旗,八旗汉军成为东北地区旗与民,满与汉之间沟通与交融的重要桥梁。更为重要的是,入籍民人通过租佃、买卖等不同途径占有旗地,民地的发展引起了满洲统治集团的恐慌,康熙、雍正年间都曾在盛京地区进行过旗民垦区划界,乾隆帝及其后清历代统治者都厉行封禁,清政府试图以国家政权的力量来隔绝旗民,但都未收到切实的效果,封禁之所以有名无实,当与旗民之间久已形成的密切联系紧密相关。整个清代,东北地区以旗民交往与交融为主要特征的满汉关系总体上比关内地区要缓和得多。

一、顺康时期东北移民的安置

顺治元年,清军大举入关,东北地区的人口急剧减少。为了充实边疆,从顺治初年开始,辽东招民开垦令、辽东招民授官例等相继颁行,关内民人经由各种渠道进入东北。清廷或设立州县,纳民入籍;或将出关民人编入八旗。由于安置方式的不同,移民群体内部形成了既有差异又密不可分的复杂关系。尽管如此,清廷在这一地区始终厉行旗民分治的二元管理体制,体现出清朝统治的鲜明民族特色。

（一）

明清更替之际，东北地区的辽东一带作为关外的主战场，遭受了战争的严重破坏。顺治初年，随着统治中心迁往北京，这一地区呈现出民户萧条、田多荒芜的凄凉景象。据《盛京通志》所载，稍具规模的奉天府，顺治八年，人口仅三千九百五十二人，锦州府属仅一千六百五人。顺治十八年（1661 年），时任奉天府尹的张尚贤这样描述辽河东西的情况："（辽）河东河西之边海以观之，黄沙满目，一望荒凉，倘有奸贼暴发，海寇突至，猝难捍御，此外患之可虑者。以内而言，河东城堡虽多，皆成荒土，独奉天、辽阳、海城三处，稍成府县之规，而辽、海两处，仍无城池，如盖州、凤凰城、金州，不过数百人，铁岭、抚顺唯有流徙诸人，不能耕种，又无生聚，只身者逃去大半，略有家口者仅老死此地，实无益于地方，此河东腹里之大略也。河西城堡更多，人民稀少，独宁远、锦州、广宁，人民凑集，仅有佐领一员，不知于地方如何料理，此河西腹里之大略也。合河东河西之腹里观之，荒城废堡，数瓦颓垣，沃野千里，有土无人，全无可恃，此内忧之甚者。"①地旷人稀不仅会严重阻碍东北地区的恢复与发展，更为严重的是，它使东北边疆处于岌岌可危之中。早在顺治元年，俄国波雅科夫匪帮便由精奇里江窜至黑龙江，顺流而下，沿途骚扰抢劫。此后，沙俄仍然不断侵扰黑龙江流域。"欲弭外患，必当筹画堤防，欲消内忧，必当充实根本"，张尚贤的这一主张反映了清朝统治者的基本态度。顺康年间，中原的战事牵制着清军的主力，在清军无暇出兵解决东北匪患的情况下，清廷亦采取了必要的应对措施。

自顺治初年，清廷即在东北招民开垦。顺治八年（1651 年），清廷明确规定"山海关外荒地特多，民愿出关垦地者，山海道造册报部，分地居住"②。此后，招民垦荒的政策不断出台，顺治十年（1653 年），辽东招民开垦令规定："辽东招民开垦，有能招至一百名者，文授知县，武授守备；百名以下、六十名以上者，文授州同、州判，武授千总；五十名以上者，文授县丞、主簿，武授百总；招民数多者，每百名加一级，先将姓名、数目册报户部，领出山海关，交与辽东府县验收，

---

① 《清圣祖仁皇帝实录》卷 2，顺治十八年五月丁巳条。

② 《清朝通志》卷 81，食货略一，商务印书馆 1935 年，第 7233 页。

给印文赴吏、兵二部选职。"又定"辽东招民照直省垦荒例,每名口给月粮一斗,秋成补还,每地一垧给种六升,每百名给牛二十支"。[①] 由此招垦令内容可知,清廷不仅对招徕的汉人予以奖励,更是对招徕汉人的招头给予极高的官职。为了鼓励招头招揽民人,顺治十二年(1655 年)、十五年(1658 年)、十六年(1659 年),康熙二年(1663 年)和四年(1665 年),清廷又多次颁布谕旨,以授官加级,给匾旌奖为条件,鼓励民人出关垦荒。

从允准出关到续颁优典,招民开垦的力度越来越大。事实上,移民实辽的优厚待遇确对民人具有一定的吸引力,这从顺康年间东北人口的变化可略见一斑。《清朝文献通考》户口篇记载,顺治十八年(1661 年)奉天丁数为五千五百五十七(折合两万七千七百八十五人);康熙二十四年(1685 年)丁数为两万六千二百二十七(折合十三万一千一百三十五人);雍正二年(1724 年)丁数达到四万两千二百一十(折合二十一万一千零五十人)。清初(1661—1724)六十三年间,奉天人口增加了近二十万。毋庸置疑,新增人口并非自然增殖的结果,而以移民为主。关于这一点,《开原县志》的记载可为佐证,康熙三年(1664 年),奉天府添设承德、盖平、开原、铁岭四县,因州县新设,"户无旧籍,丁鲜原额,俱系招民,三年起科"[②]。《铁岭县志》也有"新设县分,原额无,俱系招民"[③]的记载。这些记载当符合实际,移民在当日人口构成中确已占据着绝对的优势。

(二)

顺康时期,民人初入东北,主要集中在南部的辽东、辽西一带。清廷的安置对策主要有两种:一是将民人纳入州县,使其成为国家控制下的编民;二是吸纳民人加入八旗,使其成为旗下属员。由于安置方式的不同,出关民人其后或继续为民,或变为旗人,他们的身份遂产生了根本性的差别。

一方面,编民入籍。顺康时期,为了鼓励民人进入东北,清廷在一些重要的农垦区设置地方民政机构,加强对民人的管理。顺治十年(1653 年),率先设置了辽阳府,领辽阳、海城两县。顺治十四年(1657 年),裁辽阳府,改设奉天府。

① 《古今图书集成》食货典第 51 卷,田制部汇考 11,台湾鼎文书局 1977 年,第 681 册,第 8 页。

② 《开原县志》卷下・户口志,载《辽海丛书》,辽沈书社 1984 年,第 2470 页。

③ 《铁岭县志》卷上・户口志,载《辽海丛书》,辽沈书社 1984 年,第 793 页。

顺治末年,奉天府尹张尚贤向清政府建议"河西锦州、广宁、宁远地方,有佐领一员协管,或属永平,或属奉天,其间流民甚多,入籍甚少,应改为州县,收募为民"①。康熙元年(1662年),清廷即于锦州设锦县,这是清朝在辽西地区正式建立的第一个民治机构。锦州所在的辽西走廊地区,是关内民人出山海关后的必经之路。锦县的设立,为就近安置出关民人提供了极大的便利。康熙二三年(1663年、1664年)间,清廷对盛京地区的州县建设做了重大调整。一是充实健全了奉天府衙门的机构设置,添设了府丞、治中、通判、推官等官员。二是增设新州县,康熙三年确定:在辽东地区添设承德(沈阳)、开原、铁岭、盖平四县,改辽阳县为州;在辽西地区添设广宁府、广宁县、宁远州,旋裁广宁府,改设锦州府。同时规定:以奉天府直接管辖辽东地区的海城县、承德县、开原县、铁岭县、盖平县及辽阳州,锦州府直接统管辽西地区的广宁县、锦县及宁远州,奉天、锦州两府"俱令奉天府府尹管辖"。② 康熙三年添设了一府二州五县,并且确立了州县的领导体制。至此,清廷在辽西设置了一府三州县,辽东设置了一府六州县,盛京地区形成了两府两州七县的格局。在广设州县的同时,清廷积极为出关民人创造生产条件,最主要的是为他们提供赖以资生的土地,并给他们发放口粮、种子、农具等必要的生产生活资料,以便民人安心从事农业生产。顺治十一年(1654年),清廷曾颁诏,"饥民有愿赴辽东就食耕种者,山海关章京不得拦阻,所在章京及府州县官,随民愿往处所,拨与田地,酌给种粮,安插抚养"③。在民多地少的海城、牛庄、盖州、熊岳等地,当地官员不仅将荒地、房基地酌量拨给民人,而且积极争取并得到清政府批准,对原蒙古部落"遗下熟地"及马厂"弃地",准给"安插新民"垦种。④ 凤凰城城守尉吴尔庆为安置民人,将凤凰城边门移至山南15里,通过拓展柳条边外土地的办法,保证外来民人有充足的土地开垦。辽北的开原,自然条件稍差,地方官员亦给招徕新民分配了一定数量的土地,具体标准是每丁于城中给地基2绳,于野每丁给地5绳,永为民业。

另一方面,纳民入旗。加入八旗即意味着移民已经成为与民人身份有别的旗下一员了。李林先生对满族宗谱整理研究的成果表明,顺康时期,由山东、河

① 《清圣祖仁皇帝实录》卷5,顺治十八年十二月甲寅条。

② 《清圣祖仁皇帝实录》卷12,康熙三年六月甲午条。

③ 《清世祖章皇帝实录》卷84,顺治十一年六月庚辰条。

④ 《清圣祖仁皇帝实录》卷8,康熙二年正月壬午、己丑条。

北、河南、山西等地迁往关外垦荒并加入八旗满洲或八旗汉军的宗族有70多个。兹举数例,《宗谱录詹姓》记载:“原籍小云南民,于清顺治八年奉诏拨民来兹奉天省盖平县。越二世,又迁到辽阳县东三十五里西双庙子处落户。三世祖九德公投奉天镶红旗佐领下注册。”①《王氏宗族谱书》记载:“王氏原籍山东青州诸城县大王庄,系民籍。于清朝顺治八年始祖王秉忠迁至辽宁省海城县白云寨,康熙年间迁居辽阳南亮甲山落户,入汉军正白旗第三佐领喜纯牛录为丁。”②《屈氏族谱》记载:“屈氏系山东小云南人,顺治八年由小云南迁至草河城落户,入盛京镶蓝旗,随伊将军当差。”③上述詹氏、王氏、屈氏等族谱记载表明,他们的祖上均是民籍,顺治八年(1651年),他们迁居东北,期间又多经历辗转迁徙,最后都投靠了八旗组织。至于民人被八旗接纳的原因,宗谱的记载不尽相同,《高氏宗亲谱册》记载:“当初虽地广人稀,非旗人不容播种,是以康熙二十二年入沈阳汉军镶红旗佐领下,开占红册地亩数千顷之多。”④《琅玡王氏族谱》则说:“康熙年义州设城守尉,将投垦客民悉编为汉军旗籍。”⑤《方氏族谱》说是“二世祖德贵因征吴三桂得胜,奉谕分派盖州镶黄旗马召功佐领下当兵,成为汉军旗人”⑥。《贾氏谱书》记载:“本氏原籍山东登州府莱阳县,原姓周。清朝顺治初年,贾氏始祖次支迁居辽东,开荒占地。遂更姓为贾氏,隶属顺承郡王府阿立本牛录,充当壮丁。康熙初年,贾氏被派往盛京汉军镶红旗当差。”⑦《马氏族谱》记载:“马氏原籍山东登州府栖霞县,顺治十三年跋山涉水,至关东盛京城北八里洼子窑居住。于经营事业,克勤克俭,服勤稼穑。及至二世祖国庶之时,奉命迁到辽阳城东大汤沟镶红旗界,乃入都京内务府正黄旗,以当渔差。”⑧由上可知,民人迁居关外后,或因生计、驻防、军功等原因加入八旗汉军;或为得到八旗王公贵族和官员的庇护而投入王府种地、当差,加入满洲旗籍,成为王府包衣。现有史料还不能完全解释哪些民人何以能够入旗,不过有一点是清楚的,即民

---

① 李林等:《本溪县满族家谱研究》,辽宁民族出版社1988年,第193页。
② 李林:《满族宗谱研究》,辽宁民族出版社2006年,第230页。
③ 李林等:《本溪县满族家谱研究》,辽宁民族出版社1988年,第29页。
④ 李林:《满族宗谱研究》,辽宁民族出版社2006年,第82页。
⑤ 李林:《满族宗谱研究》,辽宁民族出版社2006年,第240页。
⑥ 李林:《满族宗谱研究》,辽宁民族出版社2006年,第235页。
⑦ 李林:《满族宗谱研究》,辽宁民族出版社2006年,第217页。
⑧ 李林:《满族宗谱研究》,辽宁民族出版社2006年,第289页。

人主要由于天人交迫，存济维艰而离别故土，转徙东北实乃迫不得已。正如定宜庄先生指出的“刚刚踏上辽东土地的贫苦单身汉大概都是被动的，但随着民人的陆续到来，旗人的优势便显现无遗，经济上的利益暂且不说，仅仅是社会地位的优越，就已为民人望尘莫及。八旗制度成为他们最大的保护伞和庇护所”[①]。移民一经入旗，便被束缚在严密的八旗组织之中，他们也因此成为辽东地区非常稳定的一个人群。

（三）

顺康时期，关外民人落籍东北，他们以其特有的方式影响并改变着东北社会的面貌。民国《绥中县志》卷7载：“康熙三年招民垦令下，汉族迁徙日繁，或经商落户，或流寓入籍，统计大数，山东、直隶居多，山西、河南，又其次也。”民国《铁岭县志》卷2：“县令胡药婴（铁岭第一任知县）广为招徕，燕、齐、豫、晋之民，源源归之。”开原设县的当年，“奉新例招民一千四百户，改流徙入籍者五百户”。若按每户5口人计算，开原设县当年，就有民户1900余户，近万人编入户籍。移民为东北地区的发展注入了新的力量，他们积极垦荒。顺治末年，辽东辽西地方，民地约有十一万一千三百三十二亩。到康熙二十二年（1683年），承德、盖平、开原、铁岭等地的民地，大约扩展到二十万零三百九十六亩。辽西一带锦州、宁远、广宁、沙后所等，大约扩展到十八万七千八百五十三亩。较顺治朝民地面积增加70%以上。[②] 经过民人垦殖，辽东地区很快便出现了“荒城禅舍晓开衙，古树新巢抱乳鸦”[③]的新气象。

安置移民是清廷恢复东北统治秩序的重要步骤。在此过程中，有两点需要注意。第一，先设州县，再行招民。这种做法清楚地表明，清廷积极鼓励民人出关进行开垦，并试图按照自己的规划来统辖这些民人。不过，旗民两系、分别治理亦是安置移民的基本准则。“本朝兵皆八旗，于百姓无涉，要计亩输租，以供

① 定宜庄、郭松义等：《辽东移民中的旗人社会：历史文献、人口统计与田野调查》，上海社会科学院出版社2004年，第186页。

② 孔经纬：《中国东北地区经济史》（第一卷）·清代东北地区经济史，黑龙江人民出版社1990年，第160页。

③ 李呈祥《东村集：又寄陈明府》，载张玉兴主编：《清代东北流人诗选注》，辽沈书社1988年，第77页。

军需，古今一也。"[①]清廷深谙此理，设立州县，借此使民人成为附着于土地上的生产者、国家租赋的稳定供给者，"以民养兵"，清朝统治者的这一思虑可谓深谋远虑。第二，"关外辽人"入旗。"辽人"是满洲初兴之际生活在辽东边墙内外的特殊的汉人群体。他们曾被编入八旗，作为汉军的主要组成部分，他们为清政权的建立做出过重要贡献。顺治六年(1649 年)，清廷出示晓谕："关外辽人，有先年入关在各省居住者，离坟墓，别乡井，历年已久，庶可悯念。凡系辽人，各写籍贯姓名，赴户部投递，听候察收，有愿入满洲旗内者，即入旗内。"[②]在东北空虚之际，清廷自然希望久已与之结好的辽人重返东北。由于辽人身份已经难以甄别，实际上此道谕旨为广大民人入旗打开了大门。根据宗谱的记载，顺治八年，关外民人大量出关。他们或于出关之际，或稍晚一些的康熙朝被编入八旗。也就是说，东北的八旗建设与辽东招垦基本上同期展开，移民入旗这一特有现象恰恰又是清廷更为重视东北驻防的有力例证。

作为满洲统治者居于支配地位的全国性政权，清廷的移民安置也存在一定的局限性。特别是清廷对民人垦荒多有限制。顺治十二年(1655 年)，辽阳府知府张尚贤奏言"辽东旧民，寄居登州海岛者甚重，臣示谕招徕，随有广鹿、长山等岛民丁家口七百余名，俱回金州卫原籍，但金州地荒人稀，倘准其任意开垦，则生聚渐多，亦可立县治，而诸岛皆闻风踵至矣"[③]。顺治十二年是招民开垦之年，即使是地荒人稀，民人也不能任意开荒。显而易见，民人只能在清廷指定的范围内进行垦种。

当然，随着移民安置的推进，东北地区以八旗驻防和州县为主体的二元统治体制亦逐步建立并完善起来。康熙年间，旗民之间围绕土地产生的矛盾日渐加剧，清廷曾在盛京地区进行过两次旗、民垦区的划界。[④] 事实上，"旗下与民参处，地亩垦界交连耕种者甚多，独民成村另住者少，贫人已经居住，年久成业，若迁动以致失业，应将在旗下界内参处之民，仍令原种之地耕种"[⑤]。况且已有相当数量的移民通过编隶八旗实现了由民到旗的身份蜕变，划分界限断难割断旗

---

① 《铁岭县志》卷下·田赋志，《辽海丛书》，辽沈书社 1984 年，第 774 页。

② 《清世祖章皇帝实录》卷 42，顺治六年四月己卯条。

③ 《清世祖章皇帝实录》卷 93，顺治十二年九月丁亥条。

④ 孙静：《康熙年间盛京旗、民垦区划界初探》，载《大连民族学院学报》2009 年第 4 期。

⑤ 《户科史书》，载中国人民大学清史研究所、中国人民大学档案系中国政治史教研室主编：《清代的旗地》，中华书局 1989 年，第 128 页。

民之间业已形成的错综复杂的联系。但是,当移民触动并威胁到旗人的利益之时,清廷最终诉诸政权力量来化解这一矛盾,这种趋势发展的结果便是到了乾隆朝,清廷在东北施行了严格的封禁政策。

二、康熙年间盛京旗、民垦区划界

清代盛京因其陪都的特殊地位而备受关注。顺康年间,清政府在辽东地区招民垦荒,随着关内民人的涌入,盛京民地的开垦有日渐扩大之势,为了限制民地的发展,康熙在盛京实施了两次大规模的旗、民垦区划界[①]。目前,学界对这一现象有所提及,但对旗、民垦区划界的前因后果却鲜有深入的研究。在借鉴前贤研究成果的基础上,本部分对盛京旗、民垦区划界的背景、过程及其影响等相关问题进行了初步探讨。

(一)

辽河地区的旗界、民界之分始于努尔哈赤统治时期。天命六年(1621 年),努尔哈赤占领辽沈地区,女真(满洲)人迁入久经汉民垦殖的辽沈一带后,便开始由“引弓之民”转变为“农耕之民”。努尔哈赤在辽阳、沈阳地区实行计丁授田,把大量熟地作为官地圈拨给八旗官兵。次年,他又将八旗驻防地安置于各地:正黄旗于兴京,镶黄旗于其西北,镶红旗以奉天、沈阳为中心,正红旗于辽阳,镶白旗于海州,正白旗以辽河下游为中心,正蓝旗置于岫岩、凤凰城一带,镶蓝旗于辽东半岛顶端。[②] 辽东旗人与民人便形成了错居杂处的局面。

顺治元年(1644 年),清军入关及其迁都以后,留内大臣何洛会驻守盛京。以何洛会为盛京总管,并设驻防盛京八旗满洲、蒙古、汉军官兵一千余名。清廷规定,在旗界内授拨旗地,“缘边次第挨给。若不论疆界,挑选膏腴,徇情派拨

---

① 清代盛京有狭义和广义两层含义。狭义仅指奉天(今沈阳市),广义则包括盛京将军所辖治的广阔区域。实录记载,在顺治元年派兵留守盛京的同时,即于熊耀、锦州、宁远、凤凰城、兴京、义州、新城、牛庄、岫岩等处设城守官与满汉章京;于东京、盖州、耀州、海州、鞍山、广宁等处设满汉章京,率兵驻防。参见《清世祖实录》卷 7,顺治元年八月丁巳。

② 中国第一历史档案馆:《满文老档》天命七年四月十八日条,中华书局 1990 年,第 380 页。

者,佐领、领催分别罚责"[①]。即使在旗界内也必须按八旗左右翼的顺序分拨,所谓"分定地界居住,不许移居"。同时要求,"锦州、盖州各官庄屯,非由钦赐者,概令退出",另行分配。顺治五年(1648 年),清廷又明确规定"沙河以外,锦州以内,八旗官员家丁,每名拨给地六垧承种",并划定各旗份地区域:"两黄旗设于沙河所,两白旗设于宁远,两红旗设于塔山,两蓝旗设于锦州。"[②]

顺治入关后的最初十年,东北未设民官,凡事俱由盛京昂邦章京总理。"从广义上讲,东北的土地俱为旗地。故可以说,与关内相反,清代东北州县是圈占旗地设置的。当然,圈的都是无主的八旗荒地。"[③]鉴于东北地广人稀,清廷积极鼓励民人出关垦荒。由于汉族移民是分散且渐次进入辽河流域的,清廷对其开垦、居址的选择未加以严格限制。康熙二年(1662 年)正月,盖州、熊岳地方安插新民,即把附近荒地、房基,酌量圈给,由海城县督率劝垦。盖州、熊岳的旗地中因此有了零散分布的民地。随着盛京各八旗驻防的配置渐趋完善,与此同时,关外汉人的大量增加促使盛京所属州县的设立,各城防守官与州县官均大体划定了各自的管界及旗、民各自的开垦区域。康熙十八年(1679 年)六月,奉天府尹亮拱宸疏称:"奉天、锦州等处,旗下荒地甚多,民欲耕种,旗下指为圈地。"旗、民互相争地的矛盾引起了康熙的重视,他旋即下令查明旗地,接着清廷在盛京地区相继进行了两次大规模的旗、民垦区划界活动。

(二)

第一次划界从康熙十八年持续到十九年。为了安置新满洲于盛京,分给土地,康熙十八年勘丈了"东自抚顺起,西至宁远州老君屯,南自盖平县拦石起,北至开原县"的广大区域,除马厂羊草等甸地外,共勘出可垦荒地五百四十八万四千一百五十五垧,其中的四百六十万五千三百八十垧,约占可垦荒地面积的 84% 划为旗地开垦区域,其余八十七万八千七百七十五垧即 16% 划为民地开垦区域,并规定:"新满洲迁来,若播种豆地,每垧给豆地一金斗,播种谷米、黏米、高粱地,每垧给各种六升。旗人民人,无力开垦荒甸,又复霸占者,严查治罪。"

---

① 鄂尔泰:《八旗通志初集》卷 18,"土田志一",东北师范大学出版社 1986 年,第 326 页。

② 鄂尔泰:《八旗通志初集》卷 18,"土田志一",东北师范大学出版社 1986 年,第 326 页。

③ 任玉雪:《从八旗驻防到地方行政制度——以清代盛京八旗驻防制度的嬗变为中心》,《中国历史地理论丛》2007 年第 3 期。

康熙认为,“盛京田地,关系旗丁民人生计,最为紧要”。为了慎重起见,翌年,又派遣户部郎中鄂齐理前往盛京踏勘满洲新开荒地,鄂齐理会同奉天将军、副都统及奉天府尹等,在盛京地区又勘出未垦荒地一百五十二万五千两百余垧。清丈明白后,遂“设立边界,永安生业”。清廷同意“将此地亩注册,有民愿开垦者,州县申报府尹,给地耕种征粮。若旗人有力愿垦者,亦将人名地数呈报注册。若自京城移往官兵、当差及安庄人等,有将在京地亩退还交部、愿领盛京地亩者,将彼处旗人垦过余地并未垦地亩之内,酌量拨给”①。

康熙二十八年,又进行了第二次划界。这一年,原任奉天府府尹金世鉴在上疏中指出“奉天等处地方,旗民田亩,互争讦告”,他建议“将八旗庄头余地荒地,另行丈出给民,则钱粮可增,有裨国用”,康熙严厉地斥之为“浅陋”,并指出“欲另行丈出给民,殊为不合,应不准行”。由于前此丈明立界已“无档可查”,康熙明令户部主持清查盛京旗、民田地及牧厂。同年六月,他规劝新任奉天府尹王安国到任后“劝民务农,严察光棍游手之徒”,并阐明丈量旗、民疆界的目的,即“以旗下余地付之庄头,俟满洲繁衍之时,渐次给予耕种”。十二月,户部郎中郑都以及盛京户部、奉天府尹等员“亲至各属地方,详察旗民地亩,分立界限”,明确规定了“嗣后分界之地,不许旗人、民人互相垦种;如有荒地余多,旗民情愿垦种者,将地名亩数具呈盛京户部,在各界内听部丈给”。至此,“旗、民界地分明,旗、民各安生业”,盛京垦区的划界遂告一段落。

盛京旗、民垦区两次划界相隔不过十年,清廷每次都调动户部以及奉天将军、奉天府尹等中央和地方各部官员,可谓慎重至极。第一次从开始酝酿到复勘立界,前后历时近一年,清廷的目的很明确,就是尽可能多地占有盛京旗地,大片肥沃的土地被分配给少量的旗人,只有相对贫瘠而有限的民界内土地留给了民人。加之清廷对旗、民垦界错处的态度又比较宽容,原居住在旗界内的民人,仍然可以照旧垦种。康熙二十八年(1689 年)闰三月,户部尚书鄂尔多还提到:“旗下与民参处,地亩垦界交连耕种者甚多,独民成村另住者少,贫人已经居住,年久成业,若迁动以致失业,应将在旗下界内参处之民,仍令原种之地耕种。”②由于旗、民久经形成的错居杂处局面难以扭转,旗、民日后争地的矛盾也

---

① 《清圣祖仁皇帝实录》卷 87,康熙十八年十二月癸卯条。

② 《户科史书》,转引自中国人民大学清史研究所、中国人民大学档案系中国政治史教研室:《清代的旗地》,中华书局 1989 年,第 128 页。

就在所难免。第二次划界，丈明立界成为例行公务的一般性内容，厉行旗、民不得互相垦种的禁令成为清廷强调的核心。从控制盛京旗地合法权到强调禁绝旗、民间的往来，这其实是对旗地控制权与支配权不断强化的一个过程。从这个层面来看，两次划界是前后相继的一个完整过程，第二次不过是第一次的补充和发展罢了。

（三）

在旗、民开垦了近半个世纪后，康熙年间，盛京旗、民垦区的界限通过划界得以确立与规范。虽然两次划界的直接起因略有区别，但是维护旗地的合法权却是清廷竭力实现的目标。

对清朝统治者来说，牢牢控制并支配旗地，从一开始就不是一个简单的经济问题，而是一个政治问题。旗地是旗人衣食住行、养赡家口的依托，其盈亏对旗人生计所关甚巨，而旗人生计的荣枯，又直接关涉八旗制度的损益，从而影响着清朝统治的兴衰。康熙认为："盛京旗下人全赖田地为生，其开垦额外荒地，所得钱粮甚少，若竟撤回与民耕种，恐旗下人不能聊生。"①他把旗人的生计问题看得比征收赋税更为重要。康熙初年，鼓励垦荒的政策已初见成效，辽东人户凋敝、土地荒芜的破败景象得到恢复，与此同时也产生了另外一个满洲统治者不愿看到的结果，随着出关民人的日益增多，民人垦荒的范围也随之扩展。顺治元年，辽东共有民人一千六百二十三丁，至顺治十八年，新增民人五千五百五十七丁，新增起科地亩六万零九百三十二亩。从康熙元年到二十年（1662—1681 年）间，奉天府属新增民人一万一千零九十四丁，新增起科地亩十三万八千零二十五亩；锦州府属新增民人一万三千九百一十三丁，新增起科地亩十万零五百二十六亩。顺治朝旗地与民地之比为四十四比一，康熙中期已降至二十三比一，民地的迅速增长超过了旗地，民人开垦旗界内的荒地，旗、民杂处造成不少旗地与交纳赋税的民地相互混淆，地亩隐匿不报，隐瞒舞弊诸事迭出不断。因此，清廷试图通过划界来避免旗、民争地及其滋生的各种不良事端。

盛京旗、民垦区划界亦与当日局势的变化息息相关。从全国范围内来看，康熙二十年平定三藩，清朝的统治趋于稳固，满洲统治者始有精力经营前此无

① 中国第一历史档案馆：《康熙起居注》中华书局 1984 年，第 566 页。

暇顾及的关外故地。从东北地区来看,沙俄的步步进逼使北部边防节节吃紧,为了加强边疆的防御力量,康熙逐步完善了辽东地区的驻防体系。康熙十年(1671年),圣祖玄烨亲往盛京祭祀祖陵,对自己的故乡进行了第一次东巡。康熙十六年(1677年)又派内大臣吴默讷专程去访"本朝祖宗发祥之地"长白山,"加封号致祭"。盛京是清廷经营的重点,作为重要的兵源集结地、转运站,其农业开发与军事驻防的意义已不相上下。划界旨在控制大量的沃野之地,一可确保北边有警时的粮草供应,二可确保八旗兵力回驻时有地可垦,从而达到"收地利""厚功臣"一举两得之效。

盛京旗、民垦区划界固然是客观形势发展的产物。实际上,推动其得以进行的更加深刻的因素却在于清朝统治者所固有的满洲本位的民族主义立场。划界涉及到的最关键问题是,谁才是政府授权的盛京耕地的合法开垦者?康熙帝提出"俟满洲繁衍之时,渐次给予耕种"的规定充分表明,满洲人拥有盛京耕地的开垦资格。划界并非着眼于解决现实的旗、民争地矛盾,更为重要的是,它着眼于满洲人的长远利益,清廷要为那些新来的"情愿垦种者"提供充足的可耕土地。所谓的"新来者"主要是在盛京驻防的部署过程中,由清廷陆续发遣来的各色旗人,其主要成分是新满洲以及从关内调入的旗人。康熙年间,曾三次迁新满洲、巴尔虎、锡伯兵到盛京,总计六千五百余人,约占当时盛京所属城堡驻防甲兵总数的一半。要为众多新来者分配旗地,首要前提就是拥有大量的可支配垦地,划界自然成为控制土地最行之有效的方案。《盛京通志》详细记载了盛京所属各城守尉的旗界与各州县所辖的民界,旗界往往比民界广大得多。显而易见,划界浸透着清朝统治者奉行的旗人利益至上的民族主义情结。

(四)

清朝是一个由少数民族满族肇建的全国性政权,满洲统治者一向认为"八旗为本朝的根本,国朝莫有要于此者",对旗人"皆以国力豢养之"①。康熙年间盛京旗、民垦区的划界即是清廷为确保八旗利益而采取的重大举措,它充分体现出旗、民分治的二元统治体制的实质。旗人的主体是满人,民人的主体是汉人,在很大程度上旗、民分治就是满汉之间的隔离。

---

① 赵尔巽:《清史稿》卷120,志九十五·食货一,中华书局1977年,第3493页。

勿庸置疑，旗、民垦区分界维护了旗人的利益，延缓了旗地转化为民产的进程。清廷明令旗、民不交产，严禁盛京旗人、民人互相垦种，这对阻止旗地的流失有所制约。但是，旗、民间的经济联系并不是国家的一纸禁令所能窒息得了的。旗人"一时缓急相通，借贷在所不免，久之易租为典，遂成积弊，旗产不为旗有"。到乾隆统治时期，清廷已无力扭转盛京民人"悉将地亩占种"①的局面了。

事实上，满洲统治者强制推行的旗、民垦区划界非但没有割断旗、民之间的经济联系，汉人却通过编隶八旗实现了由民人到旗人的身份蜕变。"当初虽地广人稀，非旗人不容耕种"，民人为了拥有赖以为生的土地，只能选择加入八旗。现存满族宗谱对盛京汉人被政府拨入八旗的记载屡见不鲜。兹举两例，义县《琅玡王氏族谱》记载："顺治年间，王氏祖先由山东越海至医巫闾山西麓、大凌河之阳，获得平畴千顷，土质肥沃。这里并无土著居民，只有游牧蒙古往来。其祖辨土性之宜，播谷布种，又择亢爽处，粗施苫盖，仅蔽风雨。不数年间，又将已垦未垦的荒田，尽数报领约数千百亩。不久，南北平定，义州始设城守尉，将境内投垦客民，悉编汉军旗籍。我王、郭二氏隶汉军正黄旗，孙氏隶正红旗，计丁授田，课赋极微，名曰旗地。"辽阳《高氏宗亲谱册》亦记载：顺治初年，其二世祖分别落于辽阳高家岭、海城高湛屯，各自辟地数百亩。康熙二十二年（1683年），高氏先祖被编入沈阳汉军镶红旗佐领下，遂占有已开垦的红册地数千顷。②由此可见，盛京旗、民垦区划界为民人入旗提供了契机，新近加入八旗的民人使得旗、民界限渐趋模糊。在这种情况下，清廷强制推行的划界就只能是一厢情愿的妄想了。

旗人擅长骑射，民人擅长耕作，如果没有民人助耕，旗地势必大部荒芜；如果没有旗人的接纳，民人势必难以容身。康熙年间，江苏人王一元曾旅居辽东，《辽左见闻录》是他在此期间的见闻，其中记录了康熙二十五年（1686年），为了安置从北京调来驻扎盛京的八旗官兵，清廷令奉天州县官率民夫开垦荒地，为八旗将士的到来进行准备之事。可以说，正是在旗人和民人的共同配合与努力下，盛京大片宜耕的荒地被开发成肥沃的良田。从康熙后期开始，尤其是雍正年间，盛京地区连续多年农业大丰收，东北地区在历史上也第一次成为全国主

① 《清高宗纯皇帝实录》卷115，乾隆五年四月甲午条。

② 李林：《满族宗谱研究》，辽宁民族出版社2006年，第82页。

要商品粮产区之一。

三、东北地区“满洲本习”的嬗变

东北地区是满洲统治者的“龙兴之地”,因而受到清历朝统治者的格外关注。顺康年间,在东北八旗驻防部署臻趋完善的过程中,关内民人亦在招民垦荒政策的推动下大量拥入该地区。旗人和民人是东北区域开发与建设的主要力量,他们在推动东北边疆地区社会进步的过程中不可避免地发生着广泛而深刻的联系。旗、民之间互相接近,互相包容,满洲人在兴起时期所形成的以国语骑射、俭朴之习等为核心内容的“本习”逐步丧失。对于东北“满洲本习”发生的变化,雍正格外警惕,他屡下谕旨,谆谆训诫,厉行旗、民分界,试图阻止“满洲本习”的颓废之势。

(一)

“满洲本习”是一个拥有丰富内涵的概念,其主要内容即满洲入关前即已形成的以国语骑射、简朴之俗等为核心要素的祖宗旧制,这些要素无一例外地在满洲历史发展过程中曾经发挥过重要作用。因此,清历代统治者对满洲本习的强调与维护都厉行不替。

雍正时期,与关内其他驻防地区一样,东北地区的“满洲本习”也呈现出统治者难以接受的情形。雍正三年(1725 年),雍正亲见“盛京城内,酒肆几及千家”。八旗长官“平素但以演戏饮酒为事,稍有能干者,俱于人参内谋利。官员等亦不以公务为事,衙门内行走者甚少,其聚会往来,不过彼此相请,食祭肉嬉戏而已。司官竟有终年不一至衙门者,堂官亦置若罔闻”。八旗官兵身染陋习,“当兵者全无当兵之实,为官者亦无为官者之道。盛京诸事隳废,风俗日流日下”[①]。满洲旧日俭朴风俗,勤学骑射武艺的局面已经不复存在。八旗官兵“一味偷安,总不操练、服习劳苦”,由盛京兵丁选取的侍卫吴达纳,“差往打牲乌拉

① 《清世宗宪皇帝实录》卷 31,雍正三年四月庚辰条。

地方,逸居一载,遂至跟骄一班,即喘息不能行走"①。更有甚者,八旗兵丁"相互攀比,吃好穿好,过于奢侈,故致生计衰落"②。正如学者指出的:"满人入关,对汉人是采用朱明遗制,以八股文来束缚汉人的思想,消磨汉人的志气,使之日趋文弱,满人则全民皆兵,练习骑射,以保持其雄健之风,以为这样,汉人就不会造反,满人就可以永远保牢其统治地位。可是历史的发展,却并不按清朝统治者的主观愿望行事,结果汉人的志气并未完全消磨,而满人之武略雄风,却逐渐消失殆尽。"③

东北旗人"勤学武略"传统习俗的丧失是各种社会因素综合作用下的必然结果。驻防将军唯务闲谈、唯利是图,对地方军务的废弛负有不可推卸的责任。早在康熙年间,盛京事务废弛已极,"(辅国)公绰克托观射时,不辨士卒骑射优劣,唯务闲谈"。盛京地方习俗亦颓坏已极,"兵丁派出差役,不去者有之,去而私回者有之"④。康熙帝希望贝子苏努出任盛京将军后能够力挽这种颓势。苏努遵谕而行,盛京局面略有改变。但是,私恩小惠、徇情保举等弊端难以根除,盛京颓势终至积重难返。到雍正时期,"盛京风俗甚属不堪",雍正怪罪于苏努,他说:"苏努为将军八年,俯狥无知小人之心,沽取虚名,私恩小惠,逞其机诈,唯利是图,毫无裨益地方军民之处,风俗由是大坏。"⑤八旗将领以权谋私、虚应故事导致军纪败坏,上行下效,八旗兵丁疏于训练,听任骑射武艺的流失。

东北地区社会经济的恢复与发展为八旗官兵追求奢靡生活创造了条件,这在客观上加速了旗人腐化的进程。自康熙四十年以后,东北地区农业连年丰收,"米谷价值甚贱",并开始向内地大批输出粮谷。雍正年间继续推行移民垦荒政策,农业经济持续发展。雍正七年(1729 年)的上谕中曾说:"奉天地方,百谷顺成,已八年于兹矣。今岁收成又庆丰稔,谷价之贱,自昔罕闻,朕心深为慰悦。"同时,针对"奉天居民有以米谷饲养豚豕之陋习",雍正要求"人人存心受

① 长善主纂:《驻粤八旗志》卷首敕谕,雍正八年七月初五日,《近代中国史料丛刊三编》第 86 辑,文海出版社 1999 年,第 44 页。

② 《兵科给事中苟色奏请严禁兵丁服用僭越等事折》雍正元年二月初八日,《雍正朝满文朱批奏折全译》,黄山书社 1998 年,第 26 页。

③ 张廷栋:《杭州旗防营与旗人生活》,载《文史资料存稿选编》,中国文史出版社 2002 年,第 292 页。

④ 《清圣祖仁皇帝实录》卷 188,康熙三十七年五月庚寅条。

⑤ 《清世宗宪皇帝实录》卷 32,雍正三年五月癸亥条。

天赐，随时撙节，常留有余，崇俭去奢，谨身节用”①。但是，统治者思稼穑之可宝、念农事之艰难的良苦用心并未得到八旗官兵的响应，社会经济的发展刺激着八旗官兵在鲜衣美食、游玩娱乐等方面的奢侈消费，出入酒肆、穿戴美服、赌博玩乐等现象屡禁不止。

八旗官僚体制所固有的缺陷与社会经济的发展仅仅为东北旗人“武略”传统的丧失提供了可能性。东北旗、民之间交错杂居，相互接近、濡染、融合对“满洲本习”所产生的影响则更为持久深刻。雍正元年(1723年)，清廷规定“嗣后各省凡有可垦之处，听民相度地宜，自垦自报，地方官不得勒索”。汉族移民大量移居东北，“雍正十二年(1734年)统计，盛京、吉林、黑龙江新增民人达七万一千三百八十一丁，加上妇女老幼，至少在三四十万口左右”②。关外民人是分散且渐次进入东北地区的，由于清廷最初对其居址、开垦地的选择未能严格限制，结果造成民人散处于旗人之中，民地散处于旗界之内。康熙年间，大凌河牧场一带已出现了多处民居村落、坟茔，“邱墓已成，今若圈为牧场，遽令迁移，必至失所，朕心不忍应将民地开除”。③ 康熙对于这种久经形成的旗、民错处局面已难以措置。另外，东北八旗官兵“初皆驻一处。自康熙二十八九等年始，因年景不好，陆续变卖房舍，有田者随田而住，无田者亦变卖房舍，前往各城村庄分散以居”④。到雍正四年(1726年)，盛京八旗有旧满洲佐领八、新满洲佐领二十三、蒙古佐领八、巴尔虎佐领三、汉军旗二十四，共为六十六佐领。旧满洲、新满洲、蒙古、巴尔虎四十二佐领之兵丁为三千一百三十八，汉军二十四佐领之兵丁为一千七百三十。共为兵丁四千八百六十八人。其中，驻城内之兵丁为一千一百六十一人，随田驻屯之兵丁为三千七百零七人。这三千七百多名理应移住城内的驻屯兵丁，清廷亦难以妥善安置。随着旗、民错杂居处格局的形成，东北满洲民风发生了显著的变化。康熙年间曾两次出关省亲的杨宾认为，“走山者以万计”“而居者非云贵流人，则山东、(山)西贾客，类皆巧于利计，于是乎非裹粮不可行矣”⑤。在他看来，关内民人的到来直接导致了东北民风的改变。

---

① 《清世宗宪皇帝实录》卷86，雍正七年九月辛丑条。

② 佟冬主编:《中国东北史》(修订版)第四卷，第1555页。

③ 《清圣祖仁皇帝实录》卷106，康熙二十一年十二月甲申条。

④ 中国第一历史档案馆编译:《雍正朝满文朱批奏折全译》“盛京将军噶尔弼奏报盛京驻防兵丁情形折”(雍正四年十月初九日)，黄山书社1998年，第1407页。

⑤ 杨宾:《柳边纪略》卷3，载《辽海丛书》，辽沈书社1984年，第257页。

旗、民错居杂处只是满洲本习改变的外在因素。东北驻防八旗官兵来源复杂，在八旗规范的统一生活之下，聚集了不同成分的八旗组织对于满洲"本习"并非只有屏蔽的功能，不断融入满洲队伍中的各色成员所持有的"本习"与满洲风俗互相影响与吸收，这使得满洲"本习"的变化不可避免。如盛京驻防八旗中"满洲八旗多为入关之际留守盛京的兵丁，汉军八旗则多为从关内调遣。此外，有从黑龙江迁徙调入的蒙古巴尔虎旗、赫哲、库雅拉人的新满洲八旗兵，顶补当差的锡伯族八旗兵，甚至在雅克萨之战后，一部分投降的俄国兵也曾编入盛京八旗之中"。黑龙江驻防兵中有"流徙宁古塔、乌喇的罪人"①。

（二）

雍正认为："武艺者，乃满洲之根本要务。"②当旗人的武略技艺不断趋于荒疏乃至废弃之时，他将挽救"满洲本习"的希望寄托在东北地区。为了保证东北旗人勤习骑射，雍正帝采取的以下四项措施尤为重要。

第一，完善八旗建制，整顿官场浇薄之习。"盛京甚属紧要，兵民旗人最多，且地方辽阔，十三城相隔七八百里有余，将军、副都统俱驻扎盛京内地，教训整理，不能周到。"因此，雍正决定在锦州、熊岳各添设副都统一员，"令其分辖管理一切事务，教训众人，改易陋俗"③。雍正十二年(1733 年)，清廷在奉天增添了一名理事通判。这样，两名理事通判一驻奉天府之盖平县，分管海、盖、复、金四州县；一驻锦州府之锦县，分管锦、宁、广、义四州县。④ 在完善东北八旗建制的同时，雍正即位初始就屡屡教诫地方官员，整顿官场积习。鉴于东北地方官员多是本地居住之人，他们互相交结，瞻徇情面，欺蔽上司。雍正五年(1727 年)规定，盛京五部司官，郎中以下，主事以上人员，以京员用其员缺，在京各部堂官拣选办事中等司官，即将盛京撤回之员缺补用。⑤ 对于因侵盗钱粮、奸贪讹诈而被参革纠治的官员，雍正帝明令他们"或来京归旗，或者驻于各省满洲驻防之处安插"⑥。针对"旗、民杂处，住址参错，每遇强劫重案，旗员、民官互相推诿，并

① 《清圣祖仁皇帝实录》卷 122，康熙二十四年九月甲申条。
② 长善主纂：《驻粤八旗志》卷首敕谕，雍正八年七月初五日，文海出版社 1999 年，第 43 页。
③ 《清世宗宪皇帝实录》卷 58，雍正五年六月庚子条。
④ 《清世宗宪皇帝实录》卷 144，雍正十二年六月壬申条。
⑤ 《清世宗宪皇帝实录》卷 54，雍正五年三月丙申条。
⑥ 《清世宗宪皇帝实录》卷 54，雍正五年三月癸丑条。

无一定责成”的现象，雍正要求旗、民官员齐心合力，遇有人命等案，则须会同查验，如清查官员有借端扰累旗民者，即行查参。[①] 雍正试图通过自上而下的变革，肃清积习，从而为“风俗之归于淳厚”创造条件。

第二，厉行旗、民分界，避免旗、民之间的接触是雍正控制民人对旗人风俗浸染的重要措施。实际上，康熙年间东北地区旗、民杂处，旗地、民田界址不分的情况已经比较严重，盛京地区还曾进行了两次大规模的旗、民垦区划界。但是，划界也无法阻止旗、民之间的交往。为了保护东北旗人的利益，防止旗人受到外界的影响，雍正主要从两个途径解决这一问题。一是清理地亩，对旗地、民地进行丈量造册。雍正四年，针对日益严重的隐瞒投充问题，清廷对盛京地区的旗、民地亩进行了清查、造册。十年，又查出宁远州庄头、庄丁，旗、民人等隐种地两万四千多亩。清廷动用内库银两照价赎回了旗人典卖与民人的土地，从而确保了旗人赖以为生的土地。二是改变流犯发遣地点。从清初开始，因政治、经济等原因触犯刑律的人犯即被大量发遣至东北地区。如雍正所言“盛京乃开基之地，宁古塔、黑龙江、三姓等处，俱属接壤，向来发遣人犯，安插于此，至今渐多。此辈原是匪类，凶恶习成，岂能悛改，其子孙亦未必能成善类，而本处无知少年，或为其引诱，流染匪僻，废坏风俗，所关甚大”。流犯的大量进入，对东北地区经济、文化及社会风俗的发展变化产生了深刻的影响。为了坚守东北的淳厚风俗，雍正提出“嗣后凡发遣人犯，可否分发内地边远之区，令地方官严加管束。人数无多，禁约亦易。至强盗理应正法，其减等发往三姓地方，乃法外之仁，今应作何变通，俾其安辑。再八旗内府佐领、王府佐领下，有罪发往打牲乌拉者，人数渐加，亦当酌量。着诸王大臣等，会同详议，务期得当，经久可行”[②]。经过诸王大臣的商议，清廷调整了遣犯的发遣地。《清史稿》记载：清代流人“初第发尚阳堡、宁古塔或乌拉地方安插，后并发齐齐哈尔、黑龙江、三姓、喀尔喀、科布多，或各省驻防为奴。乾隆年间，新疆开辟，例又有发往伊犁、乌鲁木齐、巴里坤各回城分别为奴种地者”[③]。

第三，清理“恶乱之人”。“盛京地方，乃本朝创业之地，关系甚重。”[④]雍正

① 《清世宗宪皇帝实录》卷67，雍正六年三月丁丑条。

② 《清世宗宪皇帝实录》卷30，雍正三年三月丙寅条。

③ 赵尔巽等：《清史稿》卷143，刑法二，中华书局1977年，第4195页。

④ 《清世宗宪皇帝实录》卷31，雍正三年四月庚辰条。

担心犯法之人“仍留彼处,势必惑乱人心,又生事端,习染不能改革”[①]。自雍正二年开始,盛京犯法之旗人官员,除发遣外,其革职枷责案件完结之人,全部都要送往刑部。雍正要求盛京将军、满汉大臣、大凌河副都统、众城守尉等力改陋习,“不时稽查”,速将“聚集恶乱之人”驱逐出境。由于“聚集恶乱之人”主要是不守法度的八旗官兵,清理起来的难度很大,雍正遂以“访闻治罪”以示警诫,从而督促各级官员实心效力,以确保东北淳厚的社会风气。

第四,兴办八旗官学,督劝旗人勤习骑射。清朝统治者认为自己以马上取天下,夺取政权“皆资骑射”,因此十分重视八旗官兵的骑射技艺。康熙三十年(1691 年)盛京驻防八旗左右两翼各设官学两处,每旗选送俊秀幼童 10 名,入校读书,习马步箭。[②] 雍正年间,每翼增设盛京内务府学生 30 名。清廷还先后在东北地区设立了伯都讷左右翼官学、宁古塔左右翼官学、三姓左右翼官学、打牲乌拉左右翼官学、珲春官学、阿勒楚喀官学。另外,专门为皇家子弟设立的宗室学与觉罗学亦是八旗官学的组成部分。据平郡王福彭称,雍正年间,在盛京居住的宗室、觉罗子弟有 300 多人,其中“资质可成就者颇多,唯离京遥远,不知勤学,而族长等复不能悉心训导”。他奏请“照京城两翼宗学之例,设立宗学,饬交将军、府尹,慎拣满汉教习,令其讲读满汉文,练习骑步射。后有文学成就,弓马娴熟者,准赴京考试,艺射精者可备选侍卫”[③]。清廷采纳了福彭的建议,乾隆二年(1737 年),开设了盛京宗室学一所,盛京觉罗学一所。八旗官学的举办有助于延缓东北旗人成为“文不成,武不就”的无用之人。

“清廷为了保持其特点而采取了种种挽救对策,却仍然未能阻止满洲人摈弃自身的传统习俗而接受汉人的文化。清廷把注重‘国语骑射’‘崇尚简朴’作为‘满洲之旧道’加以鼓励(或者说是敦促),却未能收到相应的效果。”[④]实际上,东北旗人丢弃“骑射”技艺是满洲人从渔猎经济生活向农业经济文明转型的一种必然现象,它亦是东北各民族之间,特别是满汉民族之间相互影响、相互学习而必然出现的一种正常的发展趋势。借助强大的政权力量,雍正终究未能阻

① 《清世宗宪皇帝实录》卷 58,雍正五年六月乙未条。

② 《清圣祖仁皇帝实录》卷 150,康熙三十年三月乙未条。

③ 《清高宗纯皇帝实录》卷 9,雍正十三年十二月己丑条。

④ [美]欧立德著,华立译:《清代满洲人的民族主体意识与满洲人的中国统治》,载《清史研究》2002 年第 4 期。

止满洲"本习"日流日下的发展趋势。不过,在他的格外关注与引导下,东北旗人武略技艺衰落的进程还是要比关内来得迟缓一些。

(三)

满洲人在兴起与壮大过程中曾经引以为豪的精熟骑射技艺和俭朴生活之俗逐渐丧失,这是一个不争的事实。当满洲的独特性不复存在之时,如何保持满洲人的文化独特性以避免辽金元"享国不永"的历史宿命?如何在汉文化的汪洋大海中保持满洲人的独特个性?雍正可谓殚精竭虑。雍正二年七月二十三日,办理船厂事务给事中赵殿最上奏,请求于船厂地方建造文庙,设立学校,令满汉子弟读书考试,他为此颁布了一道很长的谕旨,详细阐明了东北旗人保持满洲本习的重要意义。雍正认为:"我满洲人等因居汉地不得已与本习日以相远,唯赖乌拉、宁古塔等处兵丁不改易满洲本习,今若如此崇尚文艺,则子弟之稍颖悟者,俱专意于读书,不留心于武备矣。即使百方力学,岂能及江南汉人,何必舍己所能,出人之技,而习其不能及人之事乎?"雍正担心旗人崇尚文艺,"以至武事既废,文艺又未能通,徒于其间成两无所用之人耳"①。他明令乌拉、宁古塔等处旗人务守以骑射为主的满洲本习。

事实上,清朝入关以后,随着满洲人生活环境的巨大改变,旗人疏于武略已是一种非常普遍的现象。雍正对东北地区的格外关注实与这一地区的特殊地位密不可分。清代的东北地区在国家政治版图中的地位极为显赫。盛京作为清统治者的"龙兴之地",享有陪都的特殊地位;长白山作为"本朝祖宗发祥之地",享有"加封号致祭"的崇高待遇。东北地区与关内其他各省不同,这从驻防旗人的归旗就可略见一斑。从康熙年间开始,驻防官兵的归旗就成为困扰清廷的一大难题,康熙担心驻防官兵留住外省,"年久渐染汉习,以至骑射生疏",他明令"除盛京、宁古塔不议外,江宁等各省驻防,凡有老病致仕退甲,及已故官兵家口,俱令回京"②。雍正时期,除包括盛京在内的东北驻防官兵外,"其余各省驻防弁兵身故,仍令送柩回京"。雍正这样规定就是为了防止驻防旗人在外年久,"旗、民混淆"③。归旗针对所有驻防旗人来说,东北集中了整个驻防旗人的

---

① 《世宗宪皇帝上谕八旗》卷2。

② 《清圣祖仁皇帝实录》卷115,康熙二十三年四月庚子条。

③ 《清世宗宪皇帝实录》卷13,雍正元年十一月辛巳条。

近半数,从康熙和雍正对东北驻防旗人归旗的态度即可看出,在他们心目中,驻居东北故乡的八旗官兵理应没有归旗之烦扰。尽管清朝统治的核心力量远离东北,但作为肇基之地,这里始终都是满洲统治者赖以信任的稳定后方。东北旗人享受着皇帝的恩赐,同时他们也责无旁贷地担负着维护满洲本习的重任。

雍正重视东北满洲本习亦与清代东北的边防形势及战略地位的变化息息相关。自顺治初年,沙俄势力逐步进入黑龙江流域,北部边防节节吃紧。在部署边疆军事力量的过程中,康熙初年,东北地区形成了盛京、宁古塔、黑龙江三将军分辖的体制。随着局势的发展,东北驻防将军、副都统、协领等各级衙署和兵员时有调整。雍正二年(1724 年),清廷"令(黑龙江)将军移驻黑龙江,著增兵三百名,船厂所属阿尔楚哈、拉林等处,既驻闲散满洲,不可无管辖人员,著将船厂所属之兵,亦增二百名,派一协领,令其驻扎管辖"①。为了巩固边疆,清廷调兵遣将"北捍俄罗斯,西护索伦、打虎儿"。而且,从康熙十三年(1674 年)起,东北八旗奉调入关,他们几乎参加了清前期所有的重大战争。雍正即位后,表彰出征多年的东北八旗兵说:"自有策妄阿喇布坦之事,已经八载,凡出征之在京八旗及盛京、黑龙江、宁古塔、西安、右卫等处,满洲、绿旗官兵内,有宣力行间分内应升者,若于各处补授,恐致悬缺,……著行文诸路将军等,于满洲、蒙古、汉军、绿旗官员兵丁内,有宣力行间,分内应升人等,查明选举。"在雍正提到的上述清军中,以东北八旗出征路途最远,时间最长。② 可以说,作为清代重要的边防地区和兵源集结地,雍正谆谆训导东北八旗官兵保持骑射传统,亦出于铸造强大军队巩固政权的现实需要。

雍正帝所持有的满洲本位的民族主义立场是他对东北"满洲本习"变化极为敏感的内在原因。清王朝是以满洲贵族为主体建立起来的,满洲人作为当时中国社会一个拥有特权的群体,他们一方面与汉人"共戴一主",接受君主专制统治;另一方面,他们又是国家所依恃的核心力量。这一性质决定了国家必然最大限度地维护满洲人的种种权利。在"首崇满洲"这一基本国策的支配下,满洲人的各种社会风俗也必然会得到最大限度的保护。

实际上,对"满洲本习"的维护旨在避免满洲人的"文人化",进而避免"汉

---

① 《清世宗宪皇帝实录》卷 27,雍正二年十二月丙申条。

② 张杰、张丹卉:《清代东北边疆的满族(1644—1840)》,辽宁民族出版社 2005 年,第 179 ~ 180 页。

化”(或者避免沾染“汉俗”),从而保持自身的独立性。在满洲传统文化习俗日渐淡出满洲人日常生活的过程中,雍正不厌其烦的言说都有一个共同指向——用“满洲本习”规范满洲人的行为。从这个意义上来说,满洲统治者在挽救骑射技艺的同时,他们也在努力挖掘与塑造满洲人有别于汉人的集体文化特征。东北旗人骑射技艺的不断退化是一个不争的事实,但他们勇猛善战的“劲旅”形象却在不断的言说中深深地嵌入人们的意识之中,骑马善射成为满洲人的一种鲜明标识,而这种特色鲜明的文化标识亦是满洲民族共同体继续赖以发展、壮大的重要根基之一。

满族的八旗制度

八旗是清朝军队的核心部分，也是满族军政合一的社会组织和管理机构。基于此种关系，八旗研究在清史、满族史中据有重要地位。八旗户籍、八旗基层组织佐领的编设与改易等问题向来是学界关注的重要问题。开户是清代八旗户籍中的一种。清代开户政策受到时局影响而时有变异，维护满洲统治者的权利则是其落脚点。编设佐领是八旗基层组织建制完善的重要举措。康熙朝大规模编设佐领是在“满洲根本”政策指导下进行的，八旗兵丁的增加对于确保清朝统治的稳固具有重要意义。然而，满洲统治者对八旗兵丁束缚的日益强化却严重侵蚀着旗人的活力。《钦定八旗通志》旗分志“按语”是在考诸官书、查核旗册的基础上形成的。“按语”主要针对旗分佐领的编设源流及其发展变化等具体情况而发，其附于各佐领条文之后，分布非常零散，但所包含的信息极为丰富。由于《钦定八旗通志》史料来源的档案文书多已散佚，旗分志及其“按语”在研究八旗佐领问题上，其文献价值就更加值得重视。旗分志及其“按语”资料记载了八旗辖制下的旗人自下而上的升转现象。清代旗分佐领的抬旗表明皇权对于八旗已经产生了绝对的控制力，清朝统治的满洲特色亦通过八旗得以充分彰显。

一、八旗开户与开户政策
——以雍正朝为主的考察

开户是清代八旗户籍称谓中的一种。乾隆三十二年(1767 年),清官方审定旧例时,将有关旗下开户的四条专门定例,以及其他条例内涉及"开户"的字句,从《律例》中统统予以剔除,理由是"今八旗已无开户"。重新审定律例表明,开户人的身份已经发生了根本性的变革。[①] 开户作为八旗等级结构中的一个组成部分,曾长期存在于八旗之中。开户的身份及地位具有不确定性,他们往往游移于正身旗人与旗下奴仆之间。加之清廷有关开户的规定又散见于各类政书之中,这些情况无疑加大了开户问题的研究难度。开户是清代八旗研究领域的一个重要问题,目前学界对此问题的研究已积累了一些成果。刘小萌《八旗户籍中的旗下人诸名称考释》《关于清代八旗中"开户人"的身份问题》《试析旗下开户与出旗为民》等论文依据清代官书,同时参稽满汉文档案,对旗下开户人的身份与地位变化等重要问题进行了探讨;[②]崔勇在《清前期的"旗下开户"问题》一文中,考察了清前期告主、赎身、军功等三种主要开户形式。[③] 不过,现有关于开户的研究只涉及开户形式、开户的身份地位及其变化等几个重要问题,对开户政策转变的经济原因阐述较多,而对开户政策调整与八旗制度的弊端及满洲贵族所推行的民族政策之间的内在联系鲜有触及。本部分在借鉴上述研究成果和对相关史料进行尝试性分析的基础上,主要考察雍正时期开户政策的变化及其缘由,从而揭示清朝开户政策受到经济、政治、民族等多种社会因素的综合影响而具有的时代特征及影响。

---

① 黄恩彤辑:《大清律例按语》卷 31,第 51 ~ 53 页;卷 37,第 15 页、第 21 页,道光二十七年海山仙馆刻本。转引自刘小萌:《试析旗下开户与出旗为民》,载《满族的社会与生活》,北京图书馆出版社 1998 年,第 179 页。

② 刘小萌:《八旗户籍中的旗下人诸名称考释》《关于清代八旗中"开户人"的身份问题》《试析旗下开户与出旗为民》,均载于《满族的社会与生活》,第 152 ~ 162 页,第 163 ~ 174 页,第 175 ~ 186 页。

③ 崔勇:《清前期的"旗下开户"问题》,载《河北大学学报》1993 年第 4 期。

（一）

八旗是清朝统治的根基，因此，清历代统治者通过户籍制度对旗人实行严格的控制。国初定制，各旗人丁三年编审一次。"凡八旗氏族载在册籍者，曰正户，僮仆而本主听出户者，曰开户。"[①]显然，在清朝的官方文书中，开户与正户在八旗组织中的身份地位截然有别，开户是指旗下奴仆因军功或因主人许可而脱离奴籍者。奴仆开户后，被记入另户册内。在以拥有独立户籍为主要依据甄别"主""奴"身份的清初社会，贱籍的豁除意味着旗下奴仆社会地位的极大提高。需要注意的是，清初直至雍正五年（1727 年）这一期间，另户旗人中还有相当部分是正身旗人的子弟成丁后由父亲名下分出的"正身之另户"，正身之另户与开户之另户同列另户册籍，但两者的社会地位却不能等同视之。雍正朝调整开户政策以后，随着旗下开户从另户队伍中被清理出去，另户逐渐向正身旗人靠拢，他们二者的区别就仅剩户籍册档中的不同称谓而已。因此，从雍正朝后期开始，清代官书中"另户"与"正户"称谓互换就成为一种非常普遍的现象。

旗下奴仆开户起源很早。顺治年间满洲贵族额毕伦追述：其妻陪嫁人内，有"原在东京各自档内人"[②]。"各自档内人"满文写作：dangse fakcaha niyalma，直译为"分户人"或"开档人"，这说明迟至努尔哈赤建国称汗时代，旗下已有开户人。[③] 旗下奴仆通过告主、赎身、军功等不同途径获得开户资格。其中，军功开户是奴仆开户中最重要的一种形式。八旗奴仆不准正式披甲，唯有跟随家主充当厮役。清朝兴起与发展初期，"满洲人数本少"[④]，为了解决满洲正身旗人数量不足这一难题，后金（清）政权鼓励奴仆从征作战。天命四年（1619 年），朝鲜人李民寏根据亲身见闻记载：出兵之时，如军卒家"有奴四五人，皆争偕

---

① 《钦定大清会典》卷 9，户部 · 户口，载《四库全书》第 619 册，上海古籍出版社 1987 年，第 113 页。

② 《顺治朝题本》第 1364 号，转引自刘小萌：《八旗户籍中的旗下人诸名称考释》，载《满族的社会与生活》，北京图书馆出版社 1998 年，第 156 页。

③ 参见刘小萌：《八旗户籍中的旗下人诸名称考释》，载《满族的社会与生活》，第 156 页。

④ 《清朝文献通考》卷 56，选举十，浙江古籍出版社 2000 年，考第 5381 页。

赴"[1],皇太极时仍是"一卒定四五驱土里"[2]。"驱土里"即"厮役"的满语音译。为了激励奴仆英勇作战,后金时期即规定建有军功的奴仆可以开户,旗下奴仆以血战乃至捐弃生命赢得了开户身份。随着开户奴仆的日益增多,天聪七年(1633年),皇太极还制定了有关开户的专门定例。

顺康年间,战争频仍,清廷仍然坚持旗下开户。与此同时,还陆续颁行了一些保护开户的律例。顺治八年(1651年),清廷更订新例,宣布禁止原主以"原系伊家奴仆"为借口,将已经开户之人复行攫为己有,从而防止原主及其子孙重新占有开户人。[3] 康熙十三年(1674年)规定,八旗兵丁奴仆得过一等二等牌三次者,准其开户;十九年(1680年)又规定,八旗从征奴仆得一等功牌两次者,准其开户。[4] 康熙朝颁定的这两个条例表明,奴仆从征两次就有开户的可能,开户的门槛已略有降低。明清易代之际激烈的军事冲突为军功开户创造了适宜的社会环境,开户资格的松动有助于激发更多的旗下奴仆为自身及子孙后代体面地生活而奋不顾身地去搏杀。开户主要以"汉人奴仆壮丁"为主,顺治初年,为满洲、蒙古旗人效力的汉人奴仆壮丁约有二十一万之多。[5] 康熙十七年(1678年),清廷规定:"满洲、蒙古家人,其主愿令赎身,在本佐领及本旗下者听;若未禁放出为汉军、民人者,照买卖例治罪。"[6]可见,豁除奴籍独立户籍之后,开户仍然隶属于本佐领及本旗之下。一纸户口档册无法骤然割断开户与原主之间千丝万缕的联系。到了康熙末年,原主子孙与开户子孙无故讦告之案大量发生,原主子孙"或行勒诈,称系祖父家奴,混行控告,殊违祖父初心"。开户人则利用"原主子孙或极庸懦,或至绝嗣"等特殊情况,"称系近族弟兄,反肆欺凌,争告家产"。康熙五十二年(1713年),清廷不得不定养子、开户及本旗原主互相欺诈之禁,对违反禁令的"恶劣不肖之徒,不遵法度,捏造他故控告"之原主,做出了"有职者革职,无职者枷号两个月、鞭一百。如有勒诈款项审实,照讹诈律处分"

① [朝鲜]李民寏:《建州闻见录》,载《清初史料丛刊》第九种,辽宁大学历史系1978年印,第44页。

② [朝鲜]《沈阳日记》,台湾台联国风出版社1961年,第467页。

③ 《清世祖章皇帝实录》卷60,顺治八年九月甲申条。

④ 《钦定大清会典则例》卷113,兵部·职方清吏司"军政",载《四库全书》第623册,第366页。

⑤ 安双成:《顺康雍三朝八旗丁额浅析》,载《历史档案》1983年第2期。

⑥ 《钦定八旗通志》卷31,旗分志三十一·八旗户籍,吉林文史出版社2003年,第548页。

的规定,同时亦严禁开户控告原主。[①] 在处理开户与原主的关系问题上,清廷以惩治原主为主,这与开户事实上仍然依附于原主并受到原主欺压这一普遍状况是相适应的。对于开户来说,他们受到八旗制度的严格辖制,在佐领下当差的开户人同时却也享受着朝廷提供的食饷之资。但是,随着清朝统治的逐步稳固,满洲生齿日繁不断加剧着八旗生计问题,这种局面发展到雍正时期更为严重,调整开户政策遂成为雍正解决旗人生计问题的一项重要举措。

(二)

与前朝相比,雍正朝的开户政策既有因袭,也有变通。一方面,雍正仍然恪守将入册奴仆禁锢于旗下的陈规。雍正元年(1723 年),清廷明令出旗奴仆统统掣归旗下,"只有开档(即开户)作为另户披甲,并无开出为民"[②]。开户为满洲本主所控制与奴役,这当与满洲人由来已久的蓄奴传统密切相关。雍正元年二月,浙江道监察御史杨保在奏请准许八旗兵丁买民为奴一折中说得非常明白:"奴才看得,满洲兵丁围猎出征俱赖跟役。蒙皇上之福,满洲繁衍甚多。父子兄弟分成数户,承差之人无从寻觅。讫请圣主恩准仍照以往之例买取民人,则懒惰民人与其携妻子四处乞讨,不如人满洲户室得以栖身之所。如此即可养民,满洲亦得奴仆差遣之。年久子孙滋生,则为世奴,即如给兵丁增加奴仆也。"[③]因为奴仆对于维系满洲人的生活及其满洲政权的统治具有极为重要的价值,加之清廷对八旗内部固有的主奴身份的刻意强调与维护,纵使入档的开户旗人也终难摆脱与满洲原主的联系。

另一方面,随着社会形势的发展,八旗内部的社会关系亦发生着相应的变化:当开户政治、经济地位的提升影响到"兵有定额,饷有定数"八旗规制下正身旗人的利益之时,雍正多方调整开户政策,开户由此经历了由另户而另档的身份变化。开户政策的调整是开户所拥有的各种权利被逐步剥夺的过程。具体来说,雍正朝开户政策的变化主要表现在以下三个方面。

---

① 《圣祖仁皇帝圣训》卷 26,严法纪二,载《四库全书》第 411 册,第 463 页。

② 孙纶辑:《定例成案合镌续增》(清刻本),逃人·满洲家人奴仆,转引自刘小萌:《试析旗下开户与出旗为民》,载《满族的社会与生活》,第 176 页。

③ 《浙江道监察御史杨保奏请准许八旗兵丁买民为奴折》,雍正元年二月初六日条,载《雍正朝满文朱批奏折全译》,黄山书社 1998 年,第 26 页。

第一,在八旗户籍编审方面,清廷严格"开户而为另户"与"满洲正身之另户"两者的区别,开户被逐出另户册籍,贬至为"另档"旗人。雍正五年(1727年),经副都统祖秉衡奏准,清廷重新规定了八旗户籍的编审制度。户籍制度的改革辅之以旷日持久的清查。雍正七年(1729年)六月,雍正发布谕旨宣称:"八旗现今开档人及养子,当前锋、护军者甚多,辈即与满洲等矣。其中亦有人去得,汉仗好,效力行间,得历官阶者。或佐领等惧罪不报,而伊等又恐黜退,隐恐不首,必且令刁恶之人,致生讹诈控告等事。著交八旗大臣等,将朕此旨晓谕各旗佐领,有将开户及养子挑为前锋、护军者,各将缘由报明。其开户及养子,亦令从实自首。既经开档,即系另户,唯另记档案,俾得明晰,则可免日后控告之端矣。"同时,雍正还特别强调此次清查的原则,"倘于此时隐忍不吐实情,日后查出或被旁人首告,将伊等从重治罪"①。清查对象首先是开户拔为前锋、护军者。雍正十二年(1734年),根据署副都统事护军参领额尔图的奏请,清查目标扩大至开户的子孙,"开户、养子人等内,有已至前锋、护军、领催,后遵旨将本身实情首出。另行记档人等之子弟,以至从前详查之时,未至前锋、护军、领催,已入另户档内之开户、养子,均属一体。俱令各该旗复行确查,分晰族支,编次支派。按其辈数注明何人之子,何人之孙。每佐领下造具清册两本,钤用印信。一本存贮该旗,一本咨送户部,永远备查。如奉旨查明后,又复夤缘串通,冒入满洲档内者,除治罪外,仍记入开户、养子册内"②。

从上述两个谕旨来看,清廷清查开户的力度越来越大了。在实际运作过程中,冒入满洲另户当差行走的开户确实被剔除另户档册。兹举一例,雍正十二年(1734年)四月,镶红旗满洲都统奉恩辅国公爱音图参劾旗下参领将开户以满洲另户令其当差行走。"图鲁佐领下驻防郑家庄之原领催达彦及其弟披甲诺莫和、其子奇格等,皆系康熙三十八年十一月自原都统伯莽堪家中开户之人。……先前该管参领、佐领等擅自改档,以另户满洲派遣当差。"经署理佐领事务二等侍卫庆海查出,爱音图等曾命该管署理参领艾散等查核,但艾散等将擅自改档之员徇情隐瞒未报,拟交部查议,同时,将保称达彦为另户满洲的原参领布占等人,亦一并交该部查议。奏请"咨文郑家庄,更改达彦之满洲档册,将

① 《钦定八旗通志》卷31,旗分志三十一・另档人户,第542~543页。

② 《钦定八旗通志》卷31,旗分志三十一・另档人户,第543页。

达彦等人仍旧记入开户之数"。此奏经雍正允准施行。[①] 开户由另户而另册，他们或留开户册籍，或入另记档案。总之，严格的户籍清查与编审在开户与满洲正身旗人之间设置了一道不容僭越的界限。

第二，废除开户与正身旗人"一例擢用"旧例，剥夺开户挑补骁骑、领催的资格。康熙年间有正户、别载册籍之人子孙均准拨补骁骑之规定。开户属于别载册籍的一种，他们享有与正身旗人同等的拔补机会。雍正二年（1724 年），雍正对廷臣提出的"八旗骁骑于正户人内选补。不敷，方于佐领下开户、户下人选取"方案甚为不满，他关心的是"正身满洲最多之佐领，其孤寡之人不得钱粮，何以为生！"这一现实的生计问题。根据雍正的意旨，在八旗骁骑缺的选补上，清廷做出了禁止开户拔补骁骑的规定："以后骁骑缺仍于正户之闲散壮丁、教养兵及步军内选取。或该旗内有贫乏孤寡不得钱粮养赡者，传集其佐领下人，遍行晓谕，将孤寡之家人充补骁骑。"[②]

清制马甲之优者选为领催，专司登记档案及支领俸饷诸务。雍正四年（1726 年）正月，通政司左参议常德援引开户人不准为护军，奏称开户亦不应为领催。常德还从两个方面对此详加说明。一是领催职责重要，"查一应登记档案，支领官兵俸饷等事，俱系领催办理，所关殊属紧要"。二是领催拥有升迁的机会，"领催等渐次录用，皆可得膺官职"。领催位卑却职重，考虑到现今开户领催及不识字领催谙熟佐领事务这一既成事实，常德建议"应留者照常存留，其不能办事人平常者，着退回在马甲行走"。同时，常德还提出："嗣后领催缺出，不准挑取开户人等，拣选另户满洲挑取。若佐领内无可挑取领催之人，着会同该旗护军统领，酌量本佐领内之识字护军挑为领催。再满洲、蒙古、汉军以及包衣佐领内，或有人数少者，即于开户马甲内将人去得、识字者挑取领催。"经过八旗大臣的讨论及雍正的圣裁，这一建议"永著为例遵行"[③]。雍正时期久已停止康熙朝将旗内滋生人丁大规模编设佐领、不断扩大八旗基层组织建制的做法。因此，人丁孳生必然导致佐领所辖人数呈现普遍增长之势。从这个角度而言，上

---

① 雍正朝《镶红旗档》第 10 件。转引自关嘉录、佟永功：《从 <镶红旗档> 看雍正帝整饬旗务》，《社会科学辑刊》1986 年第 1 期。

② 《钦定八旗通志》卷 33，兵制志二 · 八旗骁骑营，第 574 页。

③ 《世宗宪皇帝谕行旗务奏议》卷 4，雍正四年正月十二日奏，载《四库全书》第 413 册，第 510 页。

述关于开户于人数不敷佐领内挑取领催与禁止开户挑取领催其实并无二致。

另外,雍正七年(1729 年)八月,清廷规定马甲的挑选依照挑补前锋、护军之例进行,“嗣后挑选马甲,若该佐领下教养兵、开户人、赫尔根蒙古家生子之内果无可挑之人,请照挑补前锋、护军之例于该旗内挑选。不必删改丁册,将此人仍留于原佐领下,令在得甲之佐领下支领钱粮,如此既不删改册档、移动佐领,而挑选兵丁亦不致乏人矣”①。这一规定与概行禁止开户挑取领催如出一辙,马甲挑选范围的扩大并非由于佐领乏人,其主要目的则是清廷对八旗佐领旧有承袭关系的极力维护。在这种情况下,开户跻身旗员的希望便愈加渺茫了。

第三,在开户因罪发遣及旗奴开户考试等社会生活方面,对开户施以有别于另户的更为苛严的处置措施。清初有犯罪发遣之律,向来另户之人犯罪发遣,俱不为奴。雍正五年(1727 年)十月,刑部定议变更这一律例,理由是“另户亦有不同,其中有行同奴仆卑污下贱者,亦有原系家下奴仆开户而为另户者。若发遣远方,不令人管束,又致生事”②。因此,清廷规定,除满洲正身之另户外,另户中的地位卑微者及开户,如有犯罪发遣者,应酌量给披甲之人为奴当差。雍正六年(1728 年)四月,职官李国臣犯罪,就其是否应发往荆州给予兵丁为奴之事,雍正明确指出,李国臣与开户及奴仆不同,因此他被发遣黑龙江当差。与此同时,他又进一步重申了“旗下开户之人与奴仆辈应行发遣者,给与披甲之人为奴”的规定。③ 开户的卑微身份被一再强调,他们一旦触犯刑律,“固不得与正身之另户同例”。清廷严格名分等级之别,刻意将开户从另户中剥离的结果使得因罪发遣的开户重新沦入奴仆的悲惨境地。

雍正十三年(1734 年),清廷根据八旗开户家人的来历,将他们分为两类:一类为“良民”开户,包括清朝定鼎之初的投充者、养育者、俘掠者;一类为“旗下累世家奴”开户。考试大典攸关,良贱名分宜肃,对于两种不同类型的开户,清廷的考试政策亦有所区别,良民“既经开户,即犹之复籍,自应准其居官,并与考试”。至于旗下累世家奴,“实属出身微贱,或因已经开户当差效力,著有劳绩,

---

① 《世宗宪皇帝谕行旗务奏议》卷 7,雍正七年八月二十六日谕,载《四库全书》第 413 册,第 528 页。

② 《世宗宪皇帝上谕内阁》卷 62,雍正五年十月十九日谕,载《四库全书》第 414 册,第 718 页。

③ 《世宗宪皇帝上谕八旗》卷 6,雍正六年四月二十八日谕,载《四库全书》第 413 册,第 183 页。

准其居官,已为不拘世类之宽典。若并准其一例考试,则与出身微贱不准考试之定例不符。嗣后凡实系旗奴开户者,但许由旗下别途进身,其本身及子孙永行禁止考试"①。旗奴开户应考的资格由此而彻底丧失。

显然,上述政策旨在剥夺开户曾经享有的诸多权利,清廷甚至在公开场合径直将开户比照家奴。② 不过,满洲统治者亦无法漠视开户为清政权的建立与巩固做出过重要贡献这一事实,在解决具体问题时,清廷并非根据上述定例一概而论,而是辅以灵活变通的做法,故而由开户挑补骁骑、领催乃至担任高官者断难禁绝。萧义宗原是汉军开户,雍正五年(1727 年)六月,他以南安府知府补授江西粮道员缺,萧义宗的升转与清廷贬抑开户格格不入,对此,雍正另有一番解释:"朕思从前开户之人,多有擢至大僚者,如佟凤彩,亦系汉军开户,曾任巡抚。立贤无方,岂可因其出身之微,限其上进。"在封建帝王"一秉至公,因才器使"的说辞下,开户萧义宗官运亨通,飞黄腾达。③

(三)

凭借帝王权威,雍正将某些开户的命运操控于股掌之中。雍正朝"分档开户从征者,许编为另户"已然带有明显的奖赏性质,这与前朝利用、保护开户的做法确实不可同日而语。总的来看,雍正朝形成了以打击、排斥开户为基本内容的新政策,而这种局面的出现与八旗体制固有的缺陷及满洲统治者推行的民族政策又有着相当密切的联系。

一方面,八旗体制性弊端所引发的生计问题已经成为雍正朝比较严重的社会问题,清廷冀望清理开户,匀出钱粮来确保部分正身旗人的饷银、饷米。清朝入关之初,旗人按丁口分得室庐田土,但日久天长,旗地大多转售给民人,旗人

---

① 《钦定大清会典则例》卷 66,礼部·仪制清吏司"贡举上",雍正十三年十月,载《四库全书》第 622 册,第 194 页。

② 例如,雍正十一年,清廷照家选兵丁例,做出了"分档开户从征者,许编为另户"的决定。雍正帝在上谕中说:"家选兵丁前往军营之时,朕降恩旨,凯旋之日将伊等妻子俱令出本主之家,编为另户。但各路军营从征人内,亦有分档开户之人充当领催披甲者,伊等久在军营,辛苦効力,甚属可悯。着各路军营将军、大臣等将效力行走好者,以伊等姓名注册。俟大兵凯旋之日。亦照家选兵丁例编为另户。"见《平定准噶尔方略》前编卷 34,雍正十一年四月庚辰,载《四库全书》第 357 册,第 485 页。

③ 《世宗宪皇帝上谕内阁》卷 58,雍正五年六月十五日谕,载《四库全书》第 414 册,第 640 页。

不能自谋生计,于是生计日蹙。另外,雍正时期,承平已久,“人口日增而兵额有定”的矛盾也越发突出,不断加剧着八旗生计问题。更为严重的是,随着八旗组织军事职能的进一步强化,八旗兵丁脱离了生产领域。他们肩负着“环拱寰极,绥靖疆域”的重任,战时奉命出征,平时以时操练,春秋两季还要进行长时间的集中训练,当差披甲成为他们唯一的职业。康熙朝已有定制:京师八旗前锋、亲军、护军,月给饷银四两,骁骑三两,皆每岁支米二十四石。这比翰林院编修、国子监监丞、七品父母官知县的俸银禄米还略多一些。这份兵饷被后人称为旱涝保收的“铁杆庄稼”。护军、亲兵、前锋、马甲遇有征战,立有战功,或者差使干得好,还有晋升的机会,这样既可提高社会地位,又可获取更多的俸银。在这种优厚待遇的侵蚀下,当兵食饷几乎成为旗人唯一的出路。满洲统治者对八旗紧紧囊括其中的兵丁也常常是“大沛恩施”,动辄赏赐银两,增加兵额,动用公款赎回民典或“奴典”旗地等,但这些措施也无法扭转旗人生计日趋恶化的态势。当大批另户正身旗人无差可补,沦为闲散,靠救济过活的时候,满洲统治者断然不能容忍开户继续占夺有限的食饷份额。雍正谕旨云“八旗开档及为义子之人,系无嗣年老残疾满洲,既不能当差行走,又未置有产业,冀得钱粮,故令其披甲养赡”①,一语道出了奴仆开户与八旗生计之间的内在联系。清理开户首先从开户补为前锋、护军者开始,渐次推及他们的后代,这当与八旗前锋、护军的收入有很大关系。在八旗诸兵种中,前锋、护军为数较少而收入较高,他们的月饷与岁米收入是步兵的一倍多。当清廷供养八旗财力不济之时,满洲统治者所关照的重点是其视为“国家根本”的正身旗人,雍正以钦定的名义将开户曾拥有的当差、提拔机会统归正身旗人,通过包括此种方式在内的诸多手段试图缓解八旗生计问题,从而确保八旗组织的稳定,并依靠八旗实现清政权的持久统治。

另一方面,满洲统治集团所奉行的民族政策亦是推动开户政策调整的关键因素。清政权是以满洲贵族为主体建立起来的,满洲人作为当时中国社会一个拥有特权的群体,他们一方面与汉人“共戴一主”,接受君主专制统治;另一方面,他们又是国家所依恃的核心力量。这一性质决定了国家必然最大限度地维护满洲人的种种社会权利。“首崇满洲”是清王朝的一项基本国策,这一政策为

① 《世宗宪皇帝谕行旗务奏议》卷2,雍正二年十月十四日祁尔萨奏,载《四库全书》第413册,第497页。

雍正所继承、发扬。雍正明言:“如宗室内有一善人,满洲内亦有一善人,朕必先用宗室;满洲内有一善人,汉军内亦有一善人,朕必先用满洲;推之汉军、汉人皆然。苟宗室不及满洲,则朕定用满洲矣。”①同样人才,满汉之间就是有上下等第、亲疏远近之别。

事实上,八旗内的汉军及其同样以汉人为主要来源的开户在清入关之初曾受到高度重视。顺治初,八旗人员之任督抚者,汉军十居其七②,原因即是“盖国方新造,用满臣与民阂,用汉臣又与政地阂,唯文馆诸臣本为汉人,而侍直既久,情事相浃,政令皆习闻,为最宜也”③。为数众多的开户因军功卓著而登入旗档,在本旗摇身获取了满洲身份。康熙中期以后,随着清朝军事征服最终转化为较稳定的合法政治统治后,八旗汉军与开户的特殊优势也不复存在了。满洲朝臣对开户披甲当差阻塞满洲旗人的前程绝对不会熟视无睹的,他们公开宣称保护满洲旗人甚至是满洲奴仆的利益。雍正元年(1723 年),朝中便有“领催、披甲越佐领补取”的建议:“领催、披甲出缺,本佐领无闲散满洲,即从甲喇之内,视骑射清语优者补取,庶几闲散满洲为得钱粮,各图学习。且满洲俱沾皇恩也。”④雍正三年(1725 年),镶红旗满洲副都统明全说得更加露骨:“与其以国家钱粮养其开户人及包衣奴仆满洲等,不如养育正户满洲奴仆。”他建议“每佐领虽不可录取披甲,但若系由同一佐领所滋生兄弟之新旧佐领,总之皆为其一家之内。若旧佐领之满洲滋生者多,则擢补新佐领之缺;若新佐领滋生者多,则调补旧佐领之缺。如此,则不惟皇上累世养育之真正满洲奴仆均得食钱粮,且可杜绝因男丁少而录取幼子、开户人及包衣奴仆满洲之事”⑤。与其养育开户,还不如养育满洲奴仆的态度清楚地表明,满洲利益至上是满洲统治者坚定不移的执政理念,清理开户,不过是践行“首崇满洲”这一根本原则的一个手段而已。

---

① 《世宗宪皇帝上谕内阁》卷 30,雍正三年三月十三日谕,载《四库全书》第 414 册,第 259 页。

② 福格:《听雨丛谈》卷 3,八旗直省督抚大臣考,中华书局 1984 年,第 57 页。

③ 赵尔巽等撰:《清史稿》卷 239,列传二十六,中华书局 1977 年,第 9528 页。

④ 《正黄满洲旗副都统勒什布奏陈领催披甲越佐领补取折》,雍正元年十月初八日,载《雍正朝满文朱批奏折全译》,第 414 页。

⑤ 《镶红旗满洲副都统明全奏陈满洲滋生男丁前程折》,雍正三年五月初二日,载《雍正朝满文朱批奏折全译》,第 1123 页。

（四）

雍正时期，清廷始而推行清理开户的严厉措施。从时间上来看，开户政策的调整贯穿雍正统治的始终；从内容上来看，相继颁行的政策涉及到开户的政治、经济等社会生活领域的诸多权利。清廷排挤开户、适时地调整开户政策，这对关涉其中的利害双方均产生了不同程度的影响。

就开户而言，随着清廷清理、排斥开户举措的不断推进，他们的身份发生了明显变化，这在以下两个方面表现得尤为突出：一是开户在八旗册籍中被列入“另册”，他们与另户正身旗人的界限清晰可鉴，当他们拥有的另户之权被渐次褫夺，开户甚至不如正户满洲奴仆，其地位一落千丈；二是开户从京师转向地方，他们在各驻防地不断聚集、发展。清廷定鼎北京，居重驭轻控制全国，八旗兵丁遂有禁旅、驻防之别。前者乃“亲枝藩附”，以正身旗人为主体，后者为“佐领中之余丁”，其中包括大量开户。雍正七年（1729 年），清廷设置青州驻防时，曾将京旗满洲余丁内之“次等者”拔出，在拔出的两千名兵丁中，开户竟占了一半之多。[①] 关于开户在地方驻防的情况，刘小萌在其研究中曾指明，杭州驻防旗人中，“开户、养子甚多”。乾隆二十一年（1756 年）的统计表明：杭州将军属下的另记档案、开户人多达六千余人。此外，右卫（今山西右玉）、山海关等处均是正身旗人少，“开户人多”。西安、福州、荆州、宁夏、热河等驻防处的开户人数也颇为可观。正身旗人习于繁华，耽于安乐，长年寓居京师而不愿外出驻防，这无疑是导致受到排斥的开户人在驻防旗人中所占比例不断增长的重要原因。开户世守地方，逐渐成为清廷弹压地方的主要力量。随着开户在地方势力的增强，原主对其已经鞭长莫及。雍正中期，开户自行外出行贩佣工、剃头打草以济衣食之用。[②] 开户在驻防相对宽松的环境中练就了各种营生本领，而这正是乾隆二十一年（1756 年）“开户出旗为民”得以推行的重要前提，设想开户如果没有独立营生的本领，乾隆怎敢断然宣布开户“情愿入籍何处，各听其便。所有本

---

① 《清世宗宪皇帝实录》卷 111，雍正九年十月壬寅条。

② 参见刘小萌：《关于清代八旗中“开户人”的身份问题》，载《满族的社会与生活》，第 171 页。

身田产,并许其带往”[1]这一重大决定呢?从开户最终摆脱八旗辖制的整个发展过程来看,虽然雍正朝开户的处境艰难,但他们却获得了正身旗人所无法奢望的“自为养”的生存之道。从这一角度来看,雍正打击开户的种种举措实则为开户赢得编户齐民的自由之身创造了条件。

就清廷而言,清理开户,通过缩减分利群体解决八旗生计问题的收效甚为有限。八旗生计问题的解决只能是从根本上颠覆八旗制度,但在八旗制度尚有生存空间的形势下,排斥开户,确保正身旗人披甲当差导致的一个结果是,兵丁被更加牢固地束缚于八旗之中,“不士、不农、不工、不商、不兵、不民”[2]的寄生生活使他们彻底丧失了谋生之技。同时,清理开户引发了令满洲统治者难以措置的另外一个结果,开户仍然不择手段地跻身于正身另户之列。据不完全统计,在雍乾之际清查八旗户籍档案过程中,仅镶红旗满洲、蒙古、汉军旗人中自首的“冒另户”即达九百三十三人之多。依此推算,整个八旗当在八千人左右。[3]“冒另户”是专门针对开户跻身正身另户来说的,雍正曾多次向八旗大臣发出警告:开户“越佐领认户者甚多”,这些人“竟与原主无涉,又隔数辈,即为正户”[4]。直到乾隆中期,“冒另户”问题始终未能解决。毫无疑问,在八旗体制性缺陷造成的严重生计问题面前,雍正可谓倾其所能了。可以说,追求国家根本稳固的良好愿望与旗人难以资生的严峻现实之间的裂隙无法弥合,而清理开户直接引发的“冒另户”问题又动摇着满洲统治者极为重视的主仆名份之别。种种迹象都表明,雍正时期,盛世的辉煌之中已经潜藏着诸多难以应对的痼疾,满洲统治者确已无力操控清政权极盛而衰的发展趋势了。

二、康熙朝八旗佐领的编设

八旗制度是清朝社会的一项根本制度。1615 年,努尔哈赤在统一女真人的

---

① 《钦定大清会典则例》卷 32,户部·户口上,乾隆二十一年条,载《四库全书》第 621 册,第 9 页。

② 沈起元:《拟时务策》,载《清经世文编》卷 35,户政十,中华书局 1962 年,第 881 页。

③ 刘小萌:《关于清代八旗中“开户人”的身份问题》,载《满族的社会与生活》,第 171 页。

④ 《世宗宪皇帝谕行旗务奏议》卷 2,雍正二年十月十四日祁尔萨奏,载《四库全书》第 413 册,第 497 页。

战争中创建了八旗制度。《满洲实录》卷4记,八旗定制时,每三百人立一牛录,五牛录立一甲喇,五甲喇立一固山。牛录汉语称佐领,它是八旗的基本单位。固山即旗,是为八旗编制的最高单位,从后金兴起初创直到清末八旗制瓦解,"正黄、镶黄、正白、镶白、正红、镶红、正蓝、镶蓝八旗,每旗析三部,即满洲、蒙古、汉军"①的组织形式始终未有变易,但其基层组织佐领的编制与人员定数却随时代发展而有较大调整。孟森先生的《八旗制度考实》一文对上三旗与下五旗及汉军佐领的编设作了细部考述。另外,陈佳华、傅克东的《清代前期的佐领》《清初满洲牛录的特征》与《佐领述略》,滕绍箴《努尔哈赤时期牛录考》,赵凯《清代旗鼓佐领考辨》等文也从不同角度对佐领问题进行了专门研究,并提出了令人信服的观点。② 康熙时期是清入关后旗分佐领大量增置的重要时期,迄今,学界对这一时期佐领大量编设的状况尚未给予足够的关注,而旗分志对佐领的设置与变化则有较为详细的记载。本部分主要利用旗分志及其他相关资料,试对康熙年间八旗佐领编设的基本情况作一描述,并对佐领编设的背景、特点与影响等问题进行初步探讨。

(一)

康熙朝编设佐领始于康熙元年(1662年),终于六十一年(1723年)。其中,满洲佐领的编设与康熙的统治相始终。康熙元年,编设正白旗满洲佐领一,此后陆续增编新的满洲佐领。康熙六十一年,增编镶黄旗满洲佐领二,正黄旗满洲佐领一。随着康熙时代的结束,康熙朝增编满洲佐领的活动遂告以段落。从时间上看,满洲佐领的编设集中于康熙元年到二十六年以及康熙三十三年到四十年这两个时间段。康熙朝共增编满洲佐领356个,康熙十一年,编设满洲佐领26个;康熙十三年,增设35个;康熙二十三年,编设满洲佐领132个;康熙三十四年,增编满洲佐领42个,这是编设满洲佐领最多的四个年份。其中,康熙二十三年新编设的满洲佐领占整个康熙朝编设满洲佐领总数的三分之一还多,

① 金德纯:《旗军志》,载金毓绂主编《辽海丛书》,辽沈书社1992年,第2603页。

② 孟森:《八旗制度考实》,载《明清史论著集刊》,中华书局1969年;陈佳华、傅克东:《清代前期的佐领》,载《社会科学战线》1982年第1期;《清初满洲牛录的特征》,载《社会科学辑刊》1982年第5期;《佐领述略》,载《满族史研究集》,中国社会科学出版社1988年;滕绍箴:《努尔哈赤时期牛录考》,载《民族研究》2001年第6期;赵凯:《清代旗鼓佐领考辨》,载《故宫博物院院刊》1988年第1期。

这是满洲佐领编立最多的一年。

康熙朝蒙古佐领的增设从康熙二年开始，断断续续地到三十四年完成。此间有 19 个年份共编设 76 个佐领。康熙二十三年，编设蒙古旗分佐领 25 个，正红旗蒙古一半分佐领发展为整佐领，这一年蒙古佐领增数最多。

康熙时期，汉军佐领的增编始于七年，终于五十一年。在这 40 多年中，有 17 个年份共编设汉军佐领 55 个。其中，康熙二十二年编设汉军佐领最多，计有镶黄旗汉军佐领 8 个，正黄旗汉军佐领 2 个，正白旗汉军佐领 5 个，正红旗汉军佐领 3 个，镶红旗、镶蓝旗汉军佐领各 1 个，共编设 20 个新佐领，另有 3 个半分佐领增编为整佐领。

总的来看，康熙朝增编佐领持续 60 年，时间跨度非常大。但是，具体到八旗满洲、蒙古、汉军，情况却有所不同，满洲佐领的编设最早开始，其次是八旗蒙古，汉军则最晚，迟至康熙七年才有一镶红旗汉军佐领得以编立。另外，从持续的时间看，满洲佐领编设的年份远远超出蒙古与汉军。尽管如此，康熙二十二年、二十三年分别又是汉军、满洲与蒙古佐领增编最多的年份，大规模编设佐领具有明显的同期性。

清朝入关前夕，八旗计有 583 个整佐领和 28 个半分佐领。入关后，历经四朝，到嘉庆统治时期，八旗合计有整佐领 1145 个，半分佐领 6 个，整佐领比入关前增加 562 个，增幅近一倍。而从顺治、康熙、雍正、乾隆四朝佐领的增数看，顺治年间整佐领增加 70 个，半分佐领减少 7 个；康熙年间，整佐领增加 487 个，半分佐领减少 18 个；雍正、乾隆两朝，八旗佐领增减变化甚微，特别是乾隆朝整佐领的增减数互相抵消，半分佐领还减少了 3 个。康熙朝增编旗分佐领 487 个，约占入关后佐领编设总数的 87%。毫无疑问，康熙朝大规模增编佐领极大地促进了八旗基层组织佐领建制的发展与完善（佐领编设数目参见文后附表）。

（二）

根据八旗兵丁来源的不同，康熙朝编设佐领主要采取四种形式：滋生人丁分立而成；在半个牛录的基础上发展为整佐领；将新满洲改编为满洲八旗的旗分佐领；将包衣拔入旗分佐领。

旗内滋生人丁编立一新佐领在康熙朝最为普遍。具体而言，它又可分为两种情形。其一是由一个佐领的滋生人丁、余丁分立而成。如，正黄旗满洲第一参领第七佐领,是第六佐领内滋生人丁,康熙二十三年一等公颇尔喷管佐领时,分编一佐领,以其弟之子员外郎马哈达管理。[①] 同一参领中第十七佐领,是第十六佐领内滋生人丁,康熙八年费雅思哈管佐领时分编一佐领,以其兄济时哈之孙胡什布管理。[②] 其二是由多个佐领内的滋生人丁合编而成。有两个佐领的余丁合编一新佐领的,正黄旗满洲第一参领第十佐领,是第八、第九两佐领内滋生人丁,康熙二十三年陈泰、商世泰管佐领时分编一佐领,令雅赉之孙八十管理。[③] 该参领第十五佐领亦是康熙二十三年由第十三、第十四两佐领内滋生人丁分出而成。[④] 另外,三个甚至更多佐领余丁合编为一整佐领的情况也大量存在。镶白旗满洲第三参领第十六佐领就是康熙十三年由书舒、阿哈土、西希三佐领的滋生人丁合编而成的。[⑤] 正黄旗满洲第二参领第八佐领在康熙三十四年由福善、郑安、海寿、齐阑布、基当阿、敦拜六佐领的滋生人丁编立而成。[⑥] 而正白旗满洲第三参领第一佐领的兵丁成分则更复杂,它是康熙三十四年由 10 个佐领的余丁组编而成的。[⑦]

半个佐领发展为整佐领也是康熙朝佐领编设的重要形式。半分佐领改编为整佐领的前提是兵丁足额。一般而言,兵丁足额通过三种途径实现。第一是吸收半分佐领内的余丁编立为一整佐领。如,镶黄旗满洲第三参领第十二佐领原是国初以哈尔敏地方来归人丁编为半个牛录。至康熙二年,人丁足额,始编为整佐领。[⑧] 镶蓝旗满洲第一参领第一佐领,原是国初编立之半个牛录,康熙三年因人丁滋盛编为整佐领。[⑨] 镶黄旗蒙古右参领第四佐领原是喀喇沁地方蒙古。于天聪六年编为半个牛录。至康熙二年,人丁满额,遂编为整佐领。[⑩] 第二是合并半分佐领之外的人丁编为一整佐领。镶蓝旗满洲第二参领第十七佐领,

---

① 李洵、赵德贵等主点校:《钦定八旗通志》卷 4,旗分志四,吉林文史出版社,2002 年,第 60 页。

② 《钦定八旗通志》卷 4,旗分志四,第 62 页。

③ 《钦定八旗通志》卷 4,旗分志四,第 61 页。

④ 《钦定八旗通志》卷 4,旗分志四,第 62 页。

⑤ 《钦定八旗通志》卷 10,旗分志十,第 177 页。

⑥ 《钦定八旗通志》卷 2,旗分志二,第 65 页。

⑦ 《钦定八旗通志》卷 6,旗分志六,第 108 页。

⑧ 《钦定八旗通志》卷 2,旗分志二,第 36 ~ 37 页。

⑨ 《钦定八旗通志》卷 16,旗分志十六,第 275 页。

⑩ 《钦定八旗通志》卷 18,旗分志十八,第 313 页。

是国初以蒙古来归人丁编立，始为半个牛录，以和硕之子波思希管理。到康熙三十四年，增以本旗余丁编为整佐领。[①] 与仅吸收本佐领余丁相比，这个佐领的兵丁来源于“本旗”，其来源范围相对较广。第三是两个半佐领合并而改编为一整佐领。如，镶黄旗满洲第一参领第十三佐领是康熙二十三年以觉罗佛伦所管半个佐领与内大臣觉罗他达所管半个佐领合为一整佐领，以一等侍卫觉罗长命管理。[②] 在上述三种情况中，吸收半分佐领内的余丁编立一整佐领是最为常见的。

“新满洲四十佐领”及包衣佐领发入八旗亦是康熙朝旗分佐领增编的形式。康熙初年，屯长扎努喀布克托请率众内移，宁古塔将军巴海安辑于墨尔根，编四十佐领，号称新满洲。康熙曾将部分新满洲部落成员迁入盛京、北京，编入满洲八旗。在八旗满洲中，共有 12 个佐领为新满洲改编而成，其中，镶黄、正黄、正白三旗各有 4 个。[③] 镶黄旗满洲第一参领第十四佐领和第十五佐领、正白旗第四参领第十五佐领等都是康熙朝由新满洲拔入八旗满洲的。

在整个清代，包衣佐领与旗分佐领分属两个独立的组织系统。旗分佐领统属于各旗都统，包衣佐领初隶领侍卫大臣，康熙十三年改归内务府。由于包衣是皇帝的奴仆和私属，他们一旦受宠执掌重权，有可能享受抬旗或改旗殊荣。在人数众多的内府旗人中，能够膺此殊荣的只是凤毛麟角。镶黄旗第五参领第十五佐领，原是康熙十九年奉旨将包衣下侍卫飘色与前锋统领索柱巴图鲁由包衣拔出，合各姓满洲编一佐领。该参领第十四佐领是康熙六十一年将包衣哈达合族人等由包衣拔出编一佐领，即着哈达管理。[④] 正黄旗满洲第三参领第十四佐领，是康熙六十一年将镶蓝旗包衣佐领内太后之亲族及阿萨纳佐领内太后之亲族合编成一佐领的。[⑤] 正白旗满洲第四参领第十六佐领，原是康熙二十二年由包衣昂邦图巴族人及三旗各包衣佐领下所有索伦编一佐领，拔隶本旗蒙古都统。康熙四十四年移入本都统。[⑥] 上述佐领均由包衣下属改编而成，进入旗分

---

① 《钦定八旗通志》卷 16，旗分志十六，第 284 页。

② 《钦定八旗通志》卷 2，旗分志二，第 25 页。

③ 《钦定大清会典事例》卷 837，八旗都统，载《近代中国史料丛刊三编》第 70 辑，文海出版社 1999 年，第 4525 页。

④ 《钦定八旗通志》卷 2，旗分志二，第 49 页。

⑤ 《钦定八旗通志》卷 4，旗分志四，第 73 页。

⑥ 《钦定八旗通志》卷 7，旗分志七，第 119 页。

佐领标志着这些包衣旗人的社会身份与地位已经发生了实质性的变化。

（三）

康熙时期，佐领的增编与清朝政治、军事、经济形势的发展变化息息相关。这项贯穿康熙朝始终的活动是在“满洲根本”的政治理念指导下展开的，佐领的增置，既有充实八旗兵源的军事意图，也有解决兵丁生计问题的现实需要。

清王朝是以满洲贵族为主体建立起来的，满洲人是国家所依恃的核心力量。这一性质决定了国家必然要最大限度地维护满洲人的种种利益。“满洲甲兵是国家根本，虽天下平定不可不加意爱养”①的呼声真实地反映了康熙对八旗满洲的倚重与依赖。康熙五十六年，康熙曾盛赞满洲兵丁：“一心奉法，假如千人会于一处，死则同死，断无离心。”②后人的总结与之如出一辙，满洲贵族深知“得朝鲜人十，不若得蒙古人一；得蒙古人十，不若得满洲部落人一”③。康熙时期，清朝统治者面临着进一步巩固政权的考验。因此，培植并掌握一支赖以信任的军事力量遂为康熙帝所格外关注。而此时，汉军已经变得越来越无足轻重，大量增设以满洲为主的八旗佐领就成为顺理成章之事。从根本上说，康熙朝八旗佐领的设立是在不折不扣地践行“满洲根本”，它服从并服务于清朝统治者维护与扩大政治权利这一基本出发点。

清历代统治者都非常重视八旗军队的建设。兵丁数量对于八旗发展与建制完善始终具有决定性的影响。“太祖高皇帝辛丑年，满洲生齿日繁，诸国归服人众，设四旗以统之。……至甲申年，削平诸国，中外臣民归附者众，增设四旗。”④显然，这里强调了大量归附者的加入推动了八旗制的确立。入关初期，战事频繁。康熙十二年至二十年又发生了“三藩之乱”，康熙调动满洲、蒙古、汉军八旗和绿营汉兵数十万，全力以赴，与数十万叛军鏖战八年，最终平定叛乱。长期的战争，致使八旗兵丁伤亡严重，加之入关之初，“满洲人数本少”⑤，在这种特殊形势下，迅速补充并增加兵源成为当务之急。康熙没有明确说明编设佐领

---

① 《钦定八旗通志》卷首八，敕谕二，第155页。

② 《康熙起居注》，康熙五十六年丁酉十月，中华书局1984年，第2448页。

③ 魏源：《圣武记》卷1，开创，中华书局1984年，第9页。

④ 《钦定大清会典事例》卷837，八旗都统，第4511页。

⑤ 《清朝文献通考》卷56，选举十，浙江古籍出版社2000年，考第5381页。

的日的，但是，人规模的编设主要发生在三藩之乱前后，仅康熙二十三年就编立177个佐领，[①]这些事实本身足以表明通过编设佐领来增强军事力量的明显意图。

勿庸置疑，佐领的编设源于扩充兵源以统一全国及平定各地反清斗争的急迫需要。与此同时，将大量八旗闲散余丁编入旗分佐领，以此来缓解业已出现的八旗生计问题亦是康熙朝大量增置佐领的重要推动力。康熙初年，八旗兵丁"衣食不给"[②]的生计问题令康熙深为忧虑。康熙十二年，针对满洲贫而负债者甚多的情形，康熙指出："今见以佐领事讼者甚多，但知荣贵，而爱养所属之道，全然不知。或有佐领下各户之主不令披甲，听徇情面，令家人披甲者甚众，此等俱宜严行禁止，停其家人披甲。或二三佐领，或四五佐领，酌量归并，将闲散满洲令其披甲，则满洲人丁各得食粮，庶可少资生理。"[③]显然，不能披甲造成闲散余丁的生计艰难。归并闲散增置佐领，能够为生计无着的贫困旗人创造披甲食粮的机会，通过扩大八旗的惠及面来解决兵丁的生计困难，这是康熙朝增置佐领的经济动因。

（四）

康熙时期，旗分佐领的编设是否遵循一定的原则？从实录、旗分志等记载的相关信息可以肯定，佐领的编设体现出如下两个突出特点。

第一，兵丁足额的特点。清朝一佐领所辖壮丁数在各个时期有所变化。一般认为，皇太极时每佐领壮丁约略200人；康熙时百三四十人；嘉庆时，则以150人为率。[④] 康熙朝一佐领辖壮丁130～140人，其主要根据是都统图海、尚书明珠等人的建议。康熙十二年，他们向皇帝提议，"满洲、蒙古都统下每一佐领，除留一百三十人以上、一百四十人以下外，其余丁另合为一佐领"[⑤]。事实上，官方的规定与实际情况之间存在着较大差距。由于每个佐领的人员构成、隶属关系都有所区别，因此，旗丁数额的差距也就比较悬殊。既然佐领的兵额数并非整

① 此数据根据《钦定八旗通志》旗分志所记统计。

② 徐旭龄：《力行节俭疏》，载贺长龄、魏源《清经世文编》卷54，礼政一，中华书局1992年，第1355页。

③ 《清圣祖仁皇帝实录》卷44，康熙十二年十一月辛丑条。

④ 此种观点见孙文良：《满族大辞典》，佐领条，辽宁大学出版社1990年。

⑤ 《清圣祖仁皇帝实录》卷44，康熙十二年十一月辛丑条。

齐划一,那么足额的原则只能依据佐领通常的人数底限来加以确定。

康熙时期,在佐领的编设中有"百丁之数"之说。康熙六年,理藩院题"查打虎儿有一千一百余口,未编佐领,应照例酌量编为十一佐领"①。打虎儿与八旗满洲、蒙古、汉军的编制原则相同。打虎儿1100余口,应照例酌量编为11佐领的提议正好符合百丁编一佐领的原则。其实,以百丁之数编一整佐领并非打虎儿所独有的现象。旗分志中以百丁编一佐领的记载屡屡出现。镶黄旗满洲第四参领第十七佐领,是八旗满洲中的俄罗斯佐领,它以半分佐领为基础,至康熙二十二年,来归的俄罗斯人达到百丁始而编立为一整佐领。② 镶黄旗第四参领第十一佐领,是康熙十三年分编八旗佐领时,将公主门上行走之顾尔布什额附半个佐领人丁并英亲王门上行走之察哈尔地方来归人丁,增以顾尔布什之孙禅保佐领内滋生余丁17名,共足百丁之数编为一佐领。③ 正红旗满洲第三参领第一佐领是康熙二十三年,郎图族人76丁,合瑚什布佐领内18丁共94丁即编为一佐领。④ 镶白旗蒙古左参领第四佐领,原是第三佐领内丁壮。康熙二十三年,昂格参管佐领时,人丁滋盛60名,与多尔济佐领下人丁42名合编为一佐领。⑤ 镶蓝旗蒙古第一参领第十三佐领,是康熙七年因贝子傅腊塔所属人丁满百,编为一整佐领。⑥ 以上各佐领得以编立的关键在于它们都达到了"百丁之数",因此,"百丁之数"就应该是康熙朝编设佐领所必需的丁额底限。

第二,向八旗满洲与上三旗倾斜的特点。康熙朝编设八旗满洲、蒙古、汉军佐领分别是356个、76个、55个,满洲佐领的增数遥遥在先。另外,顺治、康熙两朝汉军佐领与满洲佐领增数的变化也颇能说明问题。顺治时期,八旗满洲增加8个整佐领,汉军佐领的增数却是49个,汉军力量在这一时期的迅速发展在于清朝入关初期特殊的政治形势,"汉人有所顾忌而不敢尽忠于朝廷,满人又有

---

① 《清圣祖仁皇帝实录》卷22,康熙六年闰六月癸酉条。

② 《钦定八旗通志》卷3,旗分志三,第44~45页。刘小萌先生仔细考察了清代北京俄罗斯人编设佐领的情况,他认为:"康熙时期,八旗满洲佐领的标准丁额为100人。"见刘小萌:《关于清代北京的俄罗斯人——八旗满洲俄罗斯佐领历史寻踪》,载中国社会科学院历史研究所清史研究室编《清史论丛2007年号·商鸿逵先生百年诞辰纪念专辑》,中国广播电视出版社2006年,第367页。这里的百丁之数理解为佐领编设的人数底限似更为恰当。

③ 《钦定八旗通志》卷3,旗分志三,第43页。

④ 《钦定八旗通志》卷8,旗分志八,第142页。

⑤ 《钦定八旗通志》卷20,旗分志二十,第353页。

⑥ 《钦定八旗通志》卷21,旗分志二十一,第383页。

所凭借而无以取信于天下矣"[1]。汉军旗人能够以其特殊的身份在满洲与汉人集团之间维持着某种利害上的平衡。但是,康熙在1680年代批评"汉军习尚之恶已至于极"[2],随着清廷对待汉军态度的公开转向,佐领的增置成为以满洲为核心的统治者扩大其政治、军事、经济权利的最有效而便捷的手段(参见表一)。

八旗内部存在着上三旗与下五旗分治的体制,镶黄旗、正黄旗、正白旗上三旗为"天子自将",归皇帝自领,地位高贵,人多势众,是八旗的核心。这一时期,镶黄旗、正黄旗、正白旗增编旗分佐领各为71个、70个和63个,其中,镶黄、正黄两旗增加的佐领数在八旗之中是最多的。从增量上看,康熙朝上三旗共增加204个佐领,这一增数占整个上三旗佐领定数的44%,为康熙朝佐领增数的41.9%;下五旗增加283个佐领,为下五旗佐领定数的41.8%,占康熙朝佐领增数的58.1%。尽管下五旗佐领增加的绝对数略多,但平均到每一个旗分,上三旗佐领的增加率还是超过了下五旗。直到雍正时期,由于八旗汉军佐领多寡不等,以至发生了将上三旗汉军佐领划入下五旗,"酌量均匀"的事情。[3]

除上述两个突出特点外,康熙时期,佐领的设置还有根据形势变化而及时增置的应急性特点;按照八旗内部不同人群分别编设的同质化特点,八旗满洲中的俄罗斯佐领、新满洲佐领的兵丁均由来归的本部人员所组成,其同质化的程度也因此较高。总之,随着佐领总数的增加,每佐领的标准丁额却有所缩减,八旗内部的各色人群亦被纳入身份区别更为严格的组织之中。

（五）

经过康熙朝大规模增编旗分佐领,历雍正、乾隆两朝,八旗满洲合计增加7个整佐领,八旗蒙古增加1个整佐领,汉军增加2个整佐领,至此,八旗的佐领建制就大体完成。显而易见,康熙朝增置佐领对于八旗建制的最终定型是至关重要的。到康熙六十年,满洲八旗男丁已增至十五万四千余丁,比顺治十四年增加了两倍多,蒙古八旗男丁六万一千余丁,也增加了两倍,包括汉军、包衣,八

---

① 储方庆:《殿试策》,载《清经世文编》卷7,治体一,第197页。

② 康熙二十六年十月二十六日上谕,《钦定八旗通志》卷首8,敕谕二,第157页。

③ 《钦定大清会典事例》卷837,八旗都统,第4540页。

旗男丁总数为六十九万六千余丁，比顺治十四年将近增加一倍。[①] 充足的兵丁增强了清军的战斗力。圣祖时期，八旗的雄风犹存，在谈及八旗兵丁时，康熙的自豪溢于言表，“本朝满洲官兵从来精锐骁勇，遇寇必克，所向无敌”[②]。事实上，在康熙朝安定西北、西南，拓土辟域，保卫领土的系列大战中，以满洲八旗为核心的清军保持着劲悍的斗志，他们勇猛冲杀，屡建功勋。

康熙时期，八旗军队肩负着“环拱寰极，绥靖疆域”的重任。他们战时奉命出征，平时以时操练，春秋两季还要进行长时间的集中训练，当差披甲成为他们唯一的职业。为此，清廷制定了优厚的旗兵兵饷。康熙中年定制：京师八旗前锋、亲军、护军，月给饷银四两，骁骑三两，皆每岁支米二十四石。这比翰林院编修、国子监监丞、七品父母官知县的俸银禄米还略多一些。这份兵饷被后人称为旱涝保收的“铁杆庄稼”。而且，当上护军、亲兵、前锋、马甲还有机会往上升迁，遇有征战，立有战功，或者差使干得好，还有晋升的机会，这样既可提高社会地位，又可获取更多的俸银。但是，这种优养的待遇却同时剥夺了旗人的自由与创造力。

为了保持八旗队伍的稳定，康熙十八年，清朝在各旗设置都统、副都统，并规定都统的职责是掌满洲、蒙古、汉军八旗之政令，稽其户口，经其教养，序其官爵，简其军赋，以赞上理旗务。随着八旗组织管理体制的正规与严格，八旗兵丁隶属于佐领，佐领长官职掌人口、田宅、婚丧、兵籍诸事宜，对本佐领人户拥有很大的权限，“凡位居公侯并俯就之，犹县令之辖乡绅也”[③]。这样，旗人从摇篮到坟墓的整个生活过程完全受到八旗的辖制。

诚然，大量余丁被纳入佐领，这对于暂时缓解旗下闲散的生计困难不无裨益。然而，另外一个值得关注的事实是，随着清朝国威的日益远扬，被八旗制度紧紧囊括其中的兵丁却日益沦落至贫困。八旗兵丁作为国家的根本，康熙希望他们“生计充裕，匮乏无虞”，因而“大沛恩施”。增置佐领作为施恩于旗人的一种形式，从长远来看，它对清朝社会发展的负面影响更为持久而深刻。清朝入关后，随着八旗组织的军事职能进一步强化，八旗兵丁迅速退出生产领域。他

---

① 八旗兵丁的具体人数是一个有争议的问题。这一档案所载数见安双成：《顺康雍三朝八旗丁额浅析》，《历史档案》1983 年 2 期，第 100 页。

② 《钦定八旗通志》卷首 8，敕谕二，第 161 页。

③ 谈迁：《北游录》纪闻下，中华书局 1960 年，第 375 页。

们不事农耕,又不能经营工商,如果外出谋生,将会因为"逃旗"而受到重惩。除了当兵食饷外,旗人只能仰给于统治者的赏赐。而且,康熙中期以后,清朝社会经济的进一步发展又刺激着八旗兵丁在鲜衣美食、游玩娱乐等方面的奢侈性消费。在这种情况下,康熙追求国家根本稳固的愿望与旗人难以资生的社会现实之间的裂隙越来越难以调和,这一局面发展至乾隆时期,严重的八旗生计问题遂成为清朝社会难以应对的痼疾,盛世的辉煌也由此黯淡逝去。

附表一:康熙时期旗分佐领编设数目表　　（单位:个）

八旗旗分		清入关前佐领数	康熙时期编立佐领数	嘉庆时期佐领定数	康熙朝编立佐领占佐领定数的比例
镶黄旗	满洲	33	49	84	47.6%
	蒙古	14	11	28	39.3%
	汉军	23	11	41	26.8%
	小计	70	71	153	46.4%
正黄旗	满洲	42	46	92	50%
	蒙古	13	10	24	41.7%
	汉军	23	14	40	35%
	小计	78	70	156	44.9%
正白旗	满洲	48	36	86	41.9%
	蒙古	16	13	29	44.8%
	汉军	26	14	40	35%
	小计	90	63	155	40.6%
正红旗	满洲	30	44	74	59.5%
	蒙古	13	9	22	40.9%
	汉军	14	5	27	18.5%
	小计	57	58	123	47.2%
镶白旗	满洲	50	32	84	38.1%
	蒙古	15	7	24	29.2%
	汉军	16	1	30	3%
	小计	81	40	138	29%

续表

八旗旗分		清入关前佐领数	康熙时期编立佐领数	嘉庆时期佐领定数	康熙朝编立佐领占佐领定数的比例
正蓝旗	满洲	42	41	83	49.4%
	蒙古	18	12	30	40%
	汉军	24	1	29	3.4%
	小计	84	54	137	38%
镶红旗	满洲	31	55	86	64%
	蒙古	13	6	22	27.3%
	汉军	18	2	29	6.9%
	小计	62	63	137	46%
镶蓝旗	满洲	33	53	87	60.9%
	蒙古	15	8	25	32%
	汉军	13	7	29	24.1%
	小计	61	68	141	48.2%
合计		583	487	1145	42.5%

(数据来源:《钦定八旗通志·旗分志》与《钦定大清会典事例》卷837·八旗都统)

附表二:清历朝八旗佐领编数变化表

八旗	入关前佐领数	顺治朝佐领增减数	康熙朝佐领增减数	雍正朝佐领增减数	乾隆朝佐领增减数	嘉庆时期佐领定数
八旗满洲	309个整佐领,18个半分佐领	增8个整佐领	增356个整佐领,减12个半分佐领	增5个佐领	增2个整佐领,减1个半分佐领	676个整佐领,5个半分佐领
八旗蒙古	117个整佐领,5个半分佐领	增13个整佐领,减5个半分佐领	增76个整佐领,减4个半分佐领	增1个佐领	无增减	204个整佐领
八旗汉军	157个整佐领,5个半分佐领	增49个整佐领,减2个半分佐领	增55个整佐领,减2个半分佐领	增4个佐领,减3个半分佐领	减2个整佐领,减2个半分佐领	265个整佐领,1个半分佐领

续表

八旗	入关前佐领数	顺治朝佐领增减数	康熙朝佐领增减数	雍正朝佐领增减数	乾隆朝佐领增减数	嘉庆时期佐领定数
合计	583个整佐领,28个半分佐领	增70个整佐领,减7个半分佐领	增487个整佐领,减18个半分佐领	增10个佐领,减3个半分佐领	减3个半分佐领	1145个整佐领,6个半分佐领

(数据来源:《钦定大清会典事例》卷837·八旗都统)

三、乾隆朝八旗佐领的发展

——以《钦定八旗通志·旗分志》按语为中心的考察①

根据《辞海》的解释,“按语亦作案语,是编者或作者对文章、词句所添加的评论、说明或考证的话”。《钦定八旗通志·旗分志》按语主要针对旗分佐领的编设源流及其发展变化等具体情况而发,析殊会同。从旗分志按语的内容来看,主要有补充缺漏、订正舛误、说明解释三种类型。按语附于具体佐领的说明性文字之后。作为钦定本旗分志的重要组成部分,按语文字简洁,但所包含的信息却极为丰富而重要。按语是四库阁臣对旗分佐领变化的记录,它在一定程度上反映了乾隆时期八旗基层组织的发展趋势。迄今,除《钦定八旗通志》的点校者对旗分志按语所述内容有概述性说明外,②尚无他人问及按语,笔者不揣孤陋,在对旗分志按语所涉内容进行归纳的基础上,初步探讨了乾隆朝旗分佐领的变化趋势,以期形成对乾隆时期八旗基层组织佐领发展状况的客观而深入的认识。

(一)

八旗是清代最为重要的政治军事与社会组织形式。清历代统治者对于八

① 旗分佐领与包衣佐领、管领属于八旗组织中的两个不同体系。钦定本旗分志主要述及旗分佐领的发展沿革。本文的考察亦以旗分佐领按语为中心,故涉及包衣佐领、管领的60多条按语未纳入讨论范围。

② 李洵、赵德贵等主校点:《钦定八旗通志》附录“钦定八旗通志考略”,吉林文史出版社2002年,第8408页。

旗发生与发展的变化都极为关注,以皇帝钦定的名义修纂了多部与八旗密切相关的史书,其中雍正和乾隆敕令编修的《八旗通志初集》(以下简称《初集》)和《钦定八旗通志》(以下简称钦定本)这两部志书尤为重要。为了"宣明祖制,谟训功烈,垂示万世",雍正六年(1729 年)四月,以大学士鄂尔泰、张廷玉、福敏为总裁官的八旗志馆开馆纂辑《八旗通志》,通志所收史事从国初迄于雍正朝,其汉文正本书二百五十三卷于乾隆三年十二月十五日进呈御览,其清文正本书共二百五十三卷于乾隆五年七月二十二日进呈御览。清文正本进呈后,八旗志馆奉旨给《八旗通志》增添"初集"二字,这表明乾隆此时已经有了续修《八旗通志》的打算。①

《钦定八旗通志》是在《初集》的基础上编撰而成的。乾隆三十七年(1772 年),清廷设立四库全书馆主持编撰《四库全书》,《八旗通志初集》为四库收录图书,自是"修订旧志"之一,但是对于这部关系国家根本制度的重要志书,四库阁臣并未按照"嘉惠艺林,垂教万世"的精神进行修订,乾隆五十一年(1786 年),四库馆进呈《八旗通志》,乾隆详加批阅,指出该书存在严重阙失:一是通志于乾隆年间恩恤诸大政及力战敌忾、效命疆场的义烈俱"阙而不载","则将来此书之传何足以羽翼国史,昭示来兹";二是通志虽未擅改原文,但对于名爵称号未能加案注明,如此则恐后人不能"开卷晓然"。乾隆对此书的编修甚为不满,严厉斥责四库馆臣"但知迁延其事,以为领桌饭之计乎!是钞史非修史矣"。由于此书"办理太属疏漏",因此他要求"此书着交军机大臣会同该馆总裁重加辑订,详悉添注、加按进呈,候朕披阅定后,再将文渊等阁陈设之书一体改正"②。至此,《八旗通志》遂进入重新辑订阶段。至嘉庆元年(1796 年),经过馆臣反复勘核,不断修订、抽换、缮录,此书修撰告竣,《钦定八旗通志》共三百五十六卷,记事始于满族肇兴和八旗制度创建,终于乾隆六十年。

钦定本的重修辑订严格按照乾隆的旨意进行,在《初集》的基础上,钦定本主要增修了乾隆一朝有关八旗政事和宗室王公、大臣、忠义、烈女史迹,这些内容全部列入正文之中。另外,随着满洲人接受汉文化的不断广泛深入,许多前

---

① 参见《宫中档朱批奏折》文教类,缩微卷,第一卷;雍正五年十二月总裁大学士马齐、张廷玉等的奏折;转引自乌兰其木格:《试论 <八旗通志初集> 和 <钦定八旗通志> 的关系》,载《内蒙古师范大学学报》2006 年第 4 期。

② 《钦定八旗通志》卷首十二,敕谕六,第 276 页。

朝满语官爵名号已难为当世及其后人所悉知，因此，乾隆要求四库阁臣为名爵、山川等“添注、加按”，这项要求得到认真遵行。钦定本以按语的形式记载了大量史事。其中，旗分志部分的按语数量最多，且内容最为丰富，有学者将《初集》与钦定本两书的旗分志进行比较，总结了钦定本编写体例、记录内容等方面的八个特点，其中四点与按语有关，即“文内有注或案，注明本佐领、管领根源、编立时间，历任管理者之族属以及改旗、发旗、抬旗、分编和裁汰情况；据当时尚存在之旗册，订正旧制之讹误；增补旧制之遗漏，记入新编佐领；清语加注、案，系统地反映出满洲、蒙古、汉军八旗之来龙去脉”①。从这四个特点不难看出，作为钦定本旗分志的组成部分，按语的价值是极为重要的。

钦定本旗分志按语是在考诸官书、查核旗册的基础上形成的，所谓“八旗佐领，分并不常，改隶亦复不一，各详具于本条”②。按语附于各佐领条文之后，考诸官书的以“谨案”“谨案实录”字样标示，考核旗册的以“谨案旗册”字样标示。由于《钦定八旗通志》史料来源的档案文书散佚很多，但赖钦定本保存了某些弥足珍贵的史料。从这个意义上说，经四库阁臣严格考订与增补的旗分志按语，其文献与研究价值理应受到人们更多的关注。

（二）

在《钦定八旗通志》中，旗分志“列诸简首”，它包括八旗佐领二十九卷、八旗方位图说一卷、八旗户籍一卷，共三十一卷，其卷数在各志中仅次于人物志。与《初集》相比，钦定本旗分志的编纂体例趋于简化，由《初集》八旗规制一卷、八旗方位一卷、八旗佐领十四卷、八旗编审一卷共四项简化为三项，但内容却由《初集》的十七卷增至三十一卷。从行文来看，钦定本与《初集》风格一致，国初至雍正时期各佐领的编立与承袭情况大体照录《初集》，正文部分续修了乾隆时期各佐领的承袭变化。另外，钦定本补充并订正了有关八旗佐领之分立、合并、裁汰等发展沿革，以及佐领之移隶、改旗、抬旗等旗分变化情况，这部分内容即

---

① 钦定本在编写体例与风格方面的另外四个特点是：“（一）将删除之八旗规制改为满洲、蒙古、汉军佐领缘起，分别冠于各类八旗佐领之首，以溯其沿革之大端；（二）内容断限延长六十年，每佐领之管理人员随之下延二至三代；（三）每旗之前，加小序，说明所属参领、佐领或管领若干；（四）每旗之末加小结，总结所属佐领之类型及其数额。”参见《钦定八旗通志》附录“钦定八旗通志考略”，第 8408 页。

② 《钦定八旗通志》卷 1，旗分志一按语，第 20 页。

以按语形式列入旗分志。

笔者统计,《钦定八旗通志·旗分志》有关旗分佐领按语共261条,其所记不拘定限,内容亦繁简不一,实难对其准确分类,唯据其内容之大端,划分为补充缺漏、订正舛误、解释说明三类。

(一)补充缺漏类按语主要增补了《初集》所记各佐领初编之时间、来源、状况等项遗漏。

第一,增补佐领初编时间。按语补充了八旗满洲、八旗蒙古近20个旗分佐领的初编时间。从增补形式看,一为增补佐领编设之具体年份,一为增补佐领编设之大致时间。其中,注明佐领初编具体年份的按语包括正蓝旗满洲第一参领第五佐领、第七佐领、第十二佐领;第三参领第八佐领,第五参领第一佐领;镶黄旗蒙古左参领第九佐领、第十佐领;正黄旗蒙古参领第六佐领;正红旗蒙古左参领第八佐领;镶白旗蒙古左参领第五佐领;镶红旗蒙古第一参领第五佐领;正蓝旗蒙古左参领第十三佐领等十余佐领,这些佐领多为康熙年间由旗内滋生人丁编立或分立,按语以"谨案:此佐领系某某年编(分)立"字样增补其初编年份。另外,正红旗满洲佐领第一参领第五佐领、第九佐领、第十佐领,其文下有"谨案:此勋旧佐领系国初编立",第三参领第二佐领文下有"谨案:此佐领系国初编立",镶黄旗蒙古左参领第五佐领、第六佐领文下有"谨按:此佐领系天聪年间编设",正白旗蒙古右参领第八佐领文下有"谨按:此公中佐领系国初编立",上述这些国初编设而正文未能注明时间的佐领,按语均以"国初""天聪年间"等较为宽泛的时间加以增补。

第二,增补佐领来源。具体而言,一为增补来源地,一为增补佐领成员的构成。增补来源地的按语多为八旗蒙古佐领,八旗满洲旗分佐领有1例。正蓝旗满洲第一参领第十佐领始以朱护达管理,文下"朱护达原由奥堪地方来归"①,这条按语交代了该佐领最初由"奥堪地方"来归这一信息,相比较而言,八旗蒙古旗分佐领文下的按语更为翔实,镶黄旗蒙古右参领第十二佐领,原系国初编立,初以苏班代管理,此条目的按语"苏班代原系喀喇沁蒙古,崇德五年,自杏山来归,将所携三十五户编为半个佐领。顺治十八年,由正蓝旗察哈尔子爵阿尔

① 《钦定八旗通志》卷14,旗分志十四,第239页。

纳佐领内抬入人丁二十名，编为整佐领”①；正红旗蒙古右参领第二佐领的按语根据旗册，补充该佐领是恩克由科尔沁地方带领壮丁一百二十户来归编立，②左参领第九佐领的按语说明该佐领是国初巴特马由喀喇沁地方率六十余户人丁来归编立③，这些按语不仅增补了各佐领的来源地、人丁数目，甚至还交代了佐领的编设情况。增补成员构成的按语包括正蓝旗满洲3个旗分佐领，八旗蒙古旗分佐领7个，正黄旗汉军佐领1个，共11个佐领。其中，正蓝旗满洲第三参领第十佐领是国初编设，始以翁阿岱管理，按语注明该佐领是以“翁阿岱所携新满洲编立”，“新满洲”是相对于“（陈）满洲”而言的身份性概念，这里姑且不论该佐领成员究竟源于何处，按语中的一个“新“字足以证明乾隆时期官方对于满洲佐领成员来源的关注。正蓝旗满洲第三参领第十七佐领、第五参领第二佐领均由旗内滋生人丁分编而成，按语增补了其成员所自出之本旗佐领名称，镶白旗蒙古左参领第七佐领文下按语增补了其另编的缘由，“该佐领原系朝蔡由察哈尔率一百六十人丁来归，并入该旗第一佐领下，至康熙年间，因人丁滋盛，遂另编佐领”，其成员自应包括察哈尔来归之人丁及其后代，以及第一佐领余丁两个部分。正红旗蒙古左参领第五佐领的按语说明其由正红旗半分佐领、镶红旗半分佐领各一合为一整佐领，从而清楚地说明该佐领成员的来源。另外，正黄旗蒙古参领第九佐领、正白旗蒙古左参领第十二佐领、正黄旗汉军第四参领第三佐领等7个佐领的按语亦主要以增补本佐领最初成员构成及其人丁（户）数目为主要内容，以此补充了《初集》旗分志所记之缺漏。

第三，增补佐领初编状况。增补佐领初编状况及缘由的按语有3则。镶蓝旗满洲第二参领第十六佐领正文开始就交代该佐领“系国初以阿库里地方来归人丁编立，始以托敏管理”。文下按语“托敏率众来归，初编半个佐领，后改为整佐领”补充了该佐领初编为半分佐领这一史事。镶蓝旗满洲第二参领第十七佐领，始为半个牛录。康熙三十四年，增以本旗余丁编为整佐领。文下“谨按：此佐领因人丁不敷，乾隆六年仍作为半分世管佐领”说明该佐领有一个半分佐领—整佐领—半分佐领的变化过程。镶红旗汉军第二参领第三佐领的按语“此佐领系康熙七年因柯永华升授都统，奉旨一品大臣，令出包衣，赏编佐领”，增补

① 《钦定八旗通志》卷16，旗分志十八，第316页。

② 《钦定八旗通志》卷19，旗分志十九，第340页。

③ 《钦定八旗通志》卷19，旗分志十九，第346页。

了其赏编缘由。

（二）订正舛误类按语主要是在查考旗册的基础上，订正《初集》所记之讹误。“《初集》征引之资料勘核欠佳，讹舛或不确切者一再发现。钦定本则不然，在重纂过程中，不仅对初集之史事、资料一一精审详校，并据当时尚存的原始档案补其不足，纠其舛误。”①从按语订正的错误来看，主要涉及佐领初编及发隶之时间、来源、任职佐领三个方面。

第一，订佐领初编及发隶时间之误。订正佐领初编时间之误的按语共 11 条，镶红旗满洲第二参领第三佐领，第三参领第一佐领、第十四佐领等 3 个满洲旗分佐领的按语对各佐领初编、始编为整佐领、始行分立等不同情况的时间之误分别加以纠正。镶黄旗蒙古右参领第十四佐领，正文记其“原是康熙初年编立之佐领”，按语则注明其编立时间为“康熙三十三年”，显然，这是纠正“康熙初年”之误。正黄旗汉军第三参领第八佐领系康熙二十一年进京编立的五佐领之一，正文部分却误记其编立时间为康熙二十二年，按语则根据官书作了相应的更正。镶红旗汉军第一参领第二佐领，第三佐领、第六佐领、第三参领第一佐领、第二佐领、第四佐领等 6 个佐领，旗分志正文部分所记初编年份均有偏差，根据各该旗旗册，按语亦一一注明了各佐领编立的准确年份。另外，镶白旗汉军第四参领第六佐领，是康熙二十二年，由广东驻防兵丁编立而成，初隶镶黄旗。雍正年间，该佐领发隶镶白旗。旗分志正文记其发隶时间为雍正九年，根据旗册，按语将其发隶时间订正为雍正八年。②

第二，订佐领来源之误。旗分志正文中佐领来源之误主要涉及来源地与来源佐领两种情况。镶白旗满洲第一参领第十一佐领按语注明其来源地为瓦尔喀凤家村，而非正文误记为乌喇地方；正蓝旗满洲第二参领第一佐领按语注明其来源地为辉发，而非正文中所记呼尔哈地方。来源佐领记载有误的有 4 个，均为康熙年间由旗内滋生人丁编立之佐领，镶红旗满洲第五参领第十一佐领，正文记是康熙十三年以科尔坤、察哈泰及包衣郭尔衮三佐领余丁编立。文下“谨案旗册：此佐领以察哈泰、朱拉禅、科尔坤、包衣牛钮等四佐领余丁一百五名编立”；本旗第五参领第十二佐领，正文记原是康熙二十一年将副都统牛钮族众

① 《钦定八旗通志》前言，第 10 页。

② 《钦定八旗通志》卷 26，旗分志二十六，第 459 页。

自包衣发出,编为半个佐领,即以牛钮管理。至二十三年人丁滋盛,遂编成整佐领,仍以牛钮管理。文下"谨案:牛钮始为包衣佐领,康熙二十一年将逊扎齐、阿尔逊、苗其那、玛朗爱、锡拉等五佐领下人抬作半分佐领,将牛钮抬出包衣,作为本旗半分佐领"。显而易见,牛钮佐领的成员来源于逊扎齐、阿尔逊等五佐领下人,而非牛钮族众。镶黄旗蒙古左参领第八佐领,正文记原是康熙十三年分编佐领时,以卓尔宾等五佐领内溢额壮丁合编为一佐领,给予散秩大臣巴达马管理。文下"谨按:康熙十二年,以上三旗寿宝德、哈尔噶齐、笃尔玛、乌尔图纳苏图、安宝、三泰等六佐领内人丁编立",按语既订正了该佐领合编年份之误,也订正了该佐领由六个佐领内人丁编立,而非正文所称五个佐领内溢额壮丁合编这一失误。镶白旗蒙古右参领第一佐领的按语明确指出,该佐领是康熙二十三年由达拉扎佐领内滋生人丁与文布塔布囊所属蒙古合编之佐领,以此纠正了该佐领成员仅来源于达拉扎佐领之误。

第三,订任职佐领之误。这类按语主要以旗册为据,订正了八旗满洲和汉军共 13 个旗分佐领主管官员及姓名之误。初任记载有误的佐领有 8 个,佐领管理者记载错误 1 例。镶白旗满洲第一参领第七佐领最初以达都管理,正文部分所记华善实际已是第四任佐领了;该旗第五参领第十五佐领,正文记其"始令雅尔那管理",按语订正其初任佐领为乌那金。镶红旗满洲第五参领第三佐领,此佐领本是呼尔呼立管理,正文部分误记为罗岱。正蓝旗满洲第三参领第五佐领、第五参领第八佐领,正黄旗汉军第二参领第六佐领、第五参领第八佐领、镶红旗汉军第二参领第六佐领等 5 个佐领,按语亦分别注明其初次管理者为诸木环、扎努、赵文汉、王允成、王希颜,更正了正文所记莽燕、查塔、蒋成良、王进忠、柯永盛之误。镶白旗满洲第二参领第一佐领,是国初编立之半个牛录。根据旗册,按语解释了该佐领普尔彭故后的管理者是巴哈那,而非他吉利。另外,正红旗汉军第二参领第五佐领、第六佐领,其文下按语指出正文所记与旗册所载佐领的姓名不相符合,分别作了如下说明:"吴国元,旗册作吴国耀。""旗册王宏任作王兴任。"镶白旗满洲第一参领第十佐领,文下"谨按旗册:乌光缺出,以其子成德管理",这则按语针对正文"乌光故,以其子玉德管理"而发,与此相类的还有镶白旗汉军第四参领第三佐领,文下"谨案旗册:此佐领初编时,以高国英管理"是针对正文"初以世职甲喇章京后改称阿达哈哈番高国相管理"而发,从而指出史志记载的错讹之处。

（三）说明解释类按语以解释说明佐领在发展过程中的各种重大变动及其缘由为主旨。这类按语在旗分志中所占分量最重，多达170余条，其所述及的主要内容，一为阐释佐领类型及其变化缘由；一为解释佐领的编设及其兼管、改易等事项。

第一，佐领类型及演变缘由。八旗佐领有勋旧、世管、互管、族中承袭、公中等不同类型。随管理人员之变化，类型亦时有改变，特别是雍乾之际，清查佐领根源，许多佐领类型被重新划定。旗分志按语对这种变化一一予以揭示。此处仅枚举数例说明按语所反映的佐领类型改易的两类情况。

由公中佐领改为子孙可以袭职的世管佐领、互管佐领、族中承袭佐领，述及于此的按语有14条。具体包括以下情形。(1)由公中佐领定为世管佐领。如镶黄旗满洲第二参领第六佐领于雍正十一年由公中佐领改为世管佐领。[①] 镶蓝旗满洲第五参领第十五佐领，康熙年间作为公中佐领，乾隆二十一年奉旨定为世管佐领。[②] (2)由公中佐领改为两姓族中互管佐领。乾隆四十三年，正蓝旗满洲第五参领第十六佐领改为两姓族中互管佐领。[③] (3)由（无根源）公中佐领定为族中承袭佐领。镶白旗满洲第一参领第十二佐领、第十五佐领，第三参领第十七佐领，第五参领第二佐领、第十四佐领；镶蓝旗满洲第一参领第十八佐领，第三参领第十四佐领；正黄旗蒙古喀喇沁参领第六佐领、第十二佐领；镶黄旗汉军第二参领第五佐领，第四参领第六佐领共11个佐领属于此种情况。其中9个是乾隆四十三年定为族中承袭佐领的。总体来看，整个雍乾时期，由公中佐领改为世袭佐领的情况还是较为少见的。按语记其改定原因多为“奉旨定为”，正黄旗蒙古2个佐领、镶黄旗汉军第四参领第六佐领等3个佐领文下按语说明因其连管过若干次，才准作为族中承袭佐领。

佐领类型变化的另一类情况是由世管、勋旧佐领改为由国家直接因才授职、选派管理者的公中佐领。按语记载正黄旗蒙古喀喇沁参领第三佐领、第四佐领、第八佐领，正黄旗蒙古喀喇沁参领第八佐领，正黄旗汉军第二参领第七佐领，正蓝旗汉军第二参领第三佐领、第四参领第三佐领均由勋旧佐领改为公中佐领，上述7个蒙古及汉军勋旧佐领主要因无嗣或族中争讦而改为公中佐领。

---

① 《钦定八旗通志》卷2，旗分志二，第29页。

② 《钦定八旗通志》卷17，旗分志十七，第302页。

③ 《钦定八旗通志》卷15，旗分志十五，第261页。

旗分志中有 60 多条按语说明了乾隆时期由世管佐领改为公中佐领的现象。如，镶黄旗满洲第三参领第八佐领，于乾隆三十九年佐领官德缘事革职，无人承袭，奉旨作为公中佐领；正蓝旗蒙古右参领第十五佐领，“谨按：此原世管佐领。乾隆三十三年，佐领穆特布病故，绝嗣，并无应袭之人，作为公中佐领”①。镶蓝旗汉军第四参领第二佐领，本系朱姓承袭，乾隆三十五年佐领缺出，因朱姓人争告，经本旗奏参，作为公中佐领。② 另外，互管佐领亦是一种较为特殊的世管佐领，该佐领一职世袭时，主要根据合编各族子孙的具体情况互替承袭。按语对此种佐领改为公中佐领的现象亦有记载，如镶白旗蒙古左参领第四佐领，乾隆二十五年由瑚巴克泰、奇塔特两姓互管佐领改为公中佐领。从按语的记载来看，世管佐领大量地改为公中佐领，主要是由三个原因所导致，即缘事或缘罪革职、绝嗣而无应袭之人、族中人争讦。

第二，佐领的编设及兼管、改易。这类按语对 18 个旗分佐领所发生的另编、合并、裁汰、兼管、改旗、抬旗等情况作了说明。

佐领在编设与发展过程中发生了另编、合并、裁汰等变化，对这些变化加以解释的按语有 8 条。另编也称分编，是顺康时期普遍发生的由旗内滋生余丁编立佐领的现象。旗分志按语记载了 2 个特殊的另编佐领。根据旗册记载，“正蓝旗满洲第四参领第三佐领系太祖高皇帝初编佐领时，编为一佐领。后随世祖章皇帝进京，因初任佐领那齐布中途病故，未袭。进京后另编一佐领承袭”③。镶白旗蒙古左参领第七佐领正文记“原系额尔和图佐领内人丁。康熙十一年因户口滋盛，分编一佐领，以亲军校古英管理”。文下“此佐领原系古英之父朝蔡由察哈尔率一百六十人丁，于国初乙亥年来归，并入第一佐领下，至康熙十一年，第一佐领人丁滋盛，另编佐领。古英将伊父率众来归原由呈明，应令古英承袭”④。这则按语交代了该佐领另编的缘由始末。乾隆四十五年，镶黄旗满洲第一参领第十三佐领进行合并，按语揭示了其合并的原因及佐领类型的变化。⑤雍正九年，因各旗佐领多寡不同，雍正曾要求上三旗定设四十佐领，下五旗定设

① 《钦定八旗通志》卷 21，旗分志二十一，第 374 页。

② 《钦定八旗通志》卷 29，旗分志二十九，第 492 页。

③ 《钦定八旗通志》卷 15，旗分志十五，第 252 页。

④ 《钦定八旗通志》卷 20，旗分志二十，第 354 页。

⑤ 《钦定八旗通志》卷 2，旗分志二，第 25 页。

三十佐领。正红旗汉军、镶红旗汉军、镶蓝旗汉军因本旗佐领不足定设之额，都曾将内务府另记档案人丁发出，编入旗分佐领之下。乾隆年间，裁汰了由另记档案、开户人等初为民人编立的正红旗汉军第一参领第五佐领、第二参领第四佐领，镶红旗汉军第五参领第六佐领，镶蓝旗汉军第五参领第六佐领。除裁汰4个整佐领外，还裁汰了镶蓝旗汉军第一参领第二佐领的半个佐领。

兼管、改旗、抬旗均为旗分佐领改易的不同情形。兼管察哈尔地方勋旧佐领原系廓尔沁扎赉特地方贝子博尔济特氏来归太宗文皇帝时，以巴雅尔留住本地编设的一个佐领。按语交代了该佐领系由镶黄旗满洲第三参领第五佐领兼管。改旗与抬旗的区别在于，改旗是平级或自上而下的移动，抬旗是则自下而上的移动。按语对旗分佐领在发展过程中的改易变化记载颇为清晰。正蓝旗满洲第二参领第三佐领是崇德年间由镶红旗发隶本旗，镶蓝旗满洲第三参领第一佐领乾隆十三年曾抬入正黄旗，三十一年又发回本旗。此2例属改旗。按语记载的抬旗有三种情况。(1)正红旗汉军第二参领第六佐领是天聪九年编设之牛录，初以甲喇章京王国光管理。“谨按：王国光本完颜氏，天命四年投诚，乾隆九年，遵旨查明，系金朝后裔。十八年，令王国光裔孙王持枢随祭金陵。旋奉旨王持枢一族抬入正红旗满洲。”[①]由汉军旗、蒙古旗抬入满洲旗的现象殊为少见，按语记载的只有正红旗汉军抬入正红旗满洲这1例。(2)由内务府抬入旗分佐领的现象在乾隆朝亦很少见，正白旗满洲第一参领第十八佐领按语交代了来保抬旗的缘由，“新增第十八佐领，乾隆六年五月因原任大学士来保宣力有年，奉旨由正白旗内务府抬入正白旗满洲，赏给世管佐领，令来保管理”。(3)由下五旗抬入上三旗的情况相对较多，正黄旗满洲第三参领第十九佐领是由镶红旗第二参领所属第九佐领抬入，镶白旗满洲第一参领第一佐领是由觉罗伍什佐领内余丁编立，该佐领编立时，伍什佐领已抬入正白旗。镶红旗满洲第二参领第九佐领于乾隆十五年抬入正黄旗第三参领，镶蓝旗满洲第三参领第十三佐领是乾隆四十六年抬入正黄旗，镶黄旗汉军第一参领第九佐领是由正蓝旗汉军抬入，正蓝旗汉军第一参领第四佐领乾隆三十九年抬入镶黄旗。

陈寅恪先生曾说：“言论愈有条理统系，则去古人之学说之真相愈远。”[②]这

① 《钦定八旗通志》卷25，旗分志二十五，第444页。

② 陈寅恪：《金明馆丛稿二编》，三联书店2001年，第282页。

一具有重大方法论意义的命题对整理旗分志按语同样极具指导意义。将内容纷繁的按语"条理统系"是一项困难的工作。上述对按语进行的归类仍然未能囊括其全部。旗分志中尚有 20 多条按语针对八旗佐领之不同情形进行解释说明。如,八旗方位缘起文下近 300 字的按语,阐述了"创制之初,于两翼寓二气之循生,于八旗寓五行之制"[①]的观点,诸如此类因具体情况而发的按语,只能一一去领悟其所蕴含的丰富内容了。

(三)

旗分志按语体现出清廷重视八旗沿革的求通识变的治史理念,四库阁臣谨慎求实的治史态度为后人留下了研究八旗佐领发展变化的珍贵资料。从按语所记内容来看,乾隆时期八旗基层组织的发展呈现出两种态势。

一是世袭佐领向公中佐领转变趋于频繁。清朝入关前夕,八旗计有 583 个整佐领和 28 个半分佐领。入关后,历经四朝,到嘉庆统治时期,八旗合计有整佐领 1145 个,半分佐领 6 个,整佐领比入关前增加 562 个,增幅近一倍。从顺治、康熙、雍正、乾隆四朝佐领的增数看,顺治年间整佐领增加 70 个,半分佐领减少 7 个;康熙年间,整佐领增加 487 个,半分佐领减少 18 个;雍正、乾隆两朝,八旗佐领增减变化甚微,特别是乾隆朝整佐领的增减数互相抵消,半分佐领减少 3 个。可以说,到乾隆统治时期,佐领组织规模的扩大已大体完成。

清入关前及其入关之初所编佐领多为勋旧佐领、世管佐领、互管佐领等世袭佐领。[②] 公中佐领的数量很少。子孙袭职的世袭佐领及其家族始终是清廷所倚重的重要力量。乾隆二年,镶白旗汉军第一参领第二佐领祖尚德员缺,应袭之人年俱幼小。在处理该佐领人选问题上,清廷认为,"世管佐领非世职可比,若将伊等补放,不能办事,仍须另着人署理。今谱内苏巴里、祖尚志现俱管理佐领,此佐领即着祖尚志署理,俟伊等长成再行补放"。随后又规定:"嗣后福珠里佐领(即勋旧佐领)并世管佐领,缺出,仍照前将应袭之人即行带领引见补授。

---

① 《钦定八旗通志》卷 30,旗分志三十,第 496 页。

② 具体而言,世袭佐领包括四种类型:勋旧佐领,国初功臣带来之人编为佐领,或因功得赐户口,皆为勋旧佐领;优异佐领,立佐领之人著有劳绩,或承管之人著有劳绩,作为优异世管佐领;世管佐领,兄弟同带来之人编为佐领及族人合编之佐领,皆令其世管;互管佐领,原立佐领之人,有亲子孙而让与亲兄弟子孙、亲伯叔子孙、亲伯叔祖子孙、曾伯叔祖子孙及远族人均有分者,谓之互管。

若补授之人年纪幼小，即将伊族中管佐领之人署理。如无管佐领之员，准伊族中应袭之员署理。如无应署之员，再行拣异姓人员代管。其承袭之人，照例给与半俸。俟其长成能办事时，具奏。将佐领事务移交管理。”[①]清廷极力维护八旗内部勋旧世家的世袭权力，这种局面的出现与这些家族在清朝兴起与发展过程中所建立的功勋有着密切的关系。但是，随着满洲统治者对全国控制力的不断增强，八旗却在日益衰落，旗人凭借祖上军功获得的世袭特权日渐丧失。按语所记乾隆年间有 60 多个世袭佐领开始由国家直接因才授职，这些清初“功封”祖上遗传下来的佐领，以及因人口繁衍分编的新佐领蜕变为公中佐领后，它们同样是满洲集权统治向八旗基层延伸的强有力的组织形式。旗人隶属于八旗，他们“隐然以一旗为一省，一参领为一府，一佐领为一县矣”[②]。佐领战时为领兵官，平时为行政官，掌管所属户口、田宅、兵籍、诉讼诸事。毫无疑问，佐领与国家隶属关系的不断加强顺应了清朝中央集权统治逐渐强化的历史进程。

二是八旗内部包衣佐领与旗分佐领、汉军佐领与满洲佐领之间的界限愈加严明。雍正统治时期，清廷就开始对旗内各色人员的身份进行大规模的甄别、清理。这项工作一直延续到乾隆统治时期。乾隆三年七月二十九日，正黄旗汉军都统曾为本旗耿姓佐领下人作为属下或作为另户这一难题恭请皇帝裁定，乾隆批示，耿姓所在的第一参领第五佐领仍照前所降谕旨，作为世管。其佐领下人俱是另户。[③] 属下是依附于八旗官员、没有独立户籍的家下奴仆，而另户则属正身旗人，他们拥有当兵、读书、作官的机会与权利。在整个清代，包衣佐领与旗分佐领分属两个独立的组织系统。旗分佐领统属于各旗都统，包衣佐领初隶领侍卫大臣，康熙十三年改归内务府。由于包衣是皇帝的奴仆和私属，他们一旦受宠执掌重权，有可能享受抬旗殊荣。镶黄旗满洲第四参领第十六佐领“此佐领原系随太祖高皇帝来京，于雍正十二年九月，奉旨以纯裕勤太妃本氏子孙由包衣发出编立世管佐领，着太妃之兄晋观之子陈镤管理”[④]。正白旗满洲第一参领第十八佐领是由正白旗内务府抬入正白旗满洲世管佐领。[⑤] 镶红旗满洲第

---

① 《钦定八旗通志》卷 26，旗分志二十六，第 452 页。

② 赫泰：《复原产筹新垦疏》，《清经世文编》卷 35，户政十，中华书局 1992 年，第 868 页。

③ 《钦定八旗通志》卷 22，旗分志二十二，第 409 页。

④ 《钦定八旗通志》卷 3，旗分志三，第 44 页。

⑤ 《钦定八旗通志》卷 6，旗分志六，第 102 页。

五参领第十二佐领按语交代了牛钮佐领是由包衣抬入旗分佐领这一情况。[1] 在人数众多的内府旗人中，能够跻身正身旗人之列的只是凤毛麟角。根据按语的记载，乾隆年间，曾将雍正时期由内务府壮丁发出编设的4个汉军佐领全部裁汰，其严内府佐领与旗分佐领之意至为明显。同时，我们也需要注意到，这些被逐出旗的全部是以另户和另记档案人为基础建立起来的汉军佐领，他们出旗也是大规模“汉军出旗为民”的组成部分。随着八旗生计问题的日趋严重，清朝统治者也更为重视八旗内部各色旗人之间的区别，乾隆对此毫不掩饰，他敕撰的《清朝文献通考》中明言：“我朝封爵之制，亲亲而外，次及勋臣，所以隆报功之典，广世禄之恩也。兹所纪载首满洲，次蒙古，又次汉军。”

另外，八旗内部存在着上三旗与下五旗分治的体制，镶黄旗、正黄旗、正白旗上三旗为“天子自将”，归皇帝自领，地位高贵，人多势众，是八旗的核心。为了鼓励下五旗人建功立业，清廷实行“抬旗”制度，汉军、蒙古可以抬入同一旗分的满洲旗，包衣旗人可以拔出内务府抬入旗分佐领，下五旗人可以抬入上三旗，抬旗是不同身份的旗人进行流通的重要通道。如上文所述，按语所记三种类型的抬旗均有特别的原因。但是，因军功抬旗已经殊为少见，与皇族的特殊关系成为获取抬旗殊荣的最为重要的砝码。到乾隆统治时期，八旗内部的上下等级愈加严密，八旗组织维护满洲正身旗人利益的狭隘集团的色彩愈加鲜明。

总之，乾隆时期，八旗佐领的组织规模与承袭原则基本定型。八旗基层组织的发展与完善对于保障八旗兵源、巩固与维护多民族统一国家的形成与发展具有重大影响。然而，由于满洲统治者对佐领控制的日趋加强，加之承平日久，八旗的军事职能亦日趋削弱，随着八旗向寄生性的社会生活组织的转型，它的生机与活力逐渐丧失殆尽，而这正是清朝盛极而衰的重要原因。正如陈佳华先生早已指出的：“八旗制度与清王朝的命运联系在一起，经历了由兴而盛，由盛而衰，由衰而亡的历史过程。清朝以兵兴，终以兵败。”[2]旗分志按语则为我们深入研究八旗兴衰起伏的变化提供了重要的依据。

---

① 《钦定八旗通志》卷13，旗分志十三，第226页。

② 陈佳华：《八旗制度概述》，载《北方文物》1993年第2期。

四、清代旗分佐领的抬旗

八旗是清代最具民族统治特色的社会组织,它是满洲统治者维护其统治的根基。因此,清历代统治者都不断维护并完善八旗建制,使之发展成为体制严密、等级分明的组织形式。抬旗则为八旗辖制下的旗人升转提供了一种方式。相对于规模庞大的八旗组织,清代享受到抬旗殊荣的旗人屈指可数。抬旗是令地位低下的旗人企及和羡慕的。但是,在抬旗问题上,清代未能形成有章可循的完备定例,封建帝王恩赏旗人偶尔行之的抬旗举措在很大程度上只是旗人自下而上升转的一种特殊制度。特别是被抬旗者拥有较高的社会地位以后,他们一般都会极力掩饰自己卑微的出身。因此,清代官修史书有关抬旗的记载或语焉不详,或互有歧义,从而导致后人对抬旗缺乏清晰完整的认识。抬旗是清代特有的一种重要社会现象,杜家骥先生曾对“抬旗”多有研究,在《清代八旗制度中的“抬旗”》《八旗与清朝政治论稿》[①]等论著中,他主要梳理了抬旗的不同形式,揭示了旗人内部的等级差别,探讨了旗内各色成员间的政治关系。不过,现有研究对佐领的抬旗现象尚未有专门探讨。《钦定八旗通志》是乾隆敕令编修的一部以八旗为专门内容的志书。其中,旗分志是四库阁臣对旗分佐领编设源流及发展变化等具体情况的完整记录,在研究八旗佐领升转变化这个问题上,其文献价值是不言而喻的。本部分主要以《钦定八旗通志·旗分志》为考察依据,对清代抬旗的背景,旗分佐领抬旗的形式、原因及影响等相关问题进行尝试性分析,以期丰富并推动人们对清代抬旗现象的认识。

(一)

清朝入关后,君主专制逐步取代“八固山王共理国政”,而成为清代政治发展的基本趋势。孟森说:“太宗(皇太极)以来,苦心变革,渐抑制旗主之权,且逐次变革各旗之主,使不能据一旗以有主之名,使各旗属人不能于皇帝之外复认

① 杜家骥:《清代八旗制度中的“抬旗”》,载《史学集刊》1991 年第 4 期;《八旗与清朝政治论稿》,人民出版社 2008 年。

本人之有主。盖至世宗(雍正)朝而法禁大备,纯以汉族传统之治体为治体,而尤以儒家五伦之说压倒祖训,非戴孔、孟以为道有常尊,不能折服各旗主之秉承于太祖(努尔哈赤)也。世宗制《朋党论》,其时所谓'朋党',实是各旗主属之名分。"[①]实际上,旗主与皇权较量的结果在顺治时期已初见端倪。顺治初年,正白旗主多尔衮以摄政王和皇叔父的身份独断专行,俨然太上皇。他死后两个月,顺治遂以"阴谋篡弑"的罪名,"籍其家,诛杀其党羽""削其尊号及其母妻追封,撤庙享",甚至掘墓鞭尸。[②] 其后顺治将多尔衮统领的正白旗收归己有,加上原有的正黄旗、镶黄旗,是为"上三旗"。上三旗为"天子自将",地位高贵,人多势众,是八旗的核心。其余正红、镶白、镶红、正蓝、镶蓝旗为"下五旗",由宗室王公领辖。自此八旗内部出现了上、下之分。另外,八旗中的每色旗下又包括以满洲、蒙古、汉军名称冠之的三个旗。对于满蒙汉之间的等第区别,满洲统治者并不隐讳,雍正曾明言:"如宗室内有一善人,满洲内亦有一善人,朕必先用宗室;满洲内有一善人,汉军内亦有一善人,朕必先用满洲;推之汉军、汉人皆然。"[③]满洲人与蒙古人、汉人相比,拥有同等条件下的优先择用权。乾隆在敕撰的《清朝文献通考》中亦明言:"我朝封爵之制,亲亲而外,次及勋臣,所以隆报功之典,广世禄之恩也。兹所纪载首满洲,次蒙古,又次汉军。"可以说,在清朝不断加强中央集权的过程中,八旗内部各色人员之间的上下与亲疏之别亦得以不断强化,其结果自是身份有别的旗人之间形成了清晰可鉴乃至不可逾越的界限,八旗本身具有的这种级差性的组织结构正是抬旗得以产生的根本前提。

现有文献记载,抬旗最早发生在顺治八年,是年九月初七日,内翰林秘书院大学士、兵部尚书兼都察院右副都御史洪承畴趁顺治皇帝亲政之际,自请"准臣入镶黄旗乌金绰哈固山牛录下",被准"听从其便",归入镶黄旗汉军第五参领第

---

① 孟森:《八旗制度考实》,载《清史讲义》第一编,中华书局 2006 年,第 20~21 页。

② 《清世祖章皇帝实录》卷 53,顺治八年二月。

③ 《世宗宪皇帝上谕内阁》卷 30,雍正三年三月十三日谕,载《四库全书》第 414 册,第 259 页。

三佐领。[①] 其独子士铭、孙奕沔及玄孙德标都曾经担任佐领。[②] 洪承畴降清之初,应编在内务府镶黄旗下,顺治八年之后方被抬入八旗汉军。清代的内府旗人就是内务府三旗的成员。内务府三旗即从皇帝亲自统帅的镶黄、正黄、正白等上三旗所属的户下包衣(满语 booi,汉译"家人"之意)挑选组成。内府三旗最早设于入关之初,顺治元年(1644 年)共有九个内府佐领(满洲佐领)、十二个旗鼓佐领(是由包衣尼堪即家奴汉人所编成)、一个高丽(朝鲜)佐领,下设满洲佐领护军校,旗鼓佐领内管领、护军校各若干人,隶于领侍卫内大臣。康熙十三年(1674 年),改隶于内务府。内府旗人的身份较低,由于他们在皇帝身边侍从职差,一旦受宠擢至将相大员,便有可能被抬入八旗之中。《大清会典则例》中有关抬旗的规定就是针对内府旗人来说的,顺治九年清廷议准:"内府三旗佐领、内管领下官员,有军功劳绩,奉特旨令其开出内府佐领、内管领者,各归上三旗旗下佐领。五旗王公府属(即包衣),惟有军功劳绩,或奉特旨,或由王公奏准,令其开出府属佐领者,各归本王公所属旗下佐领,或归上三旗旗下佐领。"[③]内府旗人与八旗分属两个独立的组织系统,彼此互不相干。从内府系统转到八旗系统,表明内府旗人奴仆身份的解除。在人数众多的内府旗人中,能够膺此殊荣的只是凤毛麟角。

(二)

所谓"抬",即往上托,举,有抬高、提升之意,抬旗即各色旗人由低位向高位的一种升迁现象。徐珂对清代旗人抬旗的现象有所总结,他指出:"徙居内地之旗人,有以建立功勋或上承恩眷而由内务府旗抬入满洲八旗,或由满洲下五旗抬入上三旗者,皆谓之抬旗。然仅限其本支子孙,虽胞兄弟不得与。皇太后、皇后之丹阐(满语,母家)在下五旗者,皆抬旗。"[④]实际上,清代抬旗的形式更为复杂多样,仅旗分志记载的 21 例佐领抬旗就超出了徐珂的概括。笔者根据佐领

---

① 顺治八年十月初一日《户部题本》,载《明清史料》丙编 · 第二本,中研院历史语言研究所 1972 年版,第 131 页。需要注意的是,《清史稿》"列传二十四 · 洪承畴"记:"承畴既降,隶镶黄旗汉军,太宗遇之厚。"根据这一记载,在崇德后期,洪承畴即隶于汉军镶黄旗,其实不然。另外,《清史列传》亦同样隐去了洪承畴曾编隶于内务府的事实。

② 《钦定八旗通志》卷 22,旗分志二十二,吉林文史出版社 2002 年,第 404 页。

③ 《钦定大清会典则例》卷 32,户部 · 户口上,载《四库全书》第 621 册,第 3 页。

④ 徐珂:《清稗类钞》第四册,种族类 · 旗人抬旗,中华书局 1984 年,第 1901 页。

抬旗的流动情况，对旗分志所记抬旗事例作了初步归类，从中可见清代佐领抬旗主要有以下几种情形：

最常见的抬旗当属由内府系统抬入八旗旗分佐领，旗分志记载了 10 例，且被抬入八旗的包衣属下均编隶于镶黄、正黄、正白上三旗满洲之中。镶黄旗满洲中有一个半分佐领、三个整佐领是由包衣发出编隶本旗的。第一参领第十八佐领是乾隆四十年将懿皇贵妃之外戚人等，由内务府发出，编于本旗。因人丁不敷，作为半分世管佐领，以员外郎包衣佐领德馨管理。① 第四参领第十六佐领是雍正十二年九月，将纯裕勤太妃本氏子孙由包衣发出编隶世管佐领，令太妃之兄晋观之子陈镤管理。② 第五参领第十四佐领是康熙六十一年十二月，将包衣佐领哈达合族人等由包衣发出编隶本旗。③ 第五参领第十五佐领，原是康熙十九年奉旨将包衣下侍卫飘色与前锋统领索柱巴图鲁由包衣拔出，合各姓满洲编立之佐领。初以飘色管理。④ 正黄旗满洲第三参领第十四佐领、第五参领第十七佐领两个佐领的成员均来源于包衣。第三参领第十四佐领是康熙六十一年十一月十九日，由镶蓝旗包衣佐领内太后之亲族及阿萨纳佐领内太后之亲族合编一佐领，以一等公散秩大臣伯起管理。⑤ 第五参领第十七佐领是雍正元年将履郡王之外祖陶尔弼合族人丁，由包衣发隶本旗，编为半个佐领，即以其族子谢尼管理。后正红旗郎中商吉图之族人归入谢尼佐领内，成为一整佐领，仍以谢尼管理。⑥ 正白旗满洲中有四个佐领是由包衣或属下抬入本旗。第一参领第十八佐领，是乾隆六年五月因原任大学士来保宣力有年，奉旨由正白旗内务府抬入正白旗满洲。⑦ 第四参领第十六佐领，原是康熙二十二年奉特旨将包衣昂邦图巴族人及三旗各包衣佐领下所有索伦编一佐领，发隶本旗蒙古都统，以图巴管理。康熙四十四年移入本旗。⑧ 第五参领第十六佐领，是雍正二年奉旨以镶白旗裕亲王属下及蒙古都统之员外郎兼佐领布阑泰四族人丁编一佐领，移入

---

① 李洵、赵德贵等主校点：《钦定八旗通志》卷 2，旗分志二，第 27 页。

② 《钦定八旗通志》卷 3，旗分志三，第 44 页。

③ 《钦定八旗通志》卷 3，旗分志三，第 49 页。

④ 《钦定八旗通志》卷 3，旗分志三，第 49 页。

⑤ 《钦定八旗通志》卷 4，旗分志四，第 72 页。

⑥ 《钦定八旗通志》卷 5，旗分志五，第 86 页。

⑦ 《钦定八旗通志》卷 6，旗分志六，第 102 页。

⑧ 《钦定八旗通志》卷 7，旗分志七，第 119 页。

本旗。第十七佐领初隶淳亲王属下,以纪兼管理。后移于镶白旗,以尚书达都管理。达都故,以侍郎额陞额管理。额陞额缘事革退,合并镶白旗萨哈连乌喇协领巴扬古里之族众,移入本旗,以巴扬古里管理。[①] 上述包衣属下均奉旨移入或编隶上三旗满洲,这对于他们自身及其家族来说,当然是一种非同小可的荣耀。

由下五旗抬入上三旗亦比较普遍,具体包括两种情形:一是徐珂所述及的"由满洲下五旗抬入上三旗";一是由下五旗汉军抬入上三旗汉军。旗分志记载3个满洲旗分佐领、6个汉军旗分佐领是由下五旗抬入上三旗。显然,汉军佐领由下五旗抬入上三旗更为频繁,而徐珂恰恰忽略了汉军在旗内自下而上的变化。3个抬入上三旗的满洲佐领:正黄旗满洲第二参领第十八佐领,原是镶蓝旗满洲第三参领第十三佐领,乾隆四十一年正月奉旨抬入本旗,以和隆武管理;[②]正黄旗第三参领第十九佐领,原是镶红旗满洲第二参领第九佐领,拉卜敦于乾隆十五年奉命偕傅清驻西藏,因诛逆贼珠尔墨特那木扎尔时被害,乾隆十五年奉旨将拉卜敦追封一等伯,谥壮果,并将伊世管佐领抬入正黄旗满洲旗分,以拉卜敦之子隆保管理;[③]正白旗满洲第二参领第十七佐领,是国初编立觉罗十佐领之一,始隶镶白旗,雍正八年因均编八旗觉罗佐领,由镶白旗发隶本旗。[④]

八旗汉军6个旗分佐领抬旗后,分别编隶于镶黄旗、正黄旗之中,两旗各有3个。镶黄旗汉军第一参领第七佐领,原是在盛京编设,初隶正蓝旗,以唐国政管理。康熙七年,此佐领发隶本旗。[⑤] 第一参领第九佐领,是天聪八年编设,初隶正蓝旗,以李永芳之子巴颜管理。乾隆三十九年,此佐领奉旨抬入镶黄旗。[⑥]第五参领第八佐领是崇德七年编设,初隶镶白旗,以高尚义管理。雍正元年,该佐领发隶本旗。[⑦] 正黄旗汉军第二参领第五佐领是崇德七年,将铁岭卫壮丁编为牛录,初隶镶蓝旗,以马汝龙管理。雍正元年,此佐领发隶本旗。[⑧] 第二参领

---

① 《钦定八旗通志》卷7,旗分志七,第125页。

② 《钦定八旗通志》卷4,旗分志四,第68页。

③ 《钦定八旗通志》卷4,旗分志四,第74页。

④ 《钦定八旗通志》卷6,旗分志六,第107页。

⑤ 《钦定八旗通志》卷22,旗分志二十二,第392页。

⑥ 《钦定八旗通志》卷22,旗分志二十二,第393页。

⑦ 《钦定八旗通志》卷22,旗分志二十二,第406页。

⑧ 《钦定八旗通志》卷23,旗分志二十三,第412页。

第八佐领、第三参领第八佐领均为康熙二十二年编设，初隶镶红旗。康熙三十七年，这两个佐领均被发隶正黄旗汉军。①

由蒙古、汉军抬入满洲旗分佐领在清代甚为罕见，这种现象即福格所说的："蒙汉军大臣著有功绩，或拔入本旗满洲，或抬入上三旗满洲。"②也就是说，蒙古、汉军旗分佐领有拔入同一旗色满洲或抬入上三旗满洲两种不同的情况。旗分志对此类抬旗记载有二。一为由汉军拔入本旗满洲。乾隆十八年，正红旗汉军第二参领第六佐领被抬入正红旗满洲。该佐领本是天聪九年编设，初以甲喇章京王国光管理。乾隆年间王国光裔孙王持枢随祭金陵，奉旨抬入正红旗满洲。王持枢所在佐领抬旗的根本原因在于王氏本完颜氏，是金朝后裔。③ 一为由八旗蒙古抬入上三旗满洲。康熙六十一年十二月，正蓝旗蒙古旗分查克丹佐领下莽鹄立之合族人众及各公中佐领下余丁，共编一佐领，抬入镶黄旗满洲第三参领第十七佐领，即以莽鹄立管理。④ 莽鹄立佐领由正蓝旗蒙古抬入镶黄旗满洲相当于连抬两级，此类由非满洲下五旗抬入满洲上三旗的现象，旗分志中仅此一例。

（三）

清朝入关以后，历经顺、康、雍、乾四朝，到嘉庆统治时期，八旗佐领的组织规模大体定型，计有整佐领1145个，另有6个半分佐领。旗分志中所记21个佐领经由抬旗而来，仅占旗分佐领总数的1.8%，相对于规模庞大且界限森严的八旗组织来说，抬旗实乃破格之举。抬旗各有因缘，所谓"凡抬旗，或以功，或以恩，皆出特命"⑤。

军功政绩是下五旗得以跻身上三旗的主要凭据。下五旗满洲大臣建立勋劳，有奉旨抬入上三旗者；蒙古、汉军大臣著有功绩，或拔入本旗满洲，或抬入上三旗。《清史稿》记："和隆武，马佳氏，满洲正黄旗人，宁夏将军和起子也，清朝将领。初隶镶蓝旗，以和隆武功，高宗命以本佐领抬入正黄旗。"寥寥数语即交

① 《钦定八旗通志》卷23，旗分志二十三，第413页、第416页。

② 福格：《听雨丛谈》卷1，满洲原起，中华书局1984年，第3页。

③ 《钦定八旗通志》卷25，旗分志二十五，第444页。

④ 《钦定八旗通志》卷2，旗分志二，第38页。

⑤ 赵尔巽等撰：《清史稿》卷331，列传一百十八·和隆武，中华书局1977年，第10947页。

代了和隆武抬旗的原因。乾隆三十七年征服金川的战役中,和隆武身先士卒,数次斩关夺寨,乾隆屡诏嘉众,授和隆武为正蓝旗蒙古都统。[①] 乾隆朝的大学士兼两广总督李侍尧因"宣力出色",其一支由正蓝旗抬入镶黄旗汉军,伊弟李奉尧所管佐领一并入镶黄旗汉军。

因"恩"抬旗是皇帝施恩的结果,这种恩赏有"定例"与"特例"之分,福格对此早有关注,他特别指出:"下五旗满洲,或皇后、皇贵妃母族,例得抬入上三旗;及内务府人拔入外三旗满洲佐领,皆随时出于特恩,不在定例。"[②]杜家骥先生对皇帝后妃母家抬旗有细致研究,并将其分为皇帝继位后,其生母尊为太后,母族抬旗;皇后母家抬旗;皇帝妃子中某些受宠者,其母家受恩赐抬旗;前朝皇帝之妃,由于其子受到新朝皇帝的重视,倚为辅政宗王,外戚即因此而抬旗等四种情况。[③] 皇后和妃嫔出身卑微,通过抬旗改变其家族旗籍,借此来提高社会地位,凡此种种都属定例许可范围内的恩抬旗。内务府人被抬入满洲上三旗是特例之抬旗,这种抬旗完全出于皇帝的私恩,可随时行之。例如,来保世隶内务府正白旗,因"宣力三朝,勤劳懋著",乾隆六年正月,乾隆特命其抬入正白旗,所立佐领准世袭。[④] 特例抬旗显然也是有所依据的。总之,因恩抬旗强化了满洲最高统治者至高无上的神圣地位,培植了一批统治所需的亲信力量。

毋庸置疑,无论出于何种缘由,抬旗都是最高统治者谕令钦定的结果,它充分体现着皇帝个人的意旨,但是,其背后更有力的推动力量却是维护和巩固专制皇权的政治诉求。从这个角度来看,因功抬旗与因恩抬旗都是"制度需要"的结果。需要指出的是,特定时期形势发展的需要亦是推动抬旗的一股非常强大的力量。清朝是满洲统治者处于支配地位的全国性政权。明清易代及入关之初全面的军事对峙使得满与汉之间的矛盾异常尖锐,满洲统治者充分利用旗内汉人特殊的身份来化解不利局面,如后人总结的:"顺治初,诸督抚多自文馆出,盖国方新造,用满臣与民阂,用汉臣又与政地阂。惟文馆诸臣本为汉人,而侍直既久,情事相浃,政令皆习闻,为最宜也。"[⑤]如何赢得人数居于优势的汉人的认

---

① 赵尔巽等撰:《清史稿》卷 331,列传一百十八·和隆武,第 10947 页。

② 福格:《听雨丛谈》卷 1,满洲原起,第 3 页。

③ 杜家骥:《清代八旗制度中的"抬旗"》,载《史学集刊》1991 年第 4 期。

④ 王锺翰点校:《清史列传》卷 15,大臣画一传档正编十二·来保,中华书局 1987 年,第 1131 页。

⑤ 赵尔巽等撰:《清史稿》卷 239,第 9528 页。

可直接关涉清政权的胜败存亡。随着统治的渐趋稳固,“首崇满洲”的既定国策产生着越来越广泛的影响,满洲统治者对旗内汉人逐渐从倚恃转向贬斥,正是在这种背景下,朱国治后世子孙在雍正朝抬旗一事才颇耐人寻味。康熙十二年(1673 年)十一月二十一日,吴三桂举兵叛乱,威逼正黄旗包衣汉军云南巡抚朱国治从叛,朱国治“骂贼不屈,遂被害”。时隔五十六年,雍正七年(1729 年),雍正以其忠于清朝,尽节殉国,特下令其子孙“出包衣,归于正黄旗”①。后世的荣耀与祖上的忠节紧紧地联系在一起。在清政权构筑自身合法性的过程中,“忠义”已成为雍正朝意识形态领域宣传的一项重要内容,朱氏是清廷褒奖的“忠君报国”的道德楷模,其子孙上承恩眷的结果是终得脱离奴籍,抬入上三旗。

(四)

作为八旗内部特有的一种社会现象,抬旗形式不拘定限,“或以佐领,或以族,或以支”②。《钦定八旗通志·旗分志》所记抬旗均以佐领为基本单元,这种抬旗与“以族、以支”为单元的抬旗相比,其突出的特点是打破了亲族血缘关系的限制,因个体特殊的恩遇而“整佐领”抬旗,这种抬旗“一人得道,鸡犬升天”的色彩非常明显。但是,对于佐领管辖下的八旗兵丁来说,无论其身处上三旗或是下五旗,在挑取甲兵、发放饷银、分配旗地、科举入仕、补官、抚恤等诸多方面其实并无差别,他们仅仅作为属员被一并奖赏给了皇帝要抬举的新任佐领而已。依此来看,佐领抬旗提供给八旗兵丁的实惠就非常有限了。

对于八旗佐领来说,皇帝的厚遇使得其地位迅速提升,不过,满洲统治者所赋予他们的特权往往又受到抬旗时该佐领构成状况的极大限制。

清代旗人隶属于八旗,他们“隐然以一旗为一省,一参领为一府,一佐领为一县矣”③。佐领作为八旗的基层组织,它对旗人的管理直接而全面。佐领战时为领兵官,平时为行政官,掌管所属户口、田宅、兵籍、诉讼诸事。对于被抬旗的佐领来说,由于它们被纳入八旗组织更高位次的方式不同,抬旗佐领的成员构成亦有很大区别,这些因素对佐领与其属下所结成的关系存在较大程度的影响。在实际中,佐领抬旗一般有两种情形。一是保持既有佐领的建置,即被抬

① 《钦定八旗通志》卷 230,人物志一百十·朱国治,第 4218 页。
② 赵尔巽等撰:《清史稿》卷 331,列传一百十八·和隆武,第 10947 页。
③ 赫泰:《复原产筹新垦疏》,《清经世文编》卷 35,户政十,中华书局 1992 年,第 868 页。

旗者,其本人连带家属及本族人,整(半分)佐领被抬旗。如,镶黄旗满洲第四参领第十六佐领是包衣发出之整佐领,该世管佐领编立后,由纯裕勤太妃之兄晋观之子陈镤管理。“陈镤故,以其侄陈洙管理。陈洙故,以其堂叔福柱管理。福柱告病,以其子七十四管理。七十四故,以其族侄英林管理。”[①]陈氏一族始终掌握着该佐领的承袭权,类似陈氏一族的抬旗佐领大多属于世袭佐领,其佐领的继承权基本上维系在一个家族之内。二是重新编设旗分佐领,并同时编列于上三旗。例如,镶黄旗满洲第五参领第十五佐领是由包衣侍卫飘色与前锋统领索柱巴图鲁合各姓满洲编立于镶黄旗满洲之佐领,“合各姓满洲”说明该佐领吸纳了不同姓别的诸家族成员。旗分志记该佐领“初以飘色管理。飘色故,以索柱巴图鲁管理。索柱故,以侍郎法良管理。法良缘事革退,以参领查启那管理。查启那缘事革退,以侍读学士长寿管理。长寿故,以护军统领五十八管理。五十八辞退,以户部郎中达善管理。续以副参领乌云珠管理,续以员外郎准泰管理,续以参领图必贺管理”[②]。这一袭职情况表明,它应是镶黄旗满洲下的一个公中佐领。

在21例抬旗佐领中,世袭佐领有12个,公中佐领8个,由世管佐领变为公中佐领1个。[③] 世袭佐领与公中佐领是清代性质截然有别的两类佐领,两者最根本的区别在于佐领是否拥有世袭权。抬旗对八旗佐领内部有统辖关系的影响在相当大的程度上就取决于这种特权的存在与否。在12个世袭佐领中,勋旧家族世袭权力长期延续的结果是,佐领与其下属的传统联系仍然得以维系。对于公中佐领来说,情况则有很大不同,公中佐领是由国家量才授官的,随着佐领任免升降的变化,他们对其下属的控制力必然随之削弱,与此相反,佐领与国家的隶属关系却不断得到加强。抬旗本身就是皇权至上主义的产物,公中佐领在抬旗佐领中占有不小的比重,这正是清廷以佐领的改易为手段控制八旗基层组织并稳固统治的一个明证。概言之,八旗佐领的抬旗维护了部分勋旧世家的特权地位,同时也顺应了清朝中央集权统治逐渐强化的历史发展趋势。

清历代统治者都将八旗视为“国家根本所系”。从后金兴起初创直到清末八旗制瓦解,“正黄、镶黄、正白、镶白、正红、镶红、正蓝、镶蓝八旗,每旗析三部,

---

① 《钦定八旗通志》卷3,旗分志三,第44页。

② 《钦定八旗通志》卷3,旗分志三,第49页。

③ 该数据是根据《钦定八旗通志》旗分志统计。

即满洲、蒙古、汉军"[1]这种"以旗统人,以旗统族"的组织形式始终如一,其基层组织佐领的人员定数与编制却随时代发展而渐有调整。[2] 佐领抬旗在客观上促进了八旗基层组织建制的完善。耐人深思的是,这种做法不啻是对八旗这个等第界限极为森严的社会组织的一种修正甚至颠覆,它亦清楚地表明清廷对八旗已经拥有绝对的支配权力。佐领抬旗有两个明显的趋向:一是由内府属人抬入旗分佐领比八旗内部旗人的抬升更为频繁;二是上三旗与下五旗之间的流动比汉军、蒙古、满洲之间的流动更为频繁。抬旗建立了"内府"与"外三旗"(即上三旗满洲)之间流动的通道,满洲统治者借此团结了身边的亲信,为自己编织了一张强大而有力的关系网。清中后期,因军功抬旗已经殊为少见,与皇族的特殊关系成为旗人地位迅速攀升的重要砝码。不过,有一点是非常明确的,八旗内部汉军、蒙古、满洲间的亲疏之别始终甚于上三旗与下五旗之间的等第之分,旗人在八旗这个封闭组织之中的流动始终带有满洲统治者居于主导地位的清政权统治的鲜明特色——构筑旗民分治的二元统治体制,即使在八旗组织之内,亦不放弃追求满洲人社会地位与权益的最大化。历史的发展证明:被八旗紧紧囊括其中的将士们非但没有成为捍卫清政权的强大力量,发生在他们身上的日益严重的生计问题却成为清廷难以应对的痼疾,并最终拖垮了清王朝。事实上,当皇权僭越既有的规制,满洲统治者追求统治长治久安的愿望就只能是一种政治幻想了。

五、清代归旗制度的行废

关于归旗制度,《满族大辞典》有简短定义,"满洲等外任旗人官员及驻防官兵,因升转、降革等原因回京师本旗,或因本人亡故,其家属回京师本旗居住,谓之'归旗',亦称'回旗'"[3]。这项制度主要实行于康雍乾时期,但在具体推行过程中由于诸多因素的制约,归旗渐至成为一种政策规定而失去了实际效力。乾隆年间,随着清朝统治的稳定,满汉之间接触的频繁深入以及八旗生计问题的

---

① 金德纯:《旗军志》,载金毓绂主编《辽海丛书》,辽沈书社 1992 年,第 2603 页。

② 参见拙文《康熙朝编设佐领述论》,载《中央民族大学学报》2008 年第 6 期。

③ 孙文良:《满族大辞典》归旗条,辽宁大学出版社 1990 年,第 154 页。

日趋严重,清政府承认旗人在驻防地“置产立业”的合法性,归旗制度遂被废止。

(一)

归旗是随着八旗驻防而逐渐发展起来的一项制度。清军入关后,为加强对全国的统治,推行八旗驻防制度,在全国重要的战略地区派驻军队,这些从京师被派往各地的驻防八旗官兵与京旗之间保持着隶属关系,他们的户籍属于京师八旗中的一旗。顺治初定:“江宁等城及山海关以内近京驻防官员,有亡故者,不许子弟留住彼处。”①八旗驻防初期,因为驻防兵丁多属年轻精壮者,满洲统治者并没有过多强调归旗的重要性。而到了康熙中期,八旗驻防已实行数十年,大量驻防旗人年龄老化甚至亡故,为了防止旗人特别是在驻防地出生、长大的八旗后人“汉化”,清廷对归旗的要求变得严格起来。康熙二十三年(1684 年)归旗成为定例,康熙帝认为,“江宁、杭州、荆州、西安等处驻防官兵,虽为地方紧要,分拨佐领驻防。伊等老病致仕退甲,与已故官兵家口,如不令回京,仍留住外省,恐年久渐染汉习,以至骑射生疏”,所以他规定,“嗣后除盛京、宁古塔不议外,江宁等各省驻防,凡有老病致仕退甲,及已故官兵家口,俱令回京,所缺之兵,即于彼处顶缺披甲,如不得人,该将军申明原由咨部,自京补送,著为定例”。与此同时,他又进一步指出,“西安等各省驻防官兵,原非令其久住,若置立产业、坟茔,遂同土著,殊属不合。著该将军等严行禁止”②。

归旗的制定与实施是满洲统治者对自身前途命运思考的结果。“胡羯、氐羌、鲜卑、沙陀、契丹、女真、蒙古,据有中土,南面御下。至今除蒙古尚有遗族外,其余诸国,皆尽其所有而俱来,未几即与之俱尽而不复见,茫茫禹域,真亡国灭种之利器矣。”③满洲统治者以此为诫惕。雍正初年,世宗胤禛总结说:“我满洲人等,因居汉地,不得已与本习日以相远,惟赖乌拉、宁古塔等处兵丁,不改易满洲本习。”④入关之初,八旗满洲官兵仅有五万余人,包衣汉军二十六万余人。全体满洲家口不及百万,而汉地社会的民众,经过战乱的不完全统计,顺治十二

---

① 《八旗通志》(初集)卷 38,职官志五,东北师范大学出版社 1986 年点校本,第 715 页。

② 《清圣祖仁皇帝实录》卷 115,康熙二十三年夏四月庚子条。

③ 刘体智:《异辞录》卷 4,满汉同化,中华书局 1988 年,第 232 页。

④ 《八旗通志》(初集)卷 67,艺文志三,第 1285 页。

年“人丁户口一千四百三万三千九百有奇”[1]。加之八旗兵分防各省,扼诸险要,划地而居,除东北外,大部分驻防地处在汉人的包围中,一个个旗营,犹如大海中的孤岛。清朝统治者担心驻防旗人沾染汉俗,以至骑射荒疏,丧失满洲的特征和统一,失去震慑地方的威力,所以处心积虑地采取了一系列防范措施。由于驻防兵丁的宗族俱在京师,若准许在驻防处造坟立业,年久必致旗民混淆,难于辨识,所以他们要求驻防旗人把北京作为故里,康熙年间规定驻防旗人亡故后,一律用棺木收敛或火化后送京归旗。对于这一点,雍正阐述得非常清楚,“弁兵驻防之地不过出差之所,京师乃其乡土也。本身既故之后,家口不归本乡,其事可行乎?若照此行之日久,将见驻防之兵皆为汉人,是国家驻防之设,竟为伊等入籍之由,有是理乎”[2]。

归旗的推行与清朝初年的政治经济发育状况也是吻合的。“驻防旗人最初仿效太宗时旧制,三年一换防。大者如顺治十七年(1657 年)从京师各旗各佐领下抽调兵丁前往江宁,康熙朝建立荆州驻防时从江宁、西安各派满兵 1000 名前往,又从京师抽调满兵前往江宁、西安,等等。但当驻防建制以后,随驻防处所日益增多,距京师日益遥远,换防也随之变得日益困难重重。”[3]而且,从清初开始,满洲统治者为了有效统治中原地区,不得不倚重熟习汉地社会的八旗汉军,顺治十六年(1659 年)翰林院学士折库纳称“今各省驻防出征,多用汉军”[4]。“计自顺治四年至雍正十三年止,共九十二年,八旗人员之任督抚者,汉军则十居其七,满洲十居其三,蒙古仅二人。”[5]满洲统治者深知“八旗汉军俱图任外吏,不思在京效力,或一家兄弟子孙数人,俱外任者有之”[6],而且外任旗员特别是汉军旗人“串通土棍放债开赌、折人子女、强买市肆、伐人树木、辱官罢市”[7]。通过勒令休致革退的驻防弁兵归旗,在一定程度上可以约束外任旗人,缓和旗民之间的紧张关系,从而确保满洲统治者的政治支配地位。

---

① 《清世祖章皇帝实录》卷 96,顺治十二年十二月戊寅条。

② 《世宗宪皇帝上谕八旗》卷 10,雍正十年七月初一日,《文渊阁四库全书》第 413 册,第 288 页。

③ 定宜庄:《清代八旗驻防研究》,辽宁民族出版社 2003 年,第 191 页。

④ 《清世祖章皇帝实录》卷 127,顺治十六年秋七月壬辰条。

⑤ 福格:《听雨丛谈》卷 3,八旗直省督抚大臣考,中华书局 1984 年,第 57 页。

⑥ 《清圣祖仁皇帝实录》卷 104,康熙二十一年八月己酉条。

⑦ 《八旗通志》(初集)卷 38,职官志五,第 712 页。

旗人归旗需要清廷付出一定的代价。例如,“笔贴式回京应得车两辆,十二名家口口粮,十匹马草束,其家口马匹如数多者,照例给予,少者只照实在数目给予”[①]。这对清廷来说其实是一笔不小的开支。由于入关之初,“满洲人数本少”[②],而且清廷“重念八旗乃国家根本,内外大小臣工、士民、军吏所观式也,故所以教之、养之、取之、任之,察其情而优恤之者,尤详且备焉”[③]。归旗不仅耗费大量银两,而且给驻防官兵和地方带来诸多不便,但直到乾隆初年,清廷仍然禁止驻防官兵在驻防地置立坟茔。在八旗生计问题尚未非常突出的情况下,满洲统治者是愿意以经济为代价换取八旗的统一完整及满洲群体独特存在的。

(二)

满洲统治者在推行归旗的过程中,对与归旗有关的事宜作出了具体规定。其主要内容如下。

第一,归旗的人员范围包括八旗外任官员、驻防官兵及其他们的家口。一般来说,驻防弁兵只有在他们病故后,他们的家口才能获取回京的资格,而八旗外任官员因降级、革职及升转、休致等原因就应速行归旗。同时,清廷对于他们的家口也有严格要求。雍正曾指出“令豢养许多家口,如何能作清官,不为私事所牵累耶,且伊等子弟随往任所亦惟图安乐,倚仗伊父伯叔声势妄行,扰害地方,习为不肖而已,何得成就上进”。所以,他严令禁止“旗人外赴外任带往族人”[④]。并要求“外官子弟十八岁以上者,悉令归旗,或读书肄业,或披甲食粮,使之各有成就,不至废弃此朕教养之恩也”[⑤]。

第二,在归旗的期限和行程方面,清廷有明确而严格的规定。“应归旗人员,定限五个月内,该管各官亲看起程,分别程途远近定限。大路有驿站者,每日令行一站。僻路无驿站者,每日行五十里。自伊本任地方,照站数、里数按日计算,扣定到京期限。”[⑥]“应回旗人员,除原无水路地方及能自备脚力,并愿从

① 《福州驻防志》卷4,《故宫珍本丛刊》第330册,海南出版社2000年,第396页。

② 《清朝文献通考》卷56,选举十,浙江古籍出版社2000年,考第5381页。

③ 《清高宗纯皇帝实录》卷50,乾隆二年九月壬辰条。

④ 《世宗宪皇帝上谕旗务议覆》卷6,《文渊阁四库全书》第413册,第410页。

⑤ 《世宗宪皇帝上谕八旗》卷10,雍正十年十二月二十四日,《文渊阁四库全书》第413册,第297页。

⑥ 《八旗通志》(初集)卷45,职官志十二,第878页。

陆路回旗者,任由陆路外,其有水路之处,应听由水路行走,即于呈内开明,由某省水路,照原定限期,计算到京。"①

第三,归旗的管理工作主要由督抚及地方官负责。如革职、降级官员住居原任地方,有钱粮未清且限满不完,该督抚将承追督催各官题参照例议处,并催令旗人起程归旗回籍。而且,督抚还要把未完钱粮与项分咨各部,转咨旗籍。归旗人员于原任所起程后,地方官要发护牌或勘合,并拔兵护送旗人,遇有中途患病及风水阻滞等违限情况,旗人需要报明地方官。如果归旗人员中途逗留或藉端告假,督抚及地方官也会因为承担连带责任而受到处分。康熙十七年,针对汉军旗人不速归旗作出明确规定,"其该管州县官,不严查速催,借端迟延,容留一人居住者,降二级调用,二人者,降四级调用,三人以上者,革职。其道官所属地方,容留一人者,降一级调用,二人以上者按数递降,五人以上者,革职"②。

第四,驻防旗人来京后,由各该将军等查明本人三代年貌清册,验明身份。具体程序是,外任文武旗员随任子弟来京,首先由任所该父兄造具本人三代年貌清册,呈请该管将军、副都统、督抚、提镇、府尹、城守尉等官出咨,知照在京该旗仍给文,再由本人亲自投送该旗。为了确保旗人归旗,清廷对违反此规定的种种行为也有相应惩处措施,如有不领咨来京及领咨潜往他处者,是有武衔人,革去职衔;闲散人,照例治罪;如擅令来京者,罚俸一年,或已经呈明请咨,而该将军、副都统、督抚、提镇、府尹、城守尉等官不给咨文者,罚俸九个月。③

(三)

满洲统治者将归旗视为保持满洲独立性的重要途径,因此,他们赋予归旗以重要的政治意义。他们往往把旗人对待归旗的态度与遵循满洲旧习、怀恋故土、尊君亲上等道德规范联系在一起。例如,乾隆元年,管理旗务王大臣曾遵旨询问江宁、荆州将军咨送回京的驻防协领、佐领等六名官员,问他们是愿留京还是愿回本省,结果三人愿意留京,另外三人愿回本省,高宗甚为不满,"向来满洲旧习,皆以尊君亲上、图报国恩为重,并无怀土之私念。若论满洲始基,原在盛

① 《钦定吏部则例》卷7,吏归籍,《故宫珍本丛刊》第282册,海南出版社2000年,第390页。

② 伊桑阿等纂修:《大清会典(康熙朝)》卷12,吏部十。《近代中国史料丛刊三编》第72辑,文海出版社,第510~511页。

③ 《钦定吏部则例》卷7,吏归籍,《故宫珍本丛刊》第282册,第390页。

京,至于荆州、江宁,不过暂遣驻防,并非故土,乃伊等并不思遵循满洲旧习,反恋恋于驻防之处,甚属不合。但朕已降谕旨询问,暂恕此次”。希望回本省定居者还是被照原官降一等留用。① 然而,归旗的实施受到驻防官兵和外任旗员实际状况的制约。从康熙到乾隆年间,归旗逐渐由政府划一的硬性规定衍化为驻防旗人的自由选择并最终被废止。

雍正年间,福州将军宜兆熊奏准,“凡官兵寡妇,有弟男子侄现披甲者,可以养赡,有情愿改适,既可省起送之口粮,又可省驿站夫马船只及护送官兵之靡费,且可免寡妇长途跋涉之苦,寡妇内有情愿回京者,仍照定例遵行”②。清廷还同意“四旗及水师营官兵,有老病告辞及革退者,如京中并无产业,情愿在闽,就伊子孙兄弟等留养该旗营,协参领查明出具保结,呈请咨明部旗准其就养。”③

乾隆七年,定旗员子弟随任之例。规定“外任旗员子弟年至十八岁以上者,在外仍令该督抚题请,在内著呈明该都统查奏,俱准其随任,其不愿随任者,亦听之。如外任旗员,能严加约束,为督抚者又不时稽查,则皆知守分循理,可无虑其多事,至该旗佐领若有可以当差之人,而父兄外任者,将子弟带往,则本人既可省两处之食用,该佐领闲散之人,又得当差支领钱粮,以资养赡,洵为两便之道”④。

乾隆十七年,杭州的穷困旗人已无力回京安葬,乾隆“赏给青山脚下六泉园公地一百九十余亩,子无力买置茔地甲兵埋葬,凡值春秋,由将军署发给与项差员致祭”⑤。

乾隆二十一年,始于清初的归旗制度正式废止。是年二月清廷颁布上谕,行驻防兵丁置产留葬制度。“各省驻防兵丁,不准在外私置田产,有物故者,其骸骨及寡妻仍令各回本旗,此定例也。朕思国家承平日久,在内在外,俱已相安一体,若仍照例办理,则在外当差者,转以驻防为傅舍,未免心怀瞻顾,不图久远之计,而咨送络绎,亦觉纷烦,地方官颇以为累。嗣后驻防兵丁,著加恩准其在外置立产业,病故后,即著在该处所埋葬,其寡妻停其送京。”⑥这表明,清廷承认驻防官兵在驻防地携眷长久安居的合法性。

---

① 《清高宗纯皇帝实录》卷15,乾隆元年三月甲子条。

② 《福州驻防志》卷4,《故宫珍本丛刊》第330册,海南出版社2000年,第399页。

③ 《清世宗宪皇帝实录》卷47,雍正四年八月戊子条。

④ 《清高宗纯皇帝实录》卷158,乾隆七年春正月。

⑤ 张大昌辑:《杭州八旗驻防营志略》卷19,《续修四库全书》第859册,第311页。

⑥ 《清高宗纯皇帝实录》卷506,乾隆二十一年二月庚子条。

（四）

归旗是满洲统治者为维护八旗统一完整的一种理想化设计，它体现了满洲统治者的主观意愿。乾隆从政治稳定的角度总结归旗废止的原因，这只是其中的一个方面。归旗无法施行的最主要原因实际是经济方面的。

一方面，驻防旗人与京师的经济联系日渐松弛导致旗人宁愿留居驻防地而不愿归旗。这一过程从清初就开始了，顺治五年（1648 年）规定，江宁驻防旗官给园地 10 垧至 30 垧不等，西安驻防旗官给园地 35 垧到 40 垧不等。次年又规定，各省驻防官兵带去半数家口的人，在京园地半撤，带去全部家口的人，在京园地全撤。康熙三十二年，则把在驻地给予地亩的规定行之于全国各省八旗驻防官兵。[①] 撤除在京园地很清楚地表明，当一个旗人从北京移出时，他与京师的经济联系已经削弱，而在驻防地给予地亩的规定则表明，驻防旗人融入当地已不可避免。

雍正时期，福州驻防官兵的寡妇及家口"每有到京未久，托故告假而去者，亦有因无所依附"[②]。到乾隆五年，旗人在外就养的情况迅速发展到各省驻防，"各省驻防等处老病告辞及革退官兵等，如京中虽有亲子与少有产业，不足养赡，或外省有子披甲居官，情愿在外居住，具呈该处大臣，查明咨部，准其在外就养，如无亲生子孙，或有兄弟侄男披甲居官，情愿养赡者，亦令具呈查明咨部，准其就养，如无亲生子孙及兄弟侄男或有家人披甲，亦准就养"[③]。

另一方面，归旗的推行以禁止驻防官兵在驻防地置立产业为前提。但是，经历了数十年的驻防生活，驻防旗人与驻地的经济联系越来越密切。驻防官兵不仅居留驻防地，而且占有田宅，置立产业。面对这种情况，满洲统治者的态度十分矛盾。他们虽然禁止旗人在驻防地置立产业，但对此行为又颇为体恤。康熙三十年，川陕总督葛思泰建议将陕西驻防官兵酌议更调迁移，以加强边防。康熙反驳说，"将久驻官兵奏请移驻，各处兵丁，驻防年久，俱置有产业，骤然更调，往返迁移，必致苦累，且暂发民房居住，又必扰及闾阎，兵民为国家根本，久安长治之道，惟在爱兵恤民，培养元气，此所奏无益，不准行。"[④]直到雍正十二

① 《钦定大清会典事例》卷 161，《续修四库全书》第 800 册，第 615 页。

② 《清世宗宪皇帝实录》卷 47，雍正四年八月戊子条。

③ 《福州驻防志》卷 4，《故宫珍本丛刊》第 330 册，第 399 页。

④ 《清圣祖仁皇帝实录》卷 152，康熙三十年六月乙丑条。

年，清廷仍然重申不得私自违禁置产，“各旗人员按实首报交与各省督抚，按其产业之多寡，酌量限期勒令全数变价回旗，如有隐匿不首及首报不实者，照侵占田宅律治罪，所置财产入官，如有地方官扶同徇隐，不实心查察，事发，降州县官，降二级调用，未经查出之知府，降一级留任，督抚、司道罚俸六个月，至于查禁以后，仍有私相授受，或托民人出名诡名寄户等事一经查出，田产入官，照例治罪，失察之地方官，照失于查察例，罚俸一年”[①]。但是，雍正十三年对上述规定作了修正，“从前条奏，旗人不许在外置产者，盖以旗员历任外省者甚多，往往回旗之后，遗留田产于任所，安设家人，潜匿户口，滋生事端，不得不防其流弊，并非为驻防弁兵而言也。夫驻防弁兵，久于其地，所有产业，皆远年所置，以养赡家口者，若概令变卖，必致妨其生计，此乃奉行错误，非立法之本意，着该部即速行文外省驻防将军等知之”[②]。显而易见，置立产业关系到旗人的生计，满洲统治者只能听之任之。

乾隆时期，由于“旗人生齿日繁，若将外省驻防之人复令来京，势不能概行养赡”[③]。归旗已经名存实亡。乾隆二十一年，乾隆皇帝命将军、都统等酌动公款，在直隶山海关等八处、张家口、察哈尔、右卫、山东青州、德州、河南省、山西太原、绥远城、江南京口、浙江杭州、乍浦、湖北省、陕西西安、甘肃凉州、宁夏、四川省，购置土地，作为驻防官兵的营葬坟地，即所谓“酌动公项置买地亩，以为无力置地穷兵公葬之用”[④]。解决旗人的生存问题相对浸染汉俗更为急迫，自此，大部分驻防旗人死后都葬于当地的旗人墓地。

归旗的废止是满洲统治者对驻防旗人土著化结果的一种认可。康熙二十二年，康熙指出，“杭州驻防满兵，渐习汉俗”[⑤]。雍正十二年，副都统祖鲁奏称：“臣于康熙六十一年曾在河工，见远年效力旗人，在外所生之子孙，居住沿河地方者甚多，伊等在外既久生长之子孙，语言、举止竟于土著之民无异，且有与本地民人结为婚姻者，既不报入丁册，该旗无由稽查，必渐致冒籍为民。”因此建议“将康熙三十七八等年前后在工效力之旗人俱挨年按册逐一清查，如有毫无事

① 《钦定吏部则例》卷17，户田宅，《故宫珍本丛刊》第282册，第91页。

② 《清高宗纯皇帝实录》卷9，雍正十三年十二月丁亥条。

③ 《清高宗纯皇帝实录》卷73，乾隆三年七月己卯条。

④ 《清高宗纯皇帝实录》卷506，乾隆二十一年二月庚子条。

⑤ 《清圣祖仁皇帝实录》卷111，康熙二十二年秋七月戊午条。

故任意逗留者,即行查解归旗外,嗣后河工效力旗员,统以三年为率,令该河臣详加考核,其不能熟习河务者,即行咨送回旗,如实系谙练河务,可以留工效力之员,其在外家口请照外省驻防官册报幼丁之例,于初生之时即行报明,河道总督移咨该旗存案,如有增减等情,于三年比丁册内申明,若子弟年十八岁以上者,亦照定例催令归旗当差”①。

随着归旗制度的逐渐松弛,清廷对驻防旗人的管理方式进行了相应的调整。清朝规定,每三年,各省驻防旗员兵丁,以及外任文武各官子弟家属,由各将军、督抚造送各该旗汇齐附入佐领册内,钤印报部存案。这样,驻防八旗兵丁便纳入北京八旗中的一旗户籍,在总册中,体现了隶属关系。但是,驻防八旗的佐领或由一旗各佐领,或由两旗(四旗以至八旗)各佐领中抽丁拼凑而成。所以,必然需要重新建立一套管理体系。当驻防八旗官兵成为驻防地的常住居民后,京旗对驻防旗人仅仅保留了名义上的管理权。雍正八年,由于北京佐领越旗移置者甚众,外省驻防八旗也有随北京佐领越旗移置,是以人丁数目不均。雍正要求各省将军、副都统等,将各该处官兵弁丁人数目查明,不论在京之佐领,唯视彼处之丁数,均匀分派。若四旗驻防之处,即在四旗之内均派;八旗驻防之处,即在八旗之内均派。将均定之户口,另造清册,以备查核。补授官员、挑取兵丁,即在所均置之旗拣选;再将京城之本旗本佐领,仍记档案。每于编丁之年,令其照常咨送各该旗报部。京师八旗与驻防八旗仍然保持着隶属体统,但由于各驻防地新设佐领的管理作用不断加强,驻防旗人与驻京本旗的隶属关系也就越来越形同虚设。

道光皇帝后来谈到旗人不复回旗时说道:“是以百数十年豢养之旗人,无故屏之远土,朕何忍焉?其忠爱固结之忱,岂能使之恝然?”②从这里,我们不难体味出满洲统治者对归旗无法实施的无奈之情。然而,统治汉地社会的现实需要与满人聚族而居的愿望是一对难以调和的矛盾。从归旗这根联系旗人的纽带松动、废止的过程中,我们看到,驻防旗人与满洲权力中心渐行渐远。但是,归旗制度的废止却为旗人成为驻防地的常住居民,并在驻防当地发展成为与民人保持鲜明界限的独特的旗人群体拓平了道路。

---

① 《世宗宪皇帝上谕旗务议覆》卷12,雍正十二年九月初九日,第578页,载《文渊阁四库全书》第413册。

② 《清朝续文献通考》卷26,户口考二,上海商务印书馆民国二十五年(1936)《万有文库》本,考第7772页。

八旗汉军:八旗内部的边缘群体

八旗汉军是清朝社会中游移于旗与民之间的一个特殊群体。汉军建制完成使得辽东汉人由明王朝统治下的边民变成为八旗体系中的旗人,乾隆时期允许汉军出旗为民,这又使得汉军获得了选择身份的自由。在满洲统治与八旗汉军身份变化的调控与制衡中,汉军来源于汉人以及满洲统治者始终与汉军保持着的疏离感使他们最终被政府抛弃。

一、八旗汉军与满洲的差异性[①]

“满洲、蒙古、汉军俱隶八旗。每旗自都统、副都统、参领、佐领,下逮领催、闲散之人,体统则尊卑相承,形势则臂指相使。”[②]旗人隶属于八旗,他们“隐然以一旗为一省,一参领为一府,一佐领为一县矣”[③]。清政府以八旗组织为界构筑起“旗民分治”的社会控制与管理方式,旗人与民人保持着居则分城,官则分缺,业则例有分限,刑则固有等差的社会界限。在八旗内部,满洲统治者在满汉

① 八旗制度是清代最重要的政治制度,它赋予旗人诸多的一致性。王锺翰在《清代八旗中的满汉民族成分问题》,傅克东、陈佳华在《八旗制度中的满蒙汉关系》,周远廉在《清朝兴起史》,姚念慈在《略论八旗蒙古和八旗汉军的建立》等论著中对此有颇为详尽的论述。在八旗内部,汉军与满洲之间存在着既同一又对立的复杂关系。梳理八旗内部汉军与满洲的诸种差异有助于我们更加深刻地认识与理解“首崇满洲”这一满洲本位政策。

② 《八旗通志》(初集),奉敕纂修八旗通志谕旨,雍正五年十一月初八日,东北师范大学1986年点校本。

③ 赫泰:《复原产筹新垦疏》,《清经世文编》卷35,户政十,中华书局1992年,第868页。

关系问题上持有的暧昧态度与调整措施,很难使旗人之外的广大"民人"分清八旗内各部分人的身份。加之20世纪50年代的民族识别中,满族身份的确定以是否具有旗籍为依据,故八旗内部的各种身份差异就更容易被"旗人—民人"这一对立社会范畴掩盖。通过梳理八旗汉军与满洲在政治、经济、社会生活及意识形态领域的种种差异,我们发现存在于他们之间的种种差异不过是"首崇满洲"这一满洲本位政策所使然。

(一)

汉军是八旗中的三个组成部分之一。清朝入关前,汉军完成了八旗建制。如后人指出的,"我国龙兴河漠,基王业于辽阳,其时部落之故人为满洲,汉人先附者为汉军。汉军云者,以别于汉人未附者也"①。汉军在汉人归附的基础上组建起来,在清朝建立和统一的过程中他们取得了旗人身份。但在八旗组织中,八旗满洲始终是清朝统治者依恃的核心力量。"前清开国时,汉军旗与满洲八旗界限甚严,饮食坐卧俱不得同在一处,出军,则备充前敌,驻扎,则别为一营,官级只能就汉军中升擢,不能与满蒙八旗相掺。"②国初规定:"满洲、蒙古壮丁,每两名披甲一副。汉军壮丁,每五名披甲一副。"③不仅汉军旗人披甲的机会少于满蒙兵丁,而且在八旗编制方面,前锋营、健锐营、内外火器营等重要部门,都由满洲、蒙古组成,而无汉军名额;较为次要的藤牌营、(长)枪营都由汉军组成,而无满洲、蒙古。

清朝兴起及入关初期,满洲统治者面临的一大难题是,"汉人有所顾忌而不敢尽忠于朝廷,满人又有所凭借而无以取信于天下矣"④。而汉军旗人以其特殊的身份在满洲和汉人集团之间保持了某种利害上的平衡。与汉人比,汉军与满洲同为征服者,他们有着一致的利益要求。由于华夷杂糅,辽东汉人的风俗早已"迫近胡俗"⑤。如魏斐德指出的,"汉族边民与夷狄部落之间,并无明确界

① 孙嘉淦:《汉军生计疏》,贺长龄、魏源等编:《清经世文编》卷35,户政十,第874页。

② 魏声和:《鸡林旧闻录》,载《吉林地志·鸡林旧闻录·吉林乡土志》,吉林文史出版社1986年,第79页。

③ 《八旗通志》(初集)卷26,兵制志一,第491页。

④ 储方庆:《殿试策》,《清经世文编》卷7,治体一,第197页。

⑤ 李辅等修:《全辽志》叙,《辽海丛书》,辽沈书社1985年,第496页,。

限,因而双方相互同化的现象是不可避免的"[①]。在明末辽东的动荡局势中,他们在政治上越来越倾向于后金。崇德七年,汉军副都统祖可法曾说:"讲和之事,利于明,而不利于我;使明得阴修战备,而我国反习逸忘劳。"[②]

在清朝的征服战争中,汉军对满洲统治者忠心耿耿,殚精竭虑。汉军旗人张存仁,曾为明大凌河副将。在大凌河之战中他投靠了后金,崇德元年被任命为都察院承政。张存仁受到重用后,在向皇太极疏陈攻取锦州之策中,一再强调"攻心之策,得人得地"的道理,他说:"欲成大业者,非人地兼得,未易为也。人地兼得之术,莫过于攻心。今我兵大势压境,彼必议弃锦归宁。再急,必议弃宁归关。祖(大寿)帅跋扈畏罪,岂肯轻离窠穴。事若缓,则虑持久。事若急,则虑身家。祖帅背恩失信,人多以为无颜再降。臣确知彼心,唯便是图,本无定见。一当危急,诸所不顾。"[③]从后来锦州之战的结局看,张存仁的上疏确实一针见血,他的攻心之策反映了他对满洲统治者的一片忠心。

在八旗驻防各要地的过程中,满洲统治者也很重视汉军。顺治十六年(1659 年)翰林院掌院学士折库纳称"今各省驻防出征,多用汉军"[④]。后人总结说:"顺治初,诸督抚多自文馆出。盖国方新造,用满臣与民阂,用汉臣又与政地阂,唯文馆诸臣本为汉人,而侍直既久,情事相浃,政令皆习闻,为最宜也。"[⑤]

康熙中期以后,随着对汉地社会的征服和军事占领最终转化为较稳定的合法性政治统治后,八旗汉军逐渐失去了他们曾拥有过的优势地位。不仅如此,发生在 17 世纪后期的三藩之乱,更严重削弱了满洲统治者对八旗汉军的政治信任。汉军在八旗制内被边缘化了,于是导致他们与八旗满洲之间的地位差异越发明显。

(二)

康熙二十七年,汉军正白旗人华善和镶黄旗佟国纲疏陈奏言要求改归满洲。在清代,旗人"按国初各部落及汉人之归附者,分隶满、蒙、汉八旗"。一般

---

① [美]魏斐德著、陈苏镇、薄小莹等译:《洪业清朝开国史》,江苏人民出版社 2003 年,第 10 页。

② 魏源:《圣武记》卷 1,开创,中华书局 1984 年,第 31 页。

③ 《八旗通志》(初集)卷 184,名臣列传四十四,第 4382 ~ 4383 页。

④ 《清世祖章皇帝实录》卷 127,顺治十六年七月壬辰条。

⑤ 赵尔巽等撰:《清史稿》卷 239,中华书局 1977 年,第 9528 页。

情况下,隶属关系不得改变,不过因为某些特殊的原因,“亦时有改易”[①]。但以汉军身份改隶满洲的却非常少。石、佟家族地位显赫,为笼络世家大族,康熙特准许他们改旗,使他们在名誉上享受满洲旗人的待遇。但是这种待遇和本为满洲有其根本之区别,就其实质而言,只给其名而不给其实。雍正年间修纂的《八旗通志》仍将华善列为正白旗汉军名臣,而佟国纲虽被编入镶黄旗满洲名臣之列,但在当时及其以后的八旗杂档中,佟氏也多被列为汉军。[②] 石、佟改旗背后隐藏的实际是八旗内部满汉之间巨大的地位差距。

汉军与满洲的差异首先表现在政治生活领域。研究清代八旗驻防的学者注意到“畿辅驻防始终以满洲统治者最倚重的八旗满洲兵丁为主,顺治初期间有八旗蒙古兵丁,康熙朝又有添设,但八旗汉军始终不预其内,这是与其他各省驻防殊为不同之处”[③]。汉军不得预畿辅地区,一方面由于畿辅是其控制的核心地区,另一方面也由于满洲统治者对汉军始终存有诫惕之心,所谓“京师为辇毂重地”[④]。八旗满洲官兵居之,则犹室家之有门户,如同子弟之护父兄,手足之捍头目。御史图尔泰曾刻奏“满臣权重,汉六部九卿奉行文书而已”,并批评此种做法“殊非立政之体”[⑤]。但是,乾隆朝仍然“擢用满洲诸臣为封疆大吏,皆极一时之盛”。[⑥] 京城内外武职命官,重要兵种,防卫职守等,几乎专用八旗满洲子弟。皇城内各汛“专隶八旗满洲”,八旗汉军子弟只能参与皇城外各汛。[⑦]

直隶一省有府9个、州20个、县120个。此处靠近京师,犹如藩篱,位置非常重要。雍正元年,监察御史杭奕禄提出:“嗣后除直隶巡抚、顺天府府尹及各府州县副职以外,凡守巡,通、永、霸、昌、天津此五道,保定等八府知府,通州等二十州知州,良乡等一百二十县知县以及四路缉匪同知之缺,俱于满洲内挑选可信、贤能会汉文之文员补任,至直隶三总兵、九副将、十四参将、十八游击之缺,亦于满洲内挑选可信善于管切之武员补任。如此于拱卫京师大有裨益,且

① 吴振域:《养吉斋丛录》卷1,北京古籍出版社1983年,第2页。

② 参见侯寿昌:《辽东佟氏族属旗籍考辨》《明清档案与历史研究》,中华书局1986年,第368页。

③ 定宜庄:《清代八旗驻防研究》,辽宁民族出版社2003年,第21页。

④ 《八旗通志》(初集)卷66,艺文志二,第1268页。

⑤ 张伯英:《黑龙江志稿》卷56,人物志,第5页。

⑥ 昭梿:《啸亭杂录》卷2,第27页。

⑦ 《皇朝通典》卷69,八旗兵制下,第2528页。

八旗户口亦多有安置也。”[①]此建议与康熙朝令满洲兵丁防守京城的目的如出一辙。

在清朝的官僚体制中,汉军逐渐与汉人靠拢与划一。康熙三年(1664 年),吏部讨论汉军官员与汉官一体升转的问题,确定了如下原则:“汉军郎中,应照汉官例,为正五品;员外郎为从五品。补郎中之后,同汉郎中一例升补道府,开列科道。由郎中授科道,无世职者,亦照汉官例,改为七品。其有参领、佐领品级者,应停其改授科道。再查内院汉军侍读、通政使司、汉军参议,原照各品级,以道缺用。其内院汉侍读及参议,无向外升道之例。今汉军官员,既与汉官划一,将此等停其向外升道,仍照原品级考开载,于京官内升用。此更定之后,原系四品郎中,若补授参领,授为阿达哈哈番者,不论参领、阿达哈哈番,仍照先定四品,以副使道用。原系四品员外郎,后授为五品,任郎中者,仍留原四品,照先定以参议道用。嗣后汉军五品郎中,若补参领,应解郎中任。其所定之款。俟命下之日,增入品级考。”[②]雍正年间,江南道监察御史严瑞龙提出“汉军御史宜归并汉缺,不必另立汉军之名也。……将各部汉军郎中、员外郎中、员外等缺一并裁去,今于额设各缺内将汉军、汉人一体补授,每遇升转,汉军与汉人亦一体较俸。但遇考选之月,仍另立汉军之缺。如此则考选既当,而台规亦得以划一矣”[③]。如果说汉军旗人与汉人在官缺、待遇方面的靠拢趋势只是更加清晰地划清了他们与满洲的界限,那么“满洲亦应与汉军汉人相同,外省自州县以上府道以下,守备以上总兵以下之官宜应补放”的呼声则是对汉军、汉人权力的公然侵蚀,如此之举“则有才能之官员俱可得以使用,而满洲闲散未成丁者将倍受鼓励,各习文武之才”[④]。满洲人在清朝官僚体系中占据越来越多的位置,它表明满洲权力不断向基层扩张,他们对社会的控制能力加强。与此同时,在满洲统治者的眼里,汉军也不再如入关初期那般重要了。

乾隆即位后,清朝立国已有百年,统治日臻巩固,满洲生齿日繁,这就使更

① 《监察御史杭奕禄奏陈直隶各道州县等宫宜择满洲贤能补任折》雍正元年四月二十三日,《雍正朝满文朱批奏折全译》,中国社会科学出版社 1996 年,第 97 页。

② 《清圣祖仁皇帝实录》卷 12,康熙三年五月辛未条。

③ 《江南道监察御史严瑞龙奏陈都察院衙门应添学习人员等三事管见折》雍正七年十月初十日,《雍正朝汉文朱批奏折汇编》第十六册,黄山书社 1998 年,第 903 ~ 904 页。

④ 《监察御史颜德讷奏报满人亦宜补援地方官职折》雍正元年六月二十九日,《雍正朝满文朱批奏折全译》,第 200 ~ 201 页。

多的满洲官员担任地方军政要职不仅成为可能，而且也是解决八旗生计所必须的。于是，扩大满人入仕途径的问题便更为迫切。乾隆二年九月，乾隆采纳御史舒赫德的建议，改变以前中央政府各部中的满洲、蒙古郎中只准保举地方布按两司的旧规定，准许他们和汉官一起保举道员。而后不久，保举范围进一步扩大，中央政府中任职的满洲科道官员在内升时又取得了优先拣选的权利。外放官员、满洲郎中保举的官职也降低到了道级以下的府。

乾隆六年二月，乾隆敕令："满汉进士，原属一体，嗣后满洲进士，亦著照依甲第名次，选用知县，俾其渐悉民瘼，学习外任之事。"①按此规定，知县以上的各级官员皆可任用满官，至此，朝廷内外各级行政机构几乎均为八旗满洲开放。关于八旗武职官员的升转问题，乾隆以绿旗营营伍废驰，兵力软弱，"是以分用满员，以资钤辖"②的冠冕堂皇理由，将大批旗员补用绿营守备以上的各级官员。根据兵部奏报，至乾隆三十八年，在直隶、山西、陕西、甘肃、四川五省副将至守备1826缺中，满洲、蒙古在绿营者，已经超出原定额647名的一倍以上。至此，满洲官员不但掌握着中央与地方的主要权力，而且在绝对数额上也将及半数。③

与此形成鲜明对照的是，清朝官僚机构中以汉军出任满缺的却屈指可数。乾隆四十八年，谕令"现在满洲内阁学士出有两缺"，赵𫓹"本系汉军旗人"，因其"在馆效力有年"，并且满汉文翻译水平好，"即著补授一缺"④。乾隆年间，"汉军破格用满缺者，范时纪曾任满缺户部侍郎，范宜清曾任盛京工部侍郎满缺，李侍尧曾任热河副都统，孙庆成曾任满缺户部侍郎兼护军统领"⑤。他们以汉军身份入满缺有其特殊原因。比如，李永芳六世孙李侍尧，乾隆以"天下奇才"任为满洲副都统时，部臣皆以"违例"加以反对。高宗坚持说，李侍尧是"李永芳孙，安可与他汉军比也"⑥。

（三）

在经济待遇方面，汉军与满洲之间存在诸多不平等。例如，在京的八旗满

---

① 《清高宗纯皇帝实录》卷136，乾隆六年二月乙巳条。

② 《清高宗纯皇帝实录》卷377，乾隆十五年十一月乙卯条。

③ 赵秉忠、白新良：《关于乾隆时期八旗政策的考察》，《史学月刊》1991年第2期。

④ 《清高宗纯皇帝实录》卷1175，乾隆四十八年二月癸未条。

⑤ 昭梿：《啸亭杂录》卷7，汉军用满缺，中华书局1997年，第224页。

⑥ 昭梿：《啸亭杂录》卷4，李昭信相公，第88页。

洲、蒙古兵丁遇有婚丧之事，均享有资生银两，在京汉军官员如遇丧事，可以支借俸银。但是，在京汉军兵丁遇有喜丧之事，既不能享受与满洲、蒙古兵同等的待遇，也不能循汉军官员借俸之例。遇有丧事，汉军兵丁往往无从措办。针对这一状况，雍正时期，协理河南道事汉军监察御史刘永澄曾上奏“祈皇上一视同仁，于京城汉军兵丁或亦照满洲、蒙古与内务府兵丁之例赏给”①一折。

再如，满蒙养育兵与汉军养育兵有食米与不食米的区别。养育兵是雍正时期为解决八旗生计问题而增设的具有福利性质的兵种。雍正二年(1724 年)，满洲户口滋盛，余丁繁多，雍正考虑到“欲增编佐领，恐正项米石不敷”，故而将旗下满洲、蒙古、汉军内，共挑四千八百人为教养兵，训练艺业。所挑人等，每月给三两钱粮。② 在赈济银米方面，汉军所获较少。顺治十一年(1654 年)覆准：八旗涝地，令即赈给到通漕米。满洲、蒙古每佐领下，给仓米二百石。汉军每佐领下，给仓米一百石。不论有无俸粮，该员酌量散给。③ 顺治十三年题准：满洲、蒙古每佐领给米三百石。汉军每佐领给米一百石。着该佐领、领催亲验贫户给发。其官员家人披甲者，不准给。④ 在临阵受伤恩恤方面，八旗汉军与满洲已有所区别。八旗兵丁阵前被伤者，分别等差给赏。一等伤给银五十两，二等伤四十两，三等伤三十两。若被远炮中伤者，一等至三等各递减十两。满洲、蒙古随役阵前被伤者，一等赏给银三十两，二等伤二十两，三等伤十两。若被远炮中伤者，一等、二等伤各减十两，三等伤减给七两。汉军随役人阵前被伤，一等伤给银二十一两，二等伤十四两，三等伤七两。被远炮中伤者，亦如之。⑤

乾隆年间，养育兵的数量不断增加，乾隆三年(1738 年)规定，每两名出缺为三名，照汉军例月给银二两。十八年(1753 年)又规定，出缺作为四名，再恩赏一名，月给银一两五钱。二十六年(1761 年)规定，满蒙养育兵发给米，而汉军养育兵不发米。这样，在八旗内部人数较少的养育兵内，满汉之间也有了食米和不食米的区别。⑥

---

① 《协理河南道事汉军监察御史刘永澄奏请赏给京城八旗汉军兵丁生息银两折》雍正十一年四月十二日，《雍正朝汉文朱批奏折汇编》第二十四册，第 311 页。

② 《八旗通志》(初集)卷 26，兵制志一，第 494 页。

③ 李洵、赵德贵等主点校：《钦定八旗通志》卷 77，土田志十六，第 1312 页。

④ 李洵、赵德贵等主点校：《钦定八旗通志》卷 77，土田志十六，第 1312 页。

⑤ 李洵、赵德贵等主点校：《钦定八旗通志》卷 36，兵制志五，第 652 页。

⑥ 陈佳华：《满族史入门》，青海人民出版社 1987 年，第 30 ~ 31 页。

对满洲人所享有的特殊待遇，昭梿的解释是："国初自定中原后，复遭三逆之乱，故八旗士卒，多争先用命，效死疆场，丁口稀少。上尝怃然曰：'吾二十年之久，始得获一满洲士卒之用，何可不后恤也？'故当时时加赏恤，至为之代偿债务，凡抚字之术，无不备施。虽一时不无滥溢，而满洲士卒感戴如天，凡征讨之所，争先致死焉。"[①]这里，优待满洲的目的显而易见，无非是培养一支满洲统治者赖以依靠的力量。

（四）

在社会生活中，汉军是八旗内被另类对待的群体。雍正时期，镶红旗汉军副都统金以坦在奏请勒令八旗满洲、蒙古、汉军各动公银刷印清文书籍等事折中，提出颁行清文书籍时，对满洲、蒙古仍颁行原版，"颁行八旗汉军、汉人者另加注释，即于满语之下以汉字注明，此即系汉语中某物，至于引经据史，亦将原汉文注出"。这样才能避免"汉军、汉人学习者止知满语之名，而不知汉语中之何物"[②]。在满语文的学习方面，汉军旗人是与汉人有着更多相似之处的旗内特殊人群。由于满语文在入关后不断走向衰落，汉军旗人对此学习缺乏兴趣，其学习效果也就可想而知了。雍正九年，福州驻防准备提保为领催的十余人"仅会满洲履历，此外清语皆不能对答"[③]。雍正十年，奉天将军那苏图奏称："奉天八旗汉军设立清文义学，业经三年有余，而读书子弟不尽通晓书义。"[④]清廷认为"八旗汉军官员自参佐领及骁骑校等员，不能清语者居多，即有一二人能于清语，未免字韵音声总与满音不恰，……只缘失学未获教训诱讲论之所致"[⑤]。乾隆元年，高宗引见汉军子弟陈遵等人时，问及满语。陈遵等人满语水平不佳，只能"温习履历，问及他语，具不能奏对"。高宗明谕，如果今后引见八旗汉军子弟

---

① 昭梿：《啸亭杂录》卷1，爱惜满洲士卒，第6页。

② 《镶红旗汉军副都统金以坦奏请勒令八旗满洲、蒙古、汉军各动公银刷印清文书籍等事折》，《雍正朝汉文朱批奏折汇编》第三十二册，第285~286页。

③ 黄曾成：《琴江志》卷5，第十编重清文清语，《中国地方志集成》乡镇志专辑(26)，上海书店1992年，第481页。

④ 王树楠：《奉天通志》卷150，教育二·八旗官学，沈阳古旧书店1983年，第3477页。

⑤ 《掌河南道监察御史民德奏陈教习汉军官员清语之管见折》雍正十三年十月二十八日，《雍正朝汉文朱批奏折汇编》第二十九册，第675页。

时,若仍"不能清语之人",将"不准列入保举"①。

对待汉军与汉人的通婚,满洲统治者并未禁止。② 雍正五年,福州将军蔡良奏:"驻防兵丁均系旗人,竟有与汉人做亲者……查得此地四旗……一万二千六百余名之内,兵壮娶民人之女以及营兵之女为妻者共二百一十四名,将女聘与营兵为妻者两名,余皆四旗互相嫁娶。"蔡良向世宗提出保证:"奴才现在严行查禁,此后总不许与汉人联姻,只许四旗互相嫁娶,仍令各旗将有子而未定妻室者,有女而未许聘与人者,俟将来一有聘定,在未行嫁娶之前,俱先行报明,查过入册,奴才仍不时查察。"世宗对此的朱批是:"但既往者原难追究,将来者当加严禁。"③

雍正十三年,福州将军衮泰奏请"更闻得别省汉军驻防地方,多有将女儿许配民人者,总以定例未载,相沿成习,伏思汉军与满洲、蒙古均属旗人,所有定例相应划一遵行。……嗣后凡汉军旗人之女悉照满洲、蒙古之例,不许卖与汉人,亦不许私于汉人结姻。倘有仍蹈前辙,均照定例治罪,如此则旗例划一,而便与遵守稽查矣"。此时,世宗的回答却是:"向来既未定例禁约,此非目前要务,姑且缓之。"④从上述雍正对两个奏折的批语可见,他对汉军与汉人私自通婚的态度愈加宽容,这说明满洲统治者并未将汉军与满洲等同看待。

(五)

从康熙朝开始,汉军在政治、经济、社会生活等方面与满洲的差距日渐扩大。与此同时,在公开的意识形态领域,汉军也越来越微不足道了。满洲统治

① 《清高宗纯皇帝实录》卷16,乾隆元年夏四月丁卯条。

② 需要说明的是,顺治五年清廷颁布满汉通婚令,由于"满洲旧俗,凡所婚娶,必视其民族之高下,初不计其一时之贫富"。(昭梿:《啸亭杂录》卷2)满汉通婚在实际中受到种种限制,如满人娶汉女为妻,就要取消他享有的满人特权,如不能上档(上册)和领红赏,也不能再领钱粮。如满族的姑娘嫁给汉人,不仅取消享有的特权,还要受到舆论的非议。(参见中国科学院民族研究所:《满族社会历史调查报告》上册第一分册《沈阳市满堂乡七个村的满族社会情况调查报告》)

③ 《福州将军蔡良奏覆旗汉通婚情形并严行查禁折》雍正五年二月二十七日蔡良奏,《雍正朝汉文朱批奏折汇编》第九册,第182页。

④ 《署福州将军衮泰奏请嗣后凡汉军旗人之女悉照满洲、蒙古之例不许卖与汉人等情折》雍正十三年八月初四日,《雍正朝汉文朱批奏折汇编》第二十八册,第910页。

者认为:“汉军与绿旗官兵,未可尽恃。”[①]康熙曾多次盛赞满洲兵丁:“满兵一心奉法,假如千人会于一处,死则同死,断无离心。”[②]“凡地方有绿旗兵丁处,不可无满兵。满兵纵至粮缺,艰难困迫而死,断无二心。若绿旗兵丁,至粮绝时少或窘迫,即至怨愤作乱。”[③]对汉军心怀疑虑使得满洲统治者对他们持有了某种偏见。

旗人的衰落是承平日久后一个比较普遍的现象。然而,康熙往往把汉军的腐化堕落与其风俗败坏联系在一起。他认为,“从前汉军人材壮健,骑射亦优,与满洲相去无几。近日汉军渐以庸懦,皆似绿旗。汉军人等相聚会时,多谈无益之事,在满汉之间恣肆行事,习俗甚坏”[④]。他甚至质问“汉军居父母之丧,亲朋聚会,演戏饮酒”,这种不善之习“满洲所无,亦汉人所未有,唯汉军则有之。又汉军外官赴任,每借京债,饰治行装,务为奇异。且多带家人,致债主至任所催迫,而又为家人谋给衣食,势必苛取于民,以资用度。且亲朋债主时往任所,请托需索。是官虽一人,实数人为之,以致朘削小民,民何以堪?又汉军外官不能骑射,乃指称行猎,多带鹰犬,借宿村庄,滋害于民。禽兽本生于山野,岂生于村庄耶?又汉军外官服用多僭越非分,终日群居,以马吊饮酒为乐。此等物力从何而出,宁非苛取诸民者乎?”最后得出的结论是“汉军习俗极其恶陋”[⑤]。

雍正统治时期,汉军的形象更是一落千丈。雍正经常折辱他们,称他们为“汉军习气”[⑥]。他曾严厉指出,“你们汉军习气甚是不好,做武官者尤为甚,内外官员每好交通信息,彼此营私,汉军到任时,百姓无不惧怕,有一二分不好处,百姓就说到十分。汉人到任,预先就得民心,即有十分不好处,百姓只说得一二分,朕不论汉军、汉人,只要廉慎尽职,朕即用之。朕视天下臣工如同臂指,若因朕任用而敢于狂妄生事,朕断断不容”[⑦]。而且,雍正朝官员的履历折中留下了

---

① 《清世祖章皇帝实录》卷102,顺治十三年六月癸卯条。

② 《康熙起居注》,康熙五十六年丁酉十月,中华书局1984年,第2448页。

③ 《清圣祖仁皇帝实录》卷274,康熙五十六年十月乙亥条。

④ 《康熙起居注》,康熙二十三年八月二十一日,第1213~1214页。

⑤ 《康熙起居注》,康熙二十六年十月二十六日,第1676~1677页。

⑥ 参见吴志铿:《清代前期满洲本位政策的拟订与调整》,台湾师大《历史学报》第22期,1984年6月。

⑦ 《湖南辰沅靖道张廷枢奏遵旨缮呈面奉上谕》雍正四年五月二十五日,《雍正朝汉文朱批奏折汇编》第七册,第326~327页。

许多点评汉军官员的批记,如正黄旗汉军人、陕西汉阴县知县徐耀"像包衣贪碎人";[①]镶蓝旗汉军、特授山西绛州知州李枟,"但有些汉军油气";[②]镶红旗汉军、特授延平府知府郭朝鼎,"经许多人言好,甚不配,亦不似有暗才,不过像一老汉军";[③]正白旗汉军、候补同知马世藻,"老实人,不过非混帐汉军耳"[④]等。雍正把营私、狡猾、油气一类的特质特征归为"汉军习气",并要求汉军官员"将你们汉军朋比夤缘奢侈,鑚刺风俗,竭力为朕改易挽回"[⑤]。显然,在雍正的言语中,他将汉军视为"你们","你们"当然是被排斥在我们满洲之外的另一个集合体了。正因为如此,汉军的种种恶习殊为可恶也就不难理解了。

(六)

康熙帝在1680年批评"汉军习尚之恶,已至于极"[⑥],这或许可以看作是清廷对待汉军态度公开转向的一个明显信号。雍正时期,"汉军习气""汉军油气""混账汉军"已成为雍正贬斥汉军人物的常用语辞,不过这时汉军还没有被完全等同于汉人。[⑦] 乾隆时期,终而有"汉军其初本系汉人"[⑧]的正式官方界定。

满洲统治者视八旗为根本的隔离与优养政策虽使旗人凌驾于民人之上,但却没有保证所有旗人都过上稳定富足的生活。早在康熙初年,作为国家根本的八旗兵丁"衣食不给"[⑨],至乾隆统治中期,入关后的旗人已经延续七八辈,"当顺治初年到京之一人,此时几成一族,以彼时所给之房地,养现今之人口,是一分之产,而养数倍之人矣"[⑩]。由于人口无限增长,额兵钱粮有限,旗人最基本的

---

① 秦国经主编:《清代官员履历档案全编》第一册,华东师范大学出版社1997年,第65页。

② 秦国经主编:《清代官员履历档案全编》第一册,第84页。

③ 秦国经主编:《清代官员履历档案全编》第一册,第158页。

④ 秦国经主编:《清代官员履历档案全编》第一册,第231页。

⑤ 《安徽按察使祖秉圭奏恭缴朱批折》雍正四年七月初四日,《雍正朝汉文朱批奏折汇编》第七册,第578~579页。

⑥ 康熙二十六年十月二十六日上谕,《八旗通志》(初集)卷首8,"敕谕二"。

⑦ 雍正时有人奏请:"满洲、蒙古、汉军并包衣佐领下人等有犯军流罪者,皆应与民人一体治罪。"雍正帝御批:"满洲、蒙古汉军等生理迥别,念其发往汉人地方,较之汉人更苦。是以暂不准行,以观众人之情状。"足证汉军与汉人仍被视作是有很大差异的两种人群。见雍正四年十月十六日上谕,《八旗通志》(初集)卷首9,"敕谕三"。

⑧ 《清高宗纯皇帝实录》卷164,乾隆七年夏四月壬寅条。

⑨ 徐旭龄:《力行节俭疏》,《清经世文编》卷54,礼政一,第1355页。

⑩ 赫泰:《复原产筹新垦疏》,《清经世文编》卷35,户政一,第868页。

生活需求已难以维继。“富强霸术利害相参，赈济恩施久远难恃。”[①]在国家财力不支的情况下，汉军来源于汉人这一事实成为他们率先被八旗抛弃的对象。[②]后来宗室昭梿论及汉军出旗之事，还说：“（汉军）虽曰旗籍，皆辽沈边氓及明之溃军败卒。今生齿日繁，其从龙丰沛旧臣，尚不能生计富饶，而聚若辈数万人于京华，又无以令其谋生之道，其当轴者宜有远略欤？”[③]

乾隆朝实施的“汉军出旗为民令”表明清初满洲统治者张扬的“满汉之人均属一体”的政策已经发生了重大变化。毫无疑问，对八旗汉军的重新定位表明，推行与强化“首崇满洲”已经成为清政府改造八旗结构和调整王朝意识形态的一项重要内容。乾隆敕撰的《清朝文献通考》中明言：“我朝封爵之制，亲亲之外，次及勋臣，所以隆报功之典，广世禄之恩也。次所记载首满洲，次蒙古，又次汉军。……若汉人以军功封者，则次于汉军之后焉。”[④]满洲贵族深知“得朝鲜人十，不若得蒙古人一；得蒙古人十，不若得满洲部落人一。族类同，则语言同，水土同，衣冠居处同，城郭土著射猎习俗同。故命文臣依国语制国书，不用蒙古、汉字；而蒙古、汉军各编旗籍，不入满洲八旗。所以齐风气，一心志，固基业”[⑤]的道理。

八旗内部汉军与满洲的差异因“出旗为民”更加公开了，满洲统治者以此确保了其核心地位，在社会生活中，他们也更加公开地承担着满洲旗人特权保护者的角色。然而，正是在维护与追求自身利益最大化的过程中，满洲统治者也陷于更加封闭与狭隘的集团圈子，事实上，他们在不自觉中日益丧失着自我疗救的信心和能力。

---

① 陈之遴：《满洲兵民生计疏》，邵之棠编：《皇朝经世文统编》卷39，内政部十三·八旗生计，载沈云龙主编：《近代中国史料丛刊续编》第72辑，文海出版社1980年，第1536页。

② 八旗汉军出旗为民的论述见拙文《乾隆朝八旗汉军身份变化述论》，《黑龙江民族丛刊》2005年2期。

③ 昭梿：《啸亭杂录》卷2，汉军初制，第39页。

④ 《清朝文献通考》卷250，封建考五，浙江古籍出版社2003年，考第7093页。

⑤ 魏源：《圣武记》卷1，开创，中华书局1984年，第9页。

二、乾隆朝八旗汉军出旗为民

八旗汉军是清朝社会中游移于旗与民之间的一个特殊群体。汉军建制完成使得辽东汉人由明王朝统治下的边民变成为八旗体系中的旗人,乾隆时期允许汉军出旗为民又使得汉军获得了选择身份的自由。在满洲统治与八旗汉军身份变化的调控与制衡中,汉军来源于汉人以及满洲统治者始终与汉军保持着的疏离感使他们最终被政府抛弃。目前,学界对乾隆时期"汉军出旗为民"现象虽屡有提及,[①]但对汉军身份变化与满洲统治者对待汉军一贯态度之间的关系却鲜有深入的研究。本文拟从这一侧面对乾隆时期汉军的出旗为民问题进行初步探讨。

(一)

八旗汉军是八旗中的三个组成部分之一。"八旗,曰:正黄、镶黄、正白、镶白、正红、镶红、正蓝、镶蓝。每旗析三部:以从龙部落及傍小国臣顺者子孙臣民为满洲;诸漠北引弓之民,景化内徙者,别为蒙古;而以辽人故明指挥使子孙,他中朝将众来降及所掠得,别隶为汉军。"[②]《八旗通志》卷 1 也有记载:"凡蒙古,汉人输诚先服者,亦各编为八旗,引在亲信。"毫无疑问,八旗汉军是在汉人归附的基础上建立起来的,在清朝建立和统一的过程中他们取得了旗人的身份。汉军建立的具体时间,史书中没有明确记载。张晋藩、郭成康在《清入关前国家法律制度史》中指出,最迟不过天聪四年,已设置专管汉人军民事务六甲喇;天聪五年正月铸红衣大炮成,敕谕佟养性"凡汉人军民一切事务付尔总理,各官希听尔节制"。《满文老档》同年八月十四日记事首次提及"施吾礼额附(即佟养性)旗",这说明汉军一旗在天聪五年诞生。《清史稿》卷 231《佟养性传》笼统称:太

① 有关这方面的论文主要有定宜庄:《乾隆朝驻防汉军出旗浅议》(《清史研究通讯》1990 年第 3 期),赵秉忠、白新良:《关于乾隆时期八旗政策的考察》(《史学月刊》1991 年第 2 期)等。他们从不同角度对乾隆朝的八旗政策及驻防汉军的出旗问题进行了研究,具有参考价值。

② 金德纯:《旗军志》,金毓绂主编《辽海丛书》,辽沈书社 1992 年,第 2603 页。

祖用兵于明，明边史民归著，籍丁壮为兵。至太宗天聪间，始别置一军，国语号“乌真超哈”，译言“重兵”，即炮兵。汉军的肇建与炮兵在金国的运用有关。崇德二年(1637 年)，汉军析置为二旗，四年又分设四旗。七年六月，太宗决定将大凌河、松锦降人全部编入旗内，将汉官拔出满洲大臣之家，使其“得乘所有之马，得用所畜之牲，妻子得免为奴，择腴地而耕之，米谷得以自给”。这样，在清朝入关前，汉军完成了八旗建制。八旗汉军的主体来源于辽东汉人，如后人指出的，“我国龙兴河漠，基王业于辽阳，其时部落之故人为满洲，汉人先附者为汉军。汉军云者，以别于汉人未附者也”①。汉军不同于一般汉人，他们在清朝国家肇建的过程中获得了据有征服者地位的旗人资格。

实际上，辽东汉人很早就开始与东北地区的满洲的先人保持着久远而亲密的关系。由于“华夷杂糅”，汉人的风俗早已“迫近胡俗”②。满族入关后，汉人对长白山汉人以真满洲称之。在明末辽东政局动荡的局势中，他们在政治上已经越来越倾向于后金。崇德七年(1642 年)，汉军副都统祖可法曾说：“讲和之事，利于明，而不利于我；使明得阴修战备，而我国反习逸忘劳。”③显然，他是站在维护“我”即后金政权利益的立场上讲这番话的。

八旗汉军的汉人来源和旗人身份弥补了满洲人统治汉地社会与生俱来的出生方面的缺欠，从而在满洲和汉人集团之间保持了某种利害上的平衡。清朝入关初期，满族统治者利用八旗的汉族官僚向各地进行招抚。以张存仁(汉军镶蓝旗)招抚晋、豫、浙、闽等地，镇压豫园军，后授以直隶山东、河南总督。以孟乔芳(汉军镶红旗)为陕西总督，招抚陕西各地，镇压回民起义。以洪承畴(汉军镶黄旗)招抚南方，录用了大批汉族官僚，镇压各地零散的起义队伍，“江南湖海诸寇俱削平”；后又以洪承畴经略湖广、江西、云南、贵州等处地方，“西南底定皆其功也”④。从清代初年到清代中期，在八旗满洲驻防各要地的过程中，也非常重视汉军。顺治十六年(1659 年)翰林院掌院学士折库纳称“今各省驻防出征，多用汉军”⑤。据统计，顺治、康熙、雍正时期的地方督抚“八旗人员之任督抚

---

① 孙嘉淦：《汉军生计疏》，贺长龄、魏源等编《清经世文编》卷 35，户政十，中华书局 1992 年，第 874 页。

② 李辅等修：《全辽志》叙，《辽海丛书》，辽沈书社 1992 年，第 496 页。

③ 魏源：《圣武记》卷 3，开创，中华书局 1984 年，第 31 页。

④ 赵翼：《簷曝杂记》卷 2，洪经略行状，中华书局 1982 年，第 39 页。

⑤ 《清世祖章皇帝实录》卷 127，顺治十六年秋七月壬辰条。

者,汉军则十居其七,满洲十居其三,蒙古仅二人,"[①]这个统计数字足以说明清朝统治者对汉军旗人的倚重。后人总结说:"顺治初,诸督抚多自文馆出,盖国方新造,用满臣与民阂,用汉臣又与政地阂。唯文馆诸臣本为汉人,而侍直既久,情事相浃,政令皆习闻,为最宜也"[②]。的确,汉军督抚在清朝初年有着满臣与汉臣都不具备的特殊优势,他们往往因为政绩突出博得满洲统治者的赞誉,雍正皇帝对汉军正白旗人杨宗仁在湖广地区的所作所为作出的评价是"在他人犹听其言而观其行,至于尔则信而不疑,斯乃全楚地方否极而泰之机也。"[③]从中可以看出满洲统治者对汉军是极为信赖的。

(二)

乾隆皇帝"汉军归籍移居谕"的发布与推行使汉军获得了民人资格选择的自由。乾隆七年(1742 年)四月,高宗发布"汉军归籍移居谕",规定在京八旗汉军人员,"除从龙人员子孙,其余各项人等,如有愿改归原籍者,准其与该处民人一例编入保甲,有不愿改入原籍,而外省可以居住者,不拘道里远近,准其前往入籍居住"[④]。这就是八旗汉军的"出旗为民令",汉军出旗为民是指具有正身旗人资格的八旗汉军成员豁除旗籍,出旗编入州县民籍。[⑤] 乾隆时期,大规模的汉军出旗为民活动先后进行过两次。

第一次是在乾隆七年至八年,以京师八旗汉军为出旗的主要对象。这在八旗发展史上是第一次,因而在允许京师汉军出旗为民的同时,还先后就此作过一些限制和补充性规定:八旗汉军中"文职自同知等官以上,武职自守备等官以上,俱不必改归民籍"[⑥]。由于此种限制,首次出旗为民者不多,"总计约有两万

---

① 福格:《听雨丛谈》卷 3,八旗直省督抚大臣考,中华书局 1984 年,第 57 页。

② 赵尔巽等撰:《清史稿》卷 239,中华书局 1977 年,第 9528 页。

③ 王锺翰点校:《清史列传》卷 13,中华书局 1987 年,第 954 页。

④ 《清高宗纯皇帝实录》卷 164,乾隆七年夏四月壬寅条。

⑤ 乾隆朝有两种"出旗为民":一种是八旗汉军出旗为民;另一种是指八旗另记档案及养子开户人等的出旗为民。两者性质不完全相同,不能混为一谈。本文所论述的是前一种性质的出旗为民。

⑥ 《清高宗纯皇帝实录》卷 189,乾隆八年四月戊申条。

人左右"[①]。乾隆以为"定例太拘,故出者寥寥"[②],以后他逐渐把出旗重点转向驻防汉军旗人。

第二次出旗为民活动从乾隆十九年至乾隆二十年开始,一直延续到乾隆四十五年,以驻防八旗汉军为主要对象。乾隆十九年(1754 年)三月的谕旨宣布,允许驻防八旗汉军人员出旗。乾隆首先命令福建总督喀尔吉善会同福州将军新柱,将福州驻防八旗汉军人等"亦照京城汉军之例,各听其散处"。到七月,出旗范围又陆续扩大到京口、杭州、广州等地的驻防汉军。为了妥善处理好此事,乾隆又进一步规定"当地绿旗营兵缺出,将伊等(出旗汉军)转补",汉军"所出之缺,即将京城满洲兵派往顶补"。这样"则京城满洲既得以疏通,而本处汉军等于生计之道亦得自由,诚为两便"[③]。与此同时,乾隆不断放宽对出旗人员的限制。乾隆二十三年(1758 年)谕:"八旗汉军,年老残疾不能当差,以及差使平常,不堪教养者,俱令为民。"[④]乾隆二十七年(1762 年)又谕,"从龙人员,如直省有可依靠之处,任其随便散处;六品以下现任官员"也可自愿为民。[⑤] 由于政府对汉军出旗为民的政策的调整完善,地域和身份上的限制越来越趋于宽泛,表面看来,八旗汉军在保持作为失去怙恃的征服者的资格抑或作为一个有恃可依的民人的选择上获得了越来越大的自主权,实际情况却远非如此简单。

由于各驻防地的具体情况不同,汉军的出旗大致分两种情况。一种是汉军出旗与驻防减额同时进行,不另派满洲兵丁补额。随着江南的平定,京口、杭州已经失去了军事驻防的重要意义。乾隆二十二年(1757 年)清廷将京口将军裁撤,仅留一名副都统驻镇江,归江宁将军管辖。乾隆二十八年(1764 年),又将驻防京口的汉军领催、马甲、步甲共 3000 名以及炮甲、匠役等悉行裁汰,并更定官兵额数。在同一年,清廷将杭州驻防四旗汉军马甲、步甲、炮甲、铁匠等共 1900 名裁撤,并裁汉军副都统一人。一种是汉军出旗后,由京师或其他地区调拨满兵顶补。福州、广州、西安是军事要地,福州、广州原由汉军单驻。乾隆十

① 一史馆藏:《内务府会计司三旗银两庄头处呈稿》,转引自赵秉忠、白新良:《关于乾隆时期八旗政策的考察》,《史学月刊》1991 年第 2 期。

② 李祖陶:《旗户分居议》,盛康辑《皇朝经世文续编》卷 40,户政十二,《近代中国史料丛刊》第 836 册,第 4346 页。

③ 《清高宗纯皇帝实录》卷 459,乾隆十九年三月丁丑条。

④ 《大清会典事例》卷 1115,八旗都统 · 户口,第 418 页,《续修四库全书》第 813 册。

⑤ 《大清会典事例》卷 1115,八旗都统 · 户口,第 418 页,《续修四库全书》第 813 册。

九年(1754)福州原设四旗汉军官兵悉令出旗改补绿营。八旗汉军陆续转为民籍,其中能披甲者有相当一部分转入绿营。乾隆二十年(1755年),广州汉军进行改驻,但最终只改了一半:汉军3000人中,领催80,马甲1420人出旗为民,其缺第二年由京师选派满洲补充。西安驻防汉军出旗进行的时间较长,乾隆二十八年“令汉军一千余陆续出旗,分别改补绿旗营”①。乾隆四十四年(1779年)又“裁西安驻防汉军马步甲二千三百名,炮甲二十四名,弓匠八名,改充绿旗营兵。增设满洲、蒙古马甲一千二百名,步甲一百名,由京师八旗满洲、蒙古内拣选派往”②。看来,各地驻防汉军表现为集体性的出旗为民,清廷“逐伊等使之出旗为民”的强制色彩是非常突出的。乾隆年间汉军出旗为民的人数没有具体统计,但从上述京师出旗人数已达2万,乾隆还嫌寥寥,这说明乾隆年间汉军出旗为民的人数不会很少。

汉军出旗后的主要出路是改补绿旗,福州汉军出旗时规定:“汉军仍愿食粮者,分派绿营改补,于督标,陆路抚标,福协,军标各营内,遇有粮缺,四缺中补汉军三人,其子弟曾习弓马者,入余丁内考拨,俱准在食粮地方入籍应试。”“汉军甲兵应先尽马甲改补一千名,于省会各营马粮内,坐补六百名,其余遇有绿营马粮,即补马缺,如无,即以步战粮通融酌补。”③可见,汉军转补绿营,在补缺等方面均可优先,升迁要比汉军内更顺利。清廷还将汉军中通晓文墨、熟悉官事的人派往盐运司、海关等处充当司役,使他们得到固定的职业。此外,清廷还对出旗汉军事宜有很多具体规定,如自盖房屋留给满兵居住者按间给价;凡愿徙居它处者给予行资;原在旗境余地盖造的房屋许其管业居住;将满汉地段一一划清,以杜争端等,这些政策的实施为汉军解决了后顾之忧,出旗并没有遭到汉军多大的抵抗。

乾隆朝八旗汉军的旗人资格让位于汉人的民族属性,这是汉军身份经历的重大变化。它与国家财力不支,八旗生计日蹙紧密相联。同时,也与满族入关已有百余年,他们逐渐熟习了汉地的语言、文化,掌握了一些以前只有汉军才会操纵的诸如红衣大炮的使用方法不无关系。过去非汉军承担的事,现在满蒙兵

---

① 《清朝文献通考》卷186,兵十,浙江古籍出版社2000年,考第6496页。

② 《大清会典事例》卷1128,八旗都统·各省驻防兵制,第557页,《续修四库全书》第799册。

③ 《清高宗纯皇帝实录》卷469,乾隆十九年七月甲午条。

丁也可以很好地完成。特别是从康熙朝开始,清廷的军事重心由江南转移到西北,雍正时期,清廷陆续在西北一带增设宁夏、绥远城、凉州等处驻防,调遣了大批兵力。频繁的征战和调防需要大量饷银,裁减日益失去军事要冲的的杭州、京口等地的驻防兵额以为西北增兵之用,不失为一个明智的选择。驻防因军事需要而设置,随着清廷军事重心的转移和汉军旗人熟习汉地社会优势的丧失,八旗汉军被逐出旗也是情理中事。

(三)

乾隆朝发生的汉军出旗为民现象表明清初满洲统治者张扬的"满汉之人均属一体"的政策发生了重大变化。毫无疑问,对八旗汉军的重新定位表明,推行与强化"首崇满洲"已经成为清政府改造八旗结构和调整王朝意识形态的一项重要内容。事实上,整个清朝统治期间,满族贵族极力保持民族差别,提倡满族的衣冠、骑射、语言、文字等本民族的风俗习惯,避免占人口少数的满族淹没和被同化于广大的汉族之中。他们设置民族间的障壁,清高宗敕撰的《清朝文献通考》中明言:"我朝封爵之制,亲亲而外,次及勋臣,所以隆报功之典,广世禄之恩也。兹所纪载首满洲,次蒙古,又次汉军。……若汉人以军功封者,则次于汉军之后焉。"①这十分清晰地阐明了八旗内外各类人之等次与人际关系。汉军不同于汉人,但满洲贵族大臣总是把汉军看成汉人,加以歧视。康熙十二年(1673年)规定汉军学士并入汉缺。康熙十七年(1678年)规定:"满洲、蒙古人口,不许卖与汉军、民人,亦不许私赠。违者,将所卖人并价入官,买主、卖主系官革职。"②乾隆五十八年(1793年),"向来定例,满洲杀死满洲例文,本未妥协,自应以旗人杀死旗人载入例条,则蒙古、汉军皆可包括"③。这些虽不是什么重大决策,却表明汉军的政治地位在旗民之间摇摆的倾向。

乾隆朝解决八旗生计的讨论中,许多官员主张,"今之措置旗人者,宜莫若于汉军之内稽其祖籍,以一人承占,或以材或以辈行,其余子姓则散之出旗"④。

① 《清朝文献通考》卷250,封建考五,考第7093页。

② 鄂尔泰等修:《八旗通志》(初集)卷17,旗分志十七,东北师范大学出版社1986年点校本,第305页。

③ 《清高宗纯皇帝实录》卷1434,乾隆五十八年八月甲子条。

④ 沈起元:《拟时务策》,《清经世文编》卷35,户政十,中华书局1992年,第881页。

尚书孙嘉淦说得更明白:“汉军则与满洲不同,伊等原系汉人,一切农工商贾之业,习为之而不以为难。在外守令之官,皆足以约束之而不至于生事。请嗣后汉军人等外任罢官之日,如情愿在外成家,许其无论五百里内外皆听置买田宅居住,报明该地方官,一体纳粮当差。另立汉军籍贯,每当编审之年,将汉军成丁人口,报明户兵二部及该旗存案,有事披甲,则按籍可稽,如不需用,则令在外居住自食其力。”[①]乾隆在“汉军归籍移居谕”中也明确指出“汉军其初本系汉人”。可以说,这一时期,汉军的汉人来源不断凸现出来。

汉军是与民人有着严格社会界限的旗人,然而八旗内部又保持着满洲、蒙古、汉的严格区分。在领侍卫府,从领侍卫内大臣以下到侍卫,都是八旗满洲、蒙古人担任,他们率领的上三旗亲军中,也没有汉军旗人。从八旗编制上考察,前锋营、健锐营、内外火器营等重要部门,都是由满洲、蒙古组成,而无汉军名额;较为次要的藤牌营、(长)枪营都由汉军组成,而无满洲、蒙古。满洲贵族对旗人的要求是按照占支配地位的满洲人的标准制定和行事的,因此对八旗汉军子弟的管理也是根据满洲规矩办理的。他们派遣八旗满洲子弟为八旗汉军副都统,参领等职务,其目的之一是为之表率,改变汉军习俗,即“导率以矩范,一如满洲也”,康熙二十六年(1687 年),圣祖批评满洲管汉军副都统、参领等官,未能教导好汉军子弟,“近见并不教以骑射,凡事又不能使之效法满洲”[②]。乾隆元年(1736 年),高宗在引见汉军子弟陈遵等人时,问及满语。陈遵等人,满语水平不佳,只能“温习履历,问及他语,俱不能奏对”。高宗明谕,如果今后引见八旗汉军子弟时,若仍“不能清语之人”,将“不准列入保举”[③]。汉人子弟希望成为旗人,更渴望成为满洲一员。当然其中有政治动因,亦有经济动因。在清朝统治的两百年间,因此出现了汉军占满洲名额参试,汉军占据满缺,汉军冒入满洲,汉军召入满洲以及民子抱为满洲养子等归向满洲的趋向。但朝廷对八旗汉军的满洲化要求很大程度上只是制度划一的反映,正如乾隆训斥汉军时申明的“伊等虽系汉军,究系旗人,自应熟习清语”[④]。

旗人的衰落是承平日久后一种比较普遍的现象。然而在满洲统治者看来,

---

① 孙嘉淦:《汉军生计疏》,《清经世文编》卷 35,户政十,第 874 ~ 875 页。

② 《清圣祖仁皇帝实录》卷 131,康熙二十六年八月辛未条。

③ 《清高宗纯皇帝实录》卷 16,乾隆元年夏四月丁卯条。

④ 《清高宗纯皇帝实录》卷 16,乾隆元年夏四月丁卯条。

汉军的腐化衰落常常和他们的风俗败坏联系在一起。康熙认为,"从前汉军人材壮健,骑射亦优,与满洲相去无几。近日汉军渐以庸懦,皆似绿旗。汉军人等相聚会时,多谈无益之事,在满汉之间恣肆行事,习俗甚坏"①。他甚至质问"汉军居父母之丧,亲朋聚会,演剧饮酒",这种不善之习"满洲所无,亦汉人所未有,唯汉军则有之。又汉军外官赴任,每借京债,饰治行装,务为奇异。且多带家人,致债主至任所催迫,而又为家人谋给衣食,势必苛取于民,以资用度。且亲朋债主时往任所,请托需索。是官虽一人,实数人为之,以致朘削小民,民何以堪?又汉军外官不能骑射,乃指称行猎,多带鹰犬,借宿村庄,滋害于民。禽兽本生于山野,岂生于村庄耶?又汉军外官服用多僭越非分,终日群居,以马吊饮酒为乐。此等物力从何而出,宁非苛取诸民者乎?"最后得出的结论是"汉军习俗极其恶陋"②。八旗汉军本身就有"遇满洲亦自下之"③的心理劣势,而满洲贵族对他们的品评无疑把他们甩向了旗人的最边缘。

(四)

乾隆时期,汉军出旗为民是清政府调整社会内部矛盾和对利益进行重新分配的必然结果。当然,它与满洲统治者对待汉军的一贯态度也是密切相关的。汉军的出旗无论对汉军、满洲还是清代社会的发展都带来了不同程度的影响。

首先,出旗为民的汉军最早获得了"自为养"的谋生本领,这对解决和改善汉军旗人的生存状况不无裨益。实际上旗汉人民杂居共处,耳濡目染,朝夕影响,特别是乡居的汉军旗人,他们与八旗的联系减少到仅户口尚隶旗籍,士官"丁忧起复报考以及查报家口档册",须"先行报旗查办"④,再报明地方官。"汉人之以罪至者,虽与汉军不同,然每与汉军为伍,在满洲与异斋,满洲则统呼为汉人,汉军亦不以此自别"⑤,在出旗问题上,汉军潜在的取向于民人的倾向得以彰显。设想如果没有汉人的出身和以与汉人的共同生活为前提,这一选择简直难以想象。同时它也表明,在汉军的民族感情中,还存在着若干不稳定的因素,

---

① 《康熙起居注》,康熙二十三年八月二十一日甲寅,中华书局 1984 年,第 1213 页。
② 《康熙起居注》,康熙二十六年十月二十六日辛未,第 1617 ~ 1677 页。
③ 徐宗亮:《黑龙江述略》卷 6,丛录,第 822 页,《续修四库全书》第 731 册。
④ 转引自华立:《从旗人编查保甲看清王朝"旗民分治"政策的变化》,《民族研究》1988 年第 5 期。
⑤ 杨宾:《柳边纪略》卷 4,《辽海丛书》,第 258 页。

不同的汉军旗人,在不同的社会环境中,很可能流露出不同的民族意识。

其次,汉军的出旗有助于维护满洲正身旗人的利益和八旗制度。从发展的角度看,八旗生计问题的彻底解决办法只能是从根本上颠覆八旗制度,但在八旗制度尚有生存空间的形势下,乾隆应时而易,迫使八旗汉军出旗为民。当然,乾隆的这一所为是由其所处时代的特殊性决定的,同时也是其一贯的施政指导思想的必然产物,乾隆的施政思想:"朕仰承皇考治谋远略,一切章程,唯有守而不失。间或法久弊生,随时酌量调剂则可。若欲轻议更张,不独势有不可,亦朕之薄德,力有所不能。"①汉军是游移于旗与民之间的尴尬群体,这种尴尬主要来源于有清一代,征服者和汉人之间持续的内在的紧张与冲突。一方面,汉军具有满族贵族统治中国所不具有的特殊优势,他们可以起到满洲人起不到的作用;另一方面,八旗人满为患,解决旗人生计的现实问题又迫使满洲贵族采取确保满洲人既有利益和根本地位的应变之策。在这种两难情况下,八旗汉军"其初本系汉人"的特殊身份使得他们首先被政府抛弃,然而汉军的出旗缓解了统治阶层内部的矛盾,尤其是利益分配上的矛盾,分利群体的缩小造就了一个利益目标更为一致、凝聚力更强的核心统治阶层,从而维持了康乾盛世的延续。

最后,但最为重要的是,汉军出旗为民对满族民族共同体本身来说具有深刻的影响。满族的发展变迁和八旗制度密切相关,"清代八旗制度是中国历史上最有特色的政治制度,除是众所周知的军民合一制度外,八旗又是以旗统族的民族融合的组织形式"②。八旗是一个多民族的共同体,是孕育满族的母体。八旗内部的满蒙汉三固山有着密切的关系,而且旗人的共同经历和旗内的共同生活也为旗人的融合提供和创造了有利条件。民国初年出版的《旗族》杂志,第一期(1914 年 4 月)发表署名文章《旗族解》提出:"八旗制度又有满洲、蒙古、汉军之畛域乎?"接着论述其见解:"考其(八旗之种族)实质,固非纯一血统;然往籍流传,俱可考见。有清一代历史,其血统(此系最大多数而言)、语言、文字、宗教、住所、习惯、精神、体质,确已纯然同化矣。"因此,作者的结论是在八旗内部不能再区分为满蒙古汉 3 族,而应统称为旗族。在这里,八旗内部的共性被放大了。乾隆逐汉军出旗这件事本身就说明汉军与满洲之间的隔阂不仅存在而

① 《清高宗纯皇帝实录》卷 136,乾隆六年二月乙巳条。

② 傅克东、陈佳华:《八旗制度中的满蒙汉关系》,《民族研究》1980 年第 6 期。

且又被强化了。法国人白晋把汉军称作"已经站到鞑靼人旗帜下的汉人"，为"鞑靼化了的汉人"①。其实，顺治十二年（1655 年），福临谕吏部："前选庶吉士，因乌真超哈（汉军）进士，久在旗下，已经学习满洲规矩。"②但汉军风俗的满洲化并不能淡化满洲贵族对他们汉人身份的强烈戒备心理。满洲贵族深知"得朝鲜人十，不若得蒙古人一；得蒙古人十，不若得满洲部落人一。族类同，则语言同，水土同，衣冠居处同，城郭土著射猎习俗同。故命文臣依国语制国书，不用蒙古，汉字；而蒙古，汉军各编旗籍，不入满洲八旗。所以齐风气，一心志，固基业"③的道理。

可以说，正是汉军的出旗使八旗作为一个政治军事组织和旗人作为国家职业军人的性质获得了一些改变，精简以后的八旗实际上逐渐从军事组织逐渐蜕变为一个特殊的利益集团，留在旗中的旗人也日益蜕变为寄生族群，旗民分界日益森严，旗人日益朝着具有更加鲜明的共同意识的集团演进壮大。出旗为民的汉军从此摆脱了旗制的束缚，融入到汉族的洪流中继续发展，而留存在旗内的满汉旗人以八旗满洲为核心又开始了新一轮的聚合，满族民族共同体因而也越来越趋于稳固。"不问满汉，但问旗民"，以旗民的差别来指称满汉民族的不同也就具有了更加切近于实际的内涵。

---

① ［法］白晋著，马绪祥译：《康熙帝传》，《清史资料》第 1 辑，中华书局 1980 年，第 217 页。

② 鄂尔泰等修：《八旗通志》（初集）卷 125，选举表一，第 3390 页。

③ 魏源：《圣武记》卷 1，开创，第 9 页。

02

外　编

东北满族传统生态文化及其变迁

肃慎及其历代后裔从远古走来,它们在与外界交往的过程中,逐渐和周边各民族交流、撞击、融合,在漫长的历史发展过程中,历经无数次的分化组合,明朝末年,以女真三部为核心又形成了一个新的民族共同体——满洲。满洲从白山黑水的边缘之地迅速走向中国历史舞台的中心,它们在继承其先民优秀文化的基础上,又以自己的聪明才智创造出了民族特色鲜明的满族文化。然而,满族民众在与其赖以为生的自然与社会环境长期产生互动的过程中,它们的文化无时无刻不在发生变化。新中国成立以来,特别是中国实行改革开放的三十多年,满族传统文化赖以生成与发展的环境经历了剧烈而深刻的变化,在这样的背景下,满族传统文化的变迁遂呈现不可避免之势。

一、满族的源流与变迁

天聪九年(1635 年),皇太极宣布废除女真旧名,改称“满洲”(辛亥革命后称满族),满族名称才正式出现,但其足迹却可以追溯到 3000 多年前生活在我国东北地区的肃慎人。肃慎之名,见于先秦时期的汉文古籍之中。《左传》昭公九年记载:“武王克商……肃慎、燕、亳,吾北土也。”肃慎与燕、亳并列,是周武王来商朝贡的北土。肃慎人居住在今黑龙江下游。《国语·鲁语》记载:“有隼集于陈侯之庭而死。楛矢贯之,石砮其长有咫……隼之来也远矣,此肃慎氏之矢也。”隼就是后世所说的“海东青”,它出产于肃慎。而海东青的产地则在黑龙江下游。“楛矢石砮”也同样产自黑龙江下游地区。汉代以降,汉、三国时期的挹娄，北朝时期的勿吉，隋唐两朝的靺鞨，辽、宋、元、明时期的的女真，它们都是肃慎的后裔，同时也是满族的先人。肃慎以及它的历代后裔与满族有着密切的关系，它们的发展过程并不能完全等同于满族的发展史。但是，把满族的发展史与肃慎以下迄明代女真的世代相承的联系割裂开来，也不能客观反映满族悠久的历史渊源。

肃慎：肃慎人是我国东北地区最早见于记载的居民之一，他们分布在“不咸山”以北，东滨大海包括黑龙江流域的广大地区。在传说中的禹、舜时代，他们就与中原王朝建立了密切的联系。大禹抵定九州，朝贡的周边各族中就有“东北夷”“息慎”等，其中“息慎“就是肃慎。周王朝接受了肃慎人贡献的“楛矢石砮”，并将肃慎地区视为自己的北方领土。

近年来的考古发现证实，商周时期，生活在长白山西侧、黑辽分水岭北侧整个松辽平原地区的肃慎人已经开始以农业为主要的经济生产方式，其主要生产工具有石锄（镐）、刀、斧、锛、凿、磨盘等。他们的家畜饲养也相当发达。猪是当时普遍饲养的家畜。他们过着氏族的定居生活，“夏则巢居，冬则穴居”。男女分工明确，妇女主要从事家务劳动和纺织，男子则主要从事农耕和狩猎。氏族内部已经出现了贫富差别。生活在长白山以北及以东的诸多肃慎部落主要从事渔猎生产，他们处于较低的社会发展阶段。

挹娄：战国以后，肃慎改称挹娄，有时仍称肃慎。文献记载：挹娄居东滨大海，西接寇漫汗国，南邻北沃沮和不咸山，北极弱水的广阔地带，这一活动区域与肃慎大致相同但有所扩展。挹娄人也使用“楛矢石砮”猎取野兽。有农业，盛产五谷；养殖业发达，善于养猪。他们食猪肉，穿用猪皮制成的衣服；能织麻布，用兽皮和兽骨制成铠甲；会造小船，常乘船向周边地区进行掠夺。

汉初以来，挹娄人臣服于汉朝的属国夫余，隶属于汉朝玄菟郡管辖。后来因不堪忍受夫余奴隶主贵族的压迫和剥削，他们多次反抗，终于在曹魏时期摆脱了夫余的统治。公元236年，挹娄人向魏明帝贡献“楛矢石砮”，开始直接与中原政权建立联系。挹娄人所居之地，盛产“赤玉好貂”，闻名遐尔的“挹娄貂”是他们向中原王朝进贡的珍品，他们曾一次就贡献貂皮达400张之多。

勿吉：南北朝时期，史书上开始以“勿吉”来称呼肃慎、挹娄的后人。《北史·勿吉传》记载：勿吉有七大部，即粟末、伯咄、安车骨、拂涅、号室、黑水、白山七部。他们分布于东临大海，西至嫩江，南抵今吉林，北达黑龙江以北的广大地区。勿吉人所处的时代,正值中原分裂割据、王朝更迭频繁的时代。但勿吉人始终与南朝和北朝保持着亲密关系,往来于双方之间的贡使络绎不绝。勿吉人早期"邑落各自有长,不相总一"。后来由于生产力的发展,社会上出现了"父子相承,世为君长"的部落联盟首长,号称"大莫拂瞒咄"。勿吉七部落的经济发展极为不平衡。南部的粟末等部落种植粟、麦、穄,采用"耦耕"的耕作方法,畜养马、猪,并能酿酒,生产水平较高。处在北部的黑水等部落则还处在"以射猎为业"的阶段。

靺鞨:隋唐时期,勿吉人又称靺鞨。靺鞨是勿吉的音转。靺鞨是在肃慎故地发展起来的,其社会状况因相近的自然环境而具有一定的传承性。靺鞨七部由勿吉七部发展而来,他们从事农耕,兼营渔猎畜牧。他们仰慕中原先进文化并与中原关系密切。隋文帝开皇年间,靺鞨人多次遣使朝贡。唐朝靺鞨人与中原王朝的关系进入了新时期。最初靺鞨各部互相争雄,不相统一。至7世纪中叶,逐渐形成黑水靺鞨和粟末靺鞨两大部落联盟。

唐玄宗先天二年(713年),粟末靺鞨在渤海以北建立了渤海国,这是满族先世历史上第一次建立的地方政权。渤海国疆域辽阔,北抵松花江下游,东临大海,南接朝鲜半岛北部,西南及今辽宁省开原丹东一线。境内有五京、十五府、六十二州。渤海立国期间,境内生产显著发展。农业有稻、粟、豆、麦;手工业有布、绸等,所制陶器、玛瑙器尤精。开采金、银、铜、铁等。渤海国向唐朝贡献马匹,并向中原输送一般土产品和铜。渤海国的发展与唐文化的输入有密切关系。在渤海建国的200多年,其政治和军事制度均仿唐制,使用汉文。渤海王每次更迭,均受唐朝册封。唐玄宗以后,渤海经常派遣留学生入唐太学学习深造。因文化发达,号称"海东盛国"。

隋末唐初,黑水部逐渐发展壮大,内部又分为十六部落,散居在今黑龙江省依兰县以北,爱辉县以东,"北、东际于海"即黑龙江下游两岸的辽阔地区。黑水靺鞨仍以射猎为业,也有农牧业。他们同中原王朝保持着密切的交往。开元十三年(725年),唐朝在黑水靺鞨地区设黑水军,又设黑水府。以黑水靺鞨部长为都督、刺史,并置长史监之,赐府都督姓李氏,以云麾将军领黑水经略使,隶幽州都督。

当渤海强盛之时,部分黑水靺鞨人曾为其役属;至其衰弱时,黑水靺鞨便乘机摆脱其统治,于后唐庄宗同光二年(924年),复与中原建立联系。辽国灭亡渤海政权后,辽统治者迁渤海民于南,黑水靺鞨亦随之向南扩张,并取代渤海而腾兴。契丹人称黑水靺鞨为“女直(真)”,此后,女真这一名称逐渐代替了靺鞨。

女真:辽朝对女真十分重视,将其分为“熟女真”和“生女真”两部分,开原(今辽宁省开原)以南称“熟女真”,以北称“生女真”。12 世纪初,生女真的完颜部开始崛起,其首领阿骨打统一女真一些部落后,于公元 1115 年称帝,国号大金,定都上京,这是满族先世继渤海之后,建立的第二个地方政权。

金朝建立后,于公元 1125 年灭辽朝,公元 1127 年灭北宋,公元 1153 年迁都燕京(北京)。从金朝初年起,女真人被编为猛安谋克,猛安谋克最初为女真人的狩猎组织。随着战争的需要,逐渐成为军事组织,进而发展成为军政合一的社会组织。随着金朝政治中心的转移,女真人迁入内地,与汉族插花而居,在与汉族长期共处的生活中,女真人接受了汉族经济文化的影响,改变了原来的社会经济生活,与留居东北地区的女真人出现了明显的差别。

金朝灭亡后,东北地区的女真人转而成为元辽阳行省所属各路管辖下的居民,受蒙古人统治。女真中较为落后的部分,散居在土地辽阔的合兰府水达达等路——以今黑龙江省依兰为中心,分布于松花江流域和黑龙江中下游以及乌苏里江流域,东达海岸。元朝在这里“设官牧民”,初置桃温、胡里改、斡朵怜、脱斡邻、孛苦江五个万户府,后又在黑龙江入海初设征东元帅府,在乌苏里江流域设阿速古儿千户所,在滨海地区设鲸海千户所,在黑龙江下游设兀者野人、乞列迷等处诸军万户府,由于元朝对这部分女真人采取通过本族上层,“随俗而治”的方法,这些女真人“无市井城廓,逐水草为居,以射猎为业”,保留了原有的文化经济形态。这些女真人仍处在较落后的发展水平,但他们已初步掌握了农业生产技术,也能够造船。后来,这部分女真人成为明奴尔干都司管辖下的主要居民。在此后的几百年中,这些女真人几经迁徙,逐渐发展。满族就是由这部分女真人逐渐发展形成的。

满洲:满族的直接先民是明代的女真。明朝初年,生活在东北边远地区的女真语部落逐渐南迁。至明正统年间,一部分女真部落已迁至吉林省和辽宁省北部及东部一带定居。至此,女真人大致形成为三大部分,明朝人把他们称为建州、海西、野人女真。建州女真分布于以今辽宁省境内的浑河流域为中心,南抵鸭绿江,东达长白山北麓和东麓的地域中,内部有苏克苏护部、浑河部、完颜部、董鄂部、哲陈部、鸭绿江部、讷殷部、珠舍里部等。海西女真分布于今辽宁省开原以北、辉发河流域,以及松花江中游广大地区,自称为哈达、乌喇、叶赫、辉发等扈伦四部。野人女真则分布于建州女真和海西女真以东和以北的地区,即松花江下游至黑龙江流域,东达大海,并包括库页岛在内,内部分为瓦尔喀、虎尔哈、使犬、使鹿等部。

16 世纪中叶以后,建州、海西分散的各部之间,相互征战,出现了"各部蜂起,皆称王争长,互相战杀,甚且骨肉相残,强凌弱,众暴寡"的局面。建州左卫的首领努尔哈赤顺应形势的需要,完成了女真各部的统一事业。在统一过程中,努尔哈赤把被合并的女真各部部众分别编入原有的以氏族、村寨为基础的生产和军事组织"牛录"之中,并把这种基层组织逐步扩充成为八旗制度。八旗制度将女真人组织成一个凝聚的整体,使女真社会一体化,增强了凝聚力和向心力,军事力量显著加强,社会生产力进一步提高。经过努尔哈赤和皇太极两代首领的不懈努力,随着对内对外战争的不断深入,一个以建州女真、海西女真和一部分东海女真人为主体,并在长期共同生活中吸收和融合一部分汉族人、蒙古人、朝鲜人而组成的新民族共同体——满族在祖国东北形成了。1635 年,皇太极正式将女真改称满洲。"满洲"作为新民族共同体的称谓以钦定的名义被固定下来。

1636 年,皇太极称皇帝,建元崇德,改国号为大清,并采取一系列加强政治和军事力量的政策,准备夺取全国政权的大业。清军于 1644 年 5 月 2 日进入北京,同年 10 月,顺治皇帝从盛京迁都北京,建立起清朝中央政权,"定鼎燕京"。从此,开始清朝入主中原 268 年的历史。作为统治民族的满族,在整个清朝处于中国政治舞台的中心,起着组织和统帅的作用,为祖国的统一,封建政治、经济、文化的发展作出了不可磨灭的贡献。

1840 年鸦片战争后,国门大开,中国社会开始发生急剧变化,日益腐朽的清朝统治者为了维护其统治,对外国侵略者实行投降政策,不惜出卖国家主权与利益。但广大满族人民与爱国八旗官兵,与汉族及国内其他各族人民为保卫祖国的主权与领土完整进行了不屈不挠的斗争。在反对共同敌人的斗争中,中华各民族的认同感不断增强,凝聚力与日俱增。辛亥革命成功后,彻底摧毁了已经腐朽并束缚满族人民的八旗制度。这对满族本身的发展具有重大意义。在此后的历次社会变革中,满族人民都积极参加。在中国人民争取独立自主的过程中,到处都可以看到满族同胞的身影。

新中国成立后,满族人民获得了新生。1949 年前,东北地区的满族人民深受日本军国主义的残酷掠夺和奴役,生活极为贫困。散居在中原地区的满族人民也因历史原因而受到歧视,许多人改名换姓,隐瞒民族成分,生活朝不保夕。解放后,由于民族平等政策的深入实施,满族作为祖国民族大家庭中的一员,与兄弟民族一样,向着现代化而发展。过去被迫隐瞒民族成分的人,恢复了自己的民族成分。当今,满族已是一个拥有上千万人口的大民族。满族人民以主人翁的姿态积极参与着国家事务的管理。

二、满族的生态环境

满族从东北崛起并迅速走向全国,无论历史时期或是当今,东北地区始终都是满族的聚居之地。这里所说的东北地区主要是以辽、吉、黑三省为据的,它是中国境内一个比较完整而相对独立的自然地理区域,地貌丰富多样,有山有水,有内陆有海洋,境内分布有丘陵、阶地、高平原、低地、谷地、河漫滩、海岛等。它的西、北、东三面都被山脉环绕,呈马蹄形环抱着东北大平原。北部是一望无际的外兴安岭和西伯利亚荒原,茂密的原始森林和寒冷的气候使人难以逾越;东部和南部是鄂霍茨克海以及西太平洋,对东北又形成天然的屏障;西部是万里蒙古戈壁。一方面,地理环境对满族形成了一种隔绝机制,这种隔绝在很大程度上保持着东北满族文化鲜明的特色;另一方面,东北地区一向以美丽富饶著称于世,这块土地为满族的生存与发展提供了基本条件。

一、白山黑水:满族的起源与聚居之地

满族起源于东北地区的东部,即黑龙江和吉林两省及内蒙古呼伦贝尔北部的广大地区。这一带以高山密林为主要地貌特征。著名的大兴安岭山脉纵贯于东北西部,其北端横接伊勒呼里山脉,折而东南为小兴安岭,山脉绵延直抵松花江北岸。山脉间山山相接山峰相连,构成了黑龙江省北部雄浑壮阔的高山景观;松花江中下游以南,便是山峦层叠的长白山地,呈北东—南西走向的张广才岭、老爷岭、吉林哈达岭、威虎岭、长白山、龙岗山、千山等平行相接,南迫中朝边境,或西南伸向辽东半岛,构成吉林和黑龙江省南部的长白山地景观特征。在

这些高山和山地中,除小兴安岭海拔低于1000米外,其余平均都在1000米以上。山地在两省总面积中,分别占到58%和60%以上,是当地突出的地貌特征。两省环山之内,有一松嫩平原,为松辽平原的端,是由周围高山发源的河流,流向低处冲积形成的。因此平原水网密布,地势平坦,构成两省一个理想的发展农业的地区。唐以后的渔猎民族逐渐南下,这里遂成为满族的先人——肃慎是民族吸收外来文化的重要地区。

在整个东部山区中,生态环境的局部差异是不同民族形成的基础。生态环境是由生物群落及非生物自然因素组成的各种生态系统所构成的整体,主要或完全由自然因素形成,并间接地、潜在地、长远地对人类的生存和发展产生影响。人类发展的历史越往前追溯,生态环境对一个地区的社会发展所产生的制约力量就越大。甚至于人类本身便是生态环境变动的产物。满族栖息的白山黑水地区森林广袤浩瀚,绵延千里,是我国最大的林区,素有“林海雪原”之称。这里是天然的动植物资源宝库,各样珍稀野生动物种类繁多。东北民间俗语“棒打狍子瓢舀鱼,野鸡飞到饭锅里”曾是这一地域自然生态资源富集景象的真实写照。直至20世纪初期,这里仍然保持着飞禽走兽麇集、鱼鳖蚌蟹成群的状况。

东北地区属寒温带—温带湿润—半湿润季风气候。冬季长而寒冷,夏季短而凉爽,南北温差大,区域的最北端甚至长冬无夏。康熙年间成书的《龙沙纪略》记载黑龙江“四时皆寒,五月始脱裘。七月则衣棉矣。立冬后,朔气砭肌骨,立户外呼吸,顷须眉俱冰。出必勤以掌温耳鼻,少懈则鼻准死。耳轮作裂竹声,痛如割”。[①] 但满族及其先民聚居的松花江以南的长白山地气候却相对温暖,山间谷地宽坦。居民居住相对稳定,经济上除狩猎捕鱼外,还兼有小面积种植和采集生产,尤其人参、木耳、蘑菇等采集物,受朝贡贸易的刺激,在经济中占有较大比重。长白山地既有经济多样的特点,也不像大、小兴安岭那样闭塞,宽阔的山间谷地,以及松花江和牡丹江等河流与黑龙江沟通,方便了与外界的交往。特别是长白山地西边及西南,与辽东和朝鲜半岛毗邻,西北松嫩平原又和草原通达,历史上与农牧民族皆有密切交往。显而易见,历史上渤海国、金朝和清朝

---

① 方式济:《龙沙纪略》,载王锡祺辑《小方壶斋舆地丛钞》第一帙,光绪二十三年上海著易堂铅印本。

先后兴起于此绝非偶然,从远古、中古至近古及以后各个时代,东北地区尤其在政治与军事领域显示出巨大的历史活力,勇于进取的历史主动精神,这无不得益于优越的自然条件的培育,天地灵气之陶冶。

二、迁徙与满族生态环境的改变

从肃慎到满洲出现以前的漫长岁月里,肃慎人的历代后裔,在"白山黑水"之间生息繁衍。他们在开发祖国边疆的过程中,其自身也经历了复杂的演变过程。而这一过程是伴随着他们的数次迁徙进行的。"所谓明末的满族并不是指留住在华北与辽河平原的已经失去原有特点的这一部分女真人,它所指的是远处在东北边境上'却又向前发展'起来的另一部分女真人。"①这另一部分女真人就是明朝人所称的建州、海西、野人女真三部。建州、海西是明代女真中最先进的部分,明中期形成了建州、海西女真诸部,环辽东边外分布的格局。野人女真是处于山林深处的比较落后的女真部落。

女真人受到明朝与朝鲜高度发达的经济与文化的影响,明朝将辽东边外女真编入羁縻卫所管辖,并与之朝贡、互市保持经济交流。海西、建州女真不仅与明朝接近受之管辖,还与西北的蒙古部落密切交往,东南跨图们江、鸭绿江往来于朝鲜北部。由于建州、海西女真所居地方山林多,平原少,耕地零散,加之气候寒冷、生产技术低下等原因,他们过着狩猎、牧放、采集和农业兼营的生活。史称,努尔哈赤以"独擅人参、松子、海珠、貂皮之利,日益富强"②。女真人充分发挥自己的聪明才智,他们的采集物成为明朝需要的珍品。1616 年,努尔哈赤统一女真各部,完善八旗建制后,宣布建立后金汗国。是后不到 10 年,后金以武力占据了明朝辽东大部分地区。由于形势发展的需要,国都西迁沈阳,八旗官兵也随之进入了辽沈农业经济地区。这里是满族走向全国的根本重地。这一地区气候相对温暖,年平均气温一般在 4 至 10 度,无霜期为 150 ~ 180 天左右,而且降水量在东北也是最多的,年平均在 400 ~ 1000 毫米左右。境内有辽河南北贯通,此外还有浑河、太子河、绕阳河、大小凌河等较大河流分布各地。辽河平原肥沃的土地,为当地的农业生产提供了大片可耕地。在地理位置上,

---

① 王锺翰:《满族在努尔哈齐时代的社会经济形态》,载《王锺翰学术论著自选集》,中央民族大学出版社 1999 年,第 28 页。

② 彭孙贻:《山中闻见录》卷 2"建州",《清入关前史料选辑》第三辑,中国人民大学出版社 1991 年,第 9 页。

辽沈地区处于整个东北的最南端，与华北相邻。地理之便，使得迁入辽东地区的这部分满族很快就掌握了农业生产的技术。另外，辽东、辽北山区植被丰厚，天然次生林中有大片的柞树林，为放养柞蚕提供了得天独厚的条件。在向精耕农业过渡的过程中，辽沈地区的满族农耕民还因地制宜地发展起柞蚕放养的生计。

清朝入关后，移都北京。随着统治中心的不断西移，满族从东北一隅之地进入农业高度发达的腹心地带——中原；进而因镇守需要，分散驻防到全国各重要的军事、交通和政治经济要地，他们完全走出丛林，远离东北这片源起之地，并在驻防当地置立产业，逐渐发展成为驻防当地一个具有鲜明特色的旗人群体。

三、开发与生态环境的改变

满族先民以渔猎为生，清朝建立后，许多满族人已经变得“乐住种，善缉纺”。一方面，满族生计方式的改变、调整与迁徙密切相关，另一方面，它与清王朝历代统治者倡导开垦荒地，满族所处生态环境不断变化也有着直接的关系。东北满族民众所处的白山黑水地区气候寒冷。现代气象科学测算，吉林省全年平均气温为 -3 ~ 7 度，全年无霜期为 120 ~ 150 天，山区不足百天，黑龙江则全年无霜期只有 90 ~ 120 天。虽然气候寒冷且干旱，但白山黑水境内可耕种的土地，还是陆续被人们开垦出来。《黑龙江述略》记载：“所播种无稻，余皆有之，而以糜及高粱为多且佳……高粱色白粒巨，充饥尤足，土人常餐，恃此两种。”①不难看出，这些农作物都具有耐寒、耐旱、早熟的特点，其中尤以高粱和糜子种植最为普遍。高粱是酿酒的良好原料，满族民间有以高粱酿酒之俗，满族民众喜饮的“肠子酒”即是以高粱酿制的烈性烧酒。糜子去壳后俗称“小黄米”，满族人喜欢以其炒制“炒米”，吃起来耐饥，出猎、放牧时携带方便。清代中期，由于北方沙俄侵略者的压力越来越大，清政府将吉林、黑龙江地区视为重要的战略地区，派驻八旗官兵进行屯垦，开荒种地，发展农业。康熙二十二年（1683 年），朝廷命驻防爱辉即黑龙江城官兵屯垦土地，二十四年，又拨盛京八旗兵至爱辉屯垦，当年即开荒 1500 余垧，其后又设立官庄，不断扩大耕地。清政府的上述措施对于吉、黑两地的农业发展具有一定的促进作用。至乾嘉时期，这里已出

① 徐宗亮：《黑龙江述略》卷 4，光绪十七年刊本。

现了爱辉、墨尔根、齐齐哈尔、三姓、阿勒楚喀、拉林、伯都讷、吉林乌拉、宁古塔等农业区。从整体上看,由于耕地的大量开垦,吉林、黑龙江地区满族民众的农作物收获量和种植技术都比以前有了一定程度的提高。

三、满族传统生态文化

一个民族的传统生态文化是该民族区别于其他民族的最本质的特征,它凝聚着这个民族在其历史发展过程中不断形成的智慧、理性、创造力和自我约束力。在适应本民族特殊的自然环境与社会环境方面具有独特的价值和功能。满族的传统生态文化是在继承其先民文化的基础上,并与异族文化发生冲突与融合的过程中繁荣昌盛起来的,它之所以能够在相当长的时期内得以稳定发展,主要是因为其文化的根基——满族所处的生态环境基本上没有太大的变化。

一、物质文化中的生态文化

社会学家和人类学家往往把人类所制造和使用过的一切物质产品都看作物质文化,或者叫作文化的物质形态,它是人类文化超越时空的载体。这里述及的主要是满族在历史发展过程中自然形成的物质生活方式的表现形式,主要包括两个方面,一是满族的生产方式,二是满族的生活方式。这两个方面是相互影响和相互依赖的,一般而言,有什么样的生产方式,就会形成什么样的生活方式。

1. 生产方式

生产方式是社会生活的物质基础,它随着社会的发展而不断变化。追溯历史可以清楚地看出,生活在东北地区的满族历代先民们曾经保持着共同的谋生方式。肃慎、挹娄、勿吉使用"楛矢石砮"射猎,兼营原始农业,并且擅长养猪。这是长白山地区以及小兴安岭自然环境制约的结果。同样,满族的生产方式与居处的自然环境有着割舍不断的关系。

满族在不断的迁徙中,其主要生产活动逐渐由采猎转变为农业生产。满族早期的农业经济比较落后。栖息于东北松辽平原及其周边丘陵、河谷地带的满族民众顺应当地的地理和自然条件,发展了以粟、麦、黍、豆等杂粮栽培为主的农耕生产。当时满族还没有掌握精耕细作的农业技术，种地不施肥，仅以烧荒的余烬为限。《宁古塔山水记》记载当地的农耕之俗："其风俗以耕牧为本，地广而民稀，开荒任地则获殖且倍，数年后地力已尽，则弃之，不以粪。"①在相当长的历史时期内，高粱、玉米、大豆在东北满族的农耕发展史上都占据着主粮的地位。

1621 年，满族从辽东山区进入以辽阳、沈阳为中心的平原地区后，努尔哈赤实施"计丁授田"，满族便开始由"引弓之民"转变为"农耕之民"，由于与毗邻的朝鲜建立起经常性的经贸交换关系，加之铁锄等先进生产工具的输入与使用，满族的农业生产水平有了大幅度提高。聚居在辽阳地区的满族人掌握了栽培水稻的技术，这里的水稻非常有名。《盛京通志》记载："出辽阳者，色微青，味尤鲜美，号辽阳青。"

在向精耕农业过渡的过程中，南迁辽沈地区的满族农耕民还掌握了柞蚕放养生计。辽东、辽北山区植被丰厚，天然次生林中有大片的柞树林，为放养柞蚕提供了得天独厚的条件。柞蚕放养逐渐成为山区民众的一项重要的生计。到 19 世纪中期，辽东、辽北山区已经出现专饲柞蚕为业的满族人家，如"我开东境养蚕家皆可以饲秋蚕"。② 凤城山区的满族放蚕人，在自家蚕场内优中优选，挑选 3000 ~ 5000 个大个的蚕单放做种，有的蚕把式一生不到外地买茧种，却能保证自家养的蚕年年丰收。在尚不能使用科学方法选育茧种的传统社会，这种优选法充分体现出满族民众的智慧与创造。

2. 生活方式

在长期的发展过程中，满族人逐渐吸收了以汉族为主的周边各民族的习俗，并将之融入到本民族的社会生活中，从而形成了满族独具特点的生活方式。满族传统的生活方式体现在服饰、饮食、居住、出行等各个方面。

衣冠服饰："我朝冠服制度，法守攸关，尤与骑射旧俗为便。"③乾隆的这番话道出了满族服饰的突出特点。满族人世世代代以狩猎采集为业，终年累月纵马扬鞭，驰骋在东北的崇山峻岭之中。为了适应在森林中骑射生活的需要，满族都穿戴紧身窄瘦的缨帽箭衣。这种服饰轻便灵活，便于生产和骑马打仗。由

① 张缙彦：《宁古塔山水记》，黑龙江人民出版社 1984 年。

② 1929 年《开原县志》卷 9，实业 · 农时。

③ 阿桂等纂修：《满洲源流考》卷 16，辽宁民族出版社 1988 年，第 317 页。

于清朝统治者的提倡和强调,这种与骑射相关的服饰,构成了满族服饰文化的基本特色。

清代东北满族衣着的取材随着时代和环境的发展变化而有较大的改变,但其服装式样的变化却并不明显。满族人本居东北,气候苦寒,以采猎为生,为便于骑马射箭,多穿长袍。满族男子的袍子圆口无领、捻襟、左衽、四面开衩,带扣绊,窄袖,在窄袖口往往加上圆形的袖头,称为箭袖,这种袍子因有箭袖而得名箭衣。箭袖的好处在于骑射时,可将其放下保护手背、手腕以御寒。又因其形似马蹄,故俗称"马蹄袖"。满族入关后,强迫汉族男子一律穿这种箭衣,史称"江苏男子无不箭衣小袖,深鞋紧袜,非若明崇祯末之宽衣大袖,衣宽四尺,袖宽二尺"。男子服装由明代的宽衣大袖而一变为窄衣小袖,在客观上"于作事行路良多利益"。为了御寒和方便骑射,满族人喜欢在长袍外面套一件短褂,短褂身长至脐,袖长至肘,袖口齐平宽大,四面开衩。最初,马褂是八旗士兵的军服,以后逐渐普及,长袍马褂成为待人接物的一种礼服。马褂种类较多,满族人喜欢青色,所以长袍和马褂多以青色、蓝色为主。

满族人被编入八旗而称为旗人,因此,满族人穿的长袍便被称为旗袍。后来人们习惯专称满族妇女穿的袍子为旗袍,八旗妇女衣皆连裳,不分上下。最初因满族妇女善于骑马,所以旗袍也是前后左右四开衩,宽腰身直筒式。旗袍样式美观,讲究装饰,在领口、袖头、衣襟等处镶有不同颜色的花边,多者达十几道。一般旗袍长不过脚,只有姑娘出嫁时,作为一种礼服,才穿长过脚面的旗袍。乾隆以后,旗袍开始吸收外来影响。由四开衩变为两开衩,腰身渐瘦,肥袖变窄,紧身合体,显示出女性身体线条之美。

东北的冬天,千里冰封,万里雪飘,满族人及其先世在冰雪中狩猎,为保护双脚,最初用兽皮裹足,而后逐渐演变为鞋,即靰鞡。靰鞡用野兽皮或家畜皮缝制,帮和底用一块皮子,没有接缝,雪水就不会进到鞋里,其形状前平、后圆、方口。靰鞡内垫靰鞡草,靰鞡草细如线,三棱微有刺,经过捶打,柔软如棉絮,垫在靰鞡里,隔凉、防潮又暖和,即使在雪地中站一夜,也不会冻坏脚。所以清代人杨宾说:"参貂,富贵者之宝也;护腊草,贫贱者之宝也。有护腊草,则贫贱者生;无参貂则富贵者死。"由于靰鞡饱暖、轻便、舒适,所以它也受到东北汉族人的喜爱。

满族"女履旗鞋男穿靴",靴子有棉有单,用绸缎、棉布或皮革制成。满洲贵族和文武官员穿靴者多,平民穿者少。朝服为方头靴,一般人穿尖头靴。受汉族人的影响,满族人也逐渐穿布鞋,男女布鞋的样式相似。在辽东地区流传着两句话:“父子不同姓,男女一双鞋。”前一句说的是满族人称名不道姓,后一句说的是男女鞋的样式相同。满族布鞋与汉族布鞋不同之处在于“鞋底厚,鞋尖上翘,如船形;在鞋前脸的正中,即两侧鞋帮的缝合处,用一道或二道皮条加固,皮条凸出鞋面,既结实又美观,俗称“单脸鞋”“双脸鞋”,又叫“一道筋”“二道筋”。男鞋多为青色和蓝色,女鞋俗称“旗鞋”,多是绣花鞋。

满族男子“皆拔须剪发,顶后存发,如小指许,编而垂之后”,即剃去前额和周围头发,只留颅后发,编成一条辫子垂在脑后,富家子弟多在辫梢系以金银珠宝饰物,这样的发式缘于骑射需要。由于剃发,满族男子外出喜欢戴帽子,主要有暖帽和凉帽两种,帽子上“皆加红毛一团饰”,因而,满族人又被人称作“红缨满洲”。满族女子的发式依年龄不同有明显的区别。女子未嫁之前发式与男孩子基本相同,皆剃四周发,仅留脑后发,再编成小辫子垂于脑后,俗称“山羊犄角”。女子从成年待嫁开始蓄发,或梳单辫,或绾抓髻,谓之留发。满族女子的发式很多,最具代表性的是“两把头式”,即把头发束在头顶上,从中分成两绺,在顶上梳成一个横长式的发髻,再把后面的余发绾成一个燕尾式的扁髻,压在后脖子上边,称燕尾式。

饮食习俗:满族地区盛产粟、小麦、大麦、黍、稷、高粱、荞麦等作物。所以,满族人的主食是小米饭、黄米饭、稷米饭、高粱米饭。满族人喜欢吃黏食,因为黏食耐饿,便于外出从事射猎活动。满族人也喜欢面食,《清朝野史大观》记载:“满人嗜面,不常嗜米,种类繁多,有炸者、蒸者、炒者,或制之以糖,或以椒盐,或做成龙形、蝴蝶形以及花卉形。”这种形状各异的面制品被称为“饽饽”,在满族食品中最具特色。

火锅为我国北方民族所始创,一直延续至今。满族贵族和大户人家,每逢冬季喜庆节日,宴请宾客,都有吃火锅的习俗。根据下锅的肉类不同,分为白肉火锅、三鲜火锅、什锦火锅、海鲜火锅等。农民如果没有火锅,便使用套桌,犹如吃火锅。在矮桌中间开一圆孔,放进小铁锅,底下用火盆加热,锅中炖白肉、血肠、酸菜、粉条等。大家围桌而坐,从锅中夹菜放碟里而食。锅里肉和菜随吃随添,后来,这种吃法演变成了大锅菜。

每到秋末冬初,满族民众将白菜用开水稍烫后,装瓦缸中,上压石板,腌成酸菜。满族还有窖藏蔬菜的习惯。秋末冬初家家院中于向阳背风处挖两米多深之穴,上横木杆,覆玉米秸子,再盖上土,内藏白菜、萝卜、土豆、大葱等鲜菜,此即为菜窖。窖口仅容一人出入,取菜用梯上下,窖内蔬菜可保存至第二年四月。据说窖藏蔬菜与满族先民冬居地穴有一定的渊源。

居住习俗:满族的早期村寨,多建立在依山傍水的地方,二三十户人家聚居在一起,成为一个嘎山(村寨)。村寨里的民居,多坐北朝南,木架结构,房顶呈人字形,四面墙壁多用土坯或石头砌成。无论是两间、三间或五间,均在东南边或东山墙开门,形如口袋,故称口袋房。以三间房为例,一进房门,称为外屋,设有锅灶和炊事用具,为炊煮的场所。从外屋进到里屋,为两间卧室,南、西、北三面炕,俗称弯子炕,以供坐卧。炕洞与烟囱相连,而烟囱多以中空的圆木做成,竖于屋外。这种"满洲老屋"的特点可概括为"口袋房、弯子炕,烟囱立在地面上"。民居的围墙用细木障子夹成,院内有仓房、牲口圈等设施。

明清以后,受汉族房屋建筑的影响,出现了盖有东西厢房和四合院的建筑。多为砖瓦结构,中间称为堂屋,有锅灶。西间称西上屋,南北两面大炕,与西面条子炕相连,仍称弯子炕。其西南角或西北角,经过烟道,与屋外的烟囱相通。南炕为长辈所居;西炕是条子炕,一般不住人,更不许客人坐卧;北炕是晚辈的住处。西墙和北墙上安放祖宗板,供奉祖先,满语称"渥车库"。

院内无论有无东西厢房,一般都有仓房、牲口棚、猪圈和苞米楼子。大户人家讲究四合院,在正院之外,东西两侧建厢房,前面建门房或门楼,周围用石块或砖头砌成墙。院内有砖砌影壁,在影壁后立有索罗杆,为祭天时用,这也是满族人家的标志之一。

交通运输:东北地区山深水阔,同时又有沃野千里。这里的水陆交通一向畅通。乡间的土道、四通八达的驿道以及水上交通干线将满族民众与外部世界紧紧联系起来。满族人对交通路径十分珍惜,有"毁道瞎双眼"的禁忌。

满族人的交通工具五花八门,主要有狗车、木马、爬犁、勒勒车、铁瓦车、轿车、独木舟、桦皮船等。狗车,满语称"乌得气"或称"台里台气"。《盛京通志》记载,狗车的制作材料以木为主,其制轻简,形状似船,长一丈,阔二尺许,以数狗拽之。……可于冰上雪中行之。木马也是比较常用的交通工具,满语称"恰尔奇克",古称木屐,即当今之雪橇,俗称滑雪板。形如弹弓,长四尺,宽四寸,一左一右,系于两足,激而行之于雪中冰上,其速可及奔马。《满文老档》记载,努尔哈赤在征伐塔罗部时,曾命八旗将士“拴上有脚齿的木屐,必占塔罗,夺取你们该取的地方”。爬犁,满语称“法喇”,制作简单,用两根丈余长的硬杂木杆,前端用火煨成弓形,高高翘起。杆上架一副车架子,宽三尺余,长七尺左右,右檐有底,无软毂,靠两根杂木杆在冰雪地上滑行。爬犁用牛、马牵拉,或用几条狗一起拖拽,或行于雪原,或驰于冰上,拉人载货,轻捷简便。

像人类早期的诸多民族一样,在历史上,满族也曾利用畜力运输。如今东北农村的满族民众还使用畜力爬犁,牛车、马车仍为他们的必备之物。在满族乡村,还可以看到人们用桦皮或筲条编制的背篓。在现代化的交通工具已经普及之时,满族传统的运输工具仍然在乡村发挥着一定的作用。

二、制度规范中的生态文化

规范是人们行为的准则,是一种标准化的行为模式。社会规范则是由制裁机构规定和实施的诸如法律条文、规章制度等,它具有强制性的特征。群体规范则是约定俗成的社会风俗与习惯。各种规范相互联系、相互渗透和补充,调整着人与人以及人与自然的关系,从而确保着社会的稳定、协调、有序发展。

1. 八旗制度规范并维护着清代满族的生存与发展

八旗制度是清代最具民族特色的社会制度。满洲人借八旗而组织起来。八旗制度赋予旗人特别是满洲旗人的诸多政治优越感实际上是一种蕴含有许多真实内容的生活方式。1644 年以后,随着八旗驻防的固定化,满洲人在中原地区生活超过两代乃至更长时间。八旗的基本功能也由军事性质逐渐转换为主要地被用于处理涉及到八旗成员从摇篮直到坟墓的全部日常生活的具体事务,八旗制度本身颓变成为一种维护旗人日常生活的政治及社会文化制度。

清朝政府以八旗组织为界,构筑旗民居则分城,官则分缺,业则例有分限,刑则固有等差的社会控制和管理方式。“旗民分治”的实施使得旗人成为游离于民人社会之外的一个特殊群体。隔离措施的实施使得旗民在空间上“居则分离、疆理分明”。具有等差的社会管理方式则确保着旗人的社会优势。旗民之间区别的主要表现如下。

业有分限。八旗官兵作为职业军人,其家庭及个人的全部生活费用均由国家提供。清廷在驻防地为旗人用官费建造房屋,并承担此后一切修缮费用;遇红、白事官给赏银;迁移时官为置办沿途一切用度。在清前期,旗人的生活总体上是比较宽裕的,如金德纯在《旗军志》中描述的,“平时赏赐优饫,制产一壮丁予田三十亩,以其所入为马刍菽之费。一兵有三壮丁,将不下十壮丁,大将则壮丁数十,连田数顷,故八旗将佐居家皆弹筝击筑,衣绣策肥,日从宾客子弟饮,虽一卒之享,皆兼人之奉”①。旗人视食粮当兵为唯一出路,完全依赖清廷的豢养。这使得他们不为生计牵累,全心全意投入到为统治者夺取政权的战争中,并大大加强了兵丁对朝廷的忠诚度。与旗人相比,汉人则分布于不同行业,从事各种各样的职业。

刑有不同。在清代,宗室犯罪,严重者不过解去黄带子,发遣宁古塔效力,很少处以死刑。罪大恶极被判死刑者,皆于宗人府赐自尽,不刑于市。旗人案件均由各该旗或地方特设的理事同知衙门审理,地方官无权受理旗人诉讼,仅事涉旗民互控时,可接受民人投诉,移咨与旗员或理事同知会勘。更有甚者,即使旗人在当地为非,地方官也不得拘审刑讯,违者重处。《吏部处分则例》规定,“官员擅行夹责旗人者”,以“私罪,降一级调用”。量刑上,旗民差异很大。民人犯法,例有笞、杖、徒、流、死五等刑罚。对旗人则“笞杖各照数鞭责,军、流、徒免发遣,分别枷号。徒一年者枷号二十日,每等递加五日。流两千里者,枷号五十日,每等亦递加五日。充军附近者,枷号七十日,近边、沿海、边外者八十日,极边、烟瘴者九十日”②。汉人罪犯除杖刑和监禁外,还可能在脸上被刺上伴随终身的耻辱标记,使他们在人前抬不起头来;旗人的标记则刺在胳膊上,面子得以保留。被判死刑时,旗人通常受绞刑,汉人则被砍头。

官有分缺。清朝初年,在官吏选任上即制定和实行内满外汉政策。清政权按照候选官员的出身将其划分为宗室缺、满洲缺、蒙古缺、汉军缺、内务府包衣缺和汉缺。中央政府中,内阁、部院监寺等机构虽皆有汉员参加,但其大权皆操于满员之手。理藩院自尚书起至各笔贴式,绝大部分为满洲、蒙古专缺。外放各缺也有严格的规定,比如奉天府尹,奉、锦、山海、吉林、热河、口北、山西归绥道,各直隶驻防官、理事官、同知、通判,规定由满洲充任。在地方官中,陕西总督、山西巡抚是满洲缺,而其余各省满汉均可。边疆各将军、都统、大臣,例由满洲或蒙古担任等。各省巡抚、布按二司以下和绿营中的各级官员多由汉人担任。总体而言,八旗出身的官员掌握着政府各部门的实权,控制着朝廷。八旗

① 金德纯:《旗军志》,载《辽海丛书》,辽沈书社 1985 年,第 2604 页。

② 赵尔巽等撰:《清史稿》卷 143“刑法二”,中华书局 1977 年,第 4196 页。

人口比汉人少，而官缺、兵缺比例相对较多，因此出仕比较容易。

毫无疑问，在整个清代，满族人的生活环境及其传统文化都发生了根本性的改变，满族却作为一个特征鲜明的民族共同体能够继续发展壮大，这与八旗制度对他们的塑造是密切相关的。需要注意的是，八旗制度在给旗人带来容光的同时，也销蚀着他们的主动性与创造性。辛亥革命以后，八旗制度随着清政府的崩溃而退出历史舞台。但满族与旗人的关系却难解难分，在20世纪50年代的民族识别中，满族身份的确定就是以是否具有旗籍为依据的。

2. 满族的社会习俗

婚姻习俗：婚姻家庭是维系社会存在与发展的不可缺少的重要因素。清朝初年，满洲统治者严禁满汉通婚，满人若娶汉人为妻，就要取消他享有的满人特权，如不能上档（上册）和领红赏，也不能领钱粮。若是满族人嫁给汉人，不仅取消其享有的特权，还要受到舆论的非议。不过，清中叶以后，由于各民族相互交往日渐频繁，民族之间通婚的禁令逐渐被打破，满汉通婚已经成为一种比较普遍的现象。

满族在婚嫁方面接受了汉族传统的礼俗，其议婚、合婚、定聘过礼、助妆、迎娶、拜天地等程序与汉族基本相同。满族婚嫁的独特之处是，男女双方通媒议婚之后，互往相看，一般是男方父母至女家，女子则“饰盛服出见”，并给旱烟袋装烟，依次相敬，称为“装烟”。男家尊长则把钱币作为装烟钱，后男方再以猪酒衣物等送至女家行聘礼，此外还有“磕头”“换盅”之礼。祭讫妇家设宴欢饮，跳神祝贺。成婚前一日，女家套马车满载嫁妆，并以“壮宾数辈”为前导，送女出嫁。而男方“必择妯娌或姻娅中年少而全福者迎妇，共载而归”。

满族旧俗尚早婚，娶长妇，“结婚多在十岁以内，过则以为晚”，即小儿时即定亲结婚，而女孩“十二岁以上者方许嫁，未及十二岁者，罪之”。满族习惯年少男儿娶年长之女，十三四岁的男孩必娶十七八岁的女子。

丧葬习俗：清朝入关前后，满族一直延续着女真人的丧葬习俗。初行火葬，“死则翌日举之于野而焚之。其时，子孙族类咸聚会，宰牛马或哭或食，蒙白二三日除之”。入关后，受汉族“入土为安”观念的影响，满族逐渐转为土葬。乾隆曾下令，“一概不许火葬，倘有犯者，按律治罪”。厚葬与殉葬是满族丧葬中的突出特点。顺治时期，宁古塔地区的满族“男子死必有一妾殉；当殉者即与生前定之;不容辞,不许僭也”。“倘有不肯殉,则群起而缢之死”。直到康熙二十七年(1688年)才正式宣布禁止殉葬之习,“王以下至于细民,妇人从死之事,当永远禁之”。

规矩与禁忌:满族人素以“规矩大”而著称。在日常生活的许多方面,形成了世代相沿的规矩和禁忌。满族人尊重长者,新年之际,晚辈见尊长,“必长跪叩首”,叩三个头,尊长者“以好语视之”,卑幼者再一叩,才可起立。旧时称满族人“三天一小礼,五天一大礼”,主要是指已婚的儿子要经常到父母处问安。满族家里来客,“妻妾不相避”。亲朋邻里之间,“每有需则与之”,但接受者也“必思有以酬之”。

满族的禁忌,大多与其风俗习惯有关。满族人不吃狗肉,不打乌鸦。传说“义犬”和“神鸦”都曾救助过努尔哈赤。满族人不但自己不穿狗皮衣,不戴狗皮帽,而且外来的戴狗皮帽者,必须摘下帽子才允许进其屋门,进屋后也不许把帽子放在西炕上,以免冲撞了西墙供奉的祖先。同时,西炕也不许随意坐卧踩踏与乱放杂物。院内祭天用的“索罗竿”,不许用来拴牲口和绑晾晒衣服的绳子,也不许在竿座下倒垃圾污水或便溺,甚至不许在竿前说不文明和不吉利的话,否则就会被认为是冒犯天神,会遭到惩罚报应。

3. 东北民俗三大怪

窗户纸糊在外:东北的冬天异常寒冷,室内全靠火炕来取暖,满族传统的火炕是环居室三面皆为炕,南北炕上都设有窗户以采光和通风。冬季,窗里窗外的温差极大,如果把纸糊在里面,窗外所结的冰霜遇热就会融化,水就会流到窗外和窗棂结合处,如此不仅容易使窗纸脱落漏风,而且还会造成窗棂等居屋构件腐烂,影响使用寿命。所以,长期生活在白山黑水的满族民众因地制宜地发明了窗户纸糊在外的做法。糊窗户的纸张是一种有特别长的纤维的老纸,又粗又厚,上面用胶油勒上细麻条,刷上桐油,无论是在草房檐下,或是檩瓦的房檐下,都不怕雨水和潮气。

养活孩子吊起来:悠车育儿是满族独有的育儿习俗。这个习俗起源于满族早期的渔猎采集时代。在满族以狩猎和采集山货野果为生的时代,氏族的男女老少,不分冬夏,常年在树林子里游走奔波。女人的负担尤其沉重,既要和男人一样骑马狩猎,采集山货,又要生儿育女,操持家务。因山林中经常有毒蛇野兽出没,妇女无法携带刚出生的婴儿或幼子,放在家里,又担心孩子因无人照看而出危险。久而久之,聪明的满族妇女将婴儿和幼童放在树皮或兽皮制成的篮袋里,用绳子高高地吊挂在树上或住室内的高处。这样既可以使大人腾出手脚从事生产和家务劳动,又有利于婴儿的睡眠和安全。后来,这一育儿方式一直沿袭了下来。

十七八的姑娘叼个大烟袋:胡朴安先生在《中华全国风俗志》中详细记载了满族姑娘的吸烟"习癖":街市中姗姗而来者,均手携烟袋,且行且吸。妇女足镶鞋底高三寸许,着衫及踝而两端无衣衩,顶盘高髻。唯手握三尺烟筒,频频吸之,嘘气成云,顾盼豪迈。满族女子吸烟成癖与满族的礼节有关。满族女子未嫁之前,概不应酬宾客,然自议婚起,应酬接待就开始了,而其主要方式就是行装烟礼,正如志书所云,女子吸烟,是为了"备异日酬酢之用"。在满族家庭中,媳妇对公婆要恭敬礼貌,其规矩之一就是每日三次的装烟。敬长孝亲的美德,长者的尊严与权威,都涵盖在"装烟"中。媳妇每日鸡鸣起身,先给公婆装上烟,双手奉上,然后再操持家务。中午、晚上照例要去装烟。显然,满族女子吸烟的习俗与满族社会的伦理规范是相一致的。

实际上,东北满族民俗的"三大怪"体现着满族民众的智慧与创造力。它是满族民众在所处自然环境中对自身文化的一种明智选择。

三、精神文化中的生态文化

精神文化是文化诸要素中最有活力的一部分,它是人类创造活动的动力。满族精神文化中的生态文化通过传统的萨满信仰、儒家的伦理道德观念、本族认同的价值观念等充分地体现出来。

1. 满族的萨满信仰

在历史上,我国北方民族曾普遍信仰萨满教,有学者以诗一样的语言具体描述了这一状况,"暴怒的天神用雷电轰击着它宠爱的人们,狂风撕毁着林海中的帐幕和草原上的毡房,大火贪婪地吞噬着森林和林中的猎物,瘟神晃动着九颗头颅咀嚼着数以万计的畜群,痘疹神在孩子们的肌体上播种着天花,诱使小小的灵魂到另一个世界游荡;生者在林中悬挂着死者的骸骨,用风葬引导离开躯体的亡灵到冥界接受不灭的永生。天灾和疾病折磨和威胁着在这里世代生息的人们;恐惧和无能为力,迫使这个世界的人们请神、求神、媚神,渴望救助并解脱由苦难而歪曲了的精神。时至今日,在这个世界里依旧有许多人靠祈求神的恩赐度过一生。现实的苦难浓缩到萨满信仰的苦难中,发出受害者生灵痛苦的呼号”①。

满族的萨满信仰源自满族先民对大自然的种种直接的生存体悟，无论从其生成的原点还是传承的轨迹来看，满族的自然崇拜、动植物崇拜和祖灵崇拜都具有鲜明的生态属性。

自然崇拜：满族的先民世代生息于大小兴安岭和长白山脉遮天蔽日的山林中，过着以自然攫取为特征的狩猎采集生活。他们与自然万物相互依赖共生共存，然而，风雨雷电等自然灾害常常给人类带来灾难，野兽也为生存攻击猎民，又给人以恐惧和神秘莫测的感觉。原始居民无法理解这些现象，为此惶惶然向周围的一切虔诚献祭，顶礼膜拜，企图求好万物，得到神灵保佑。

萨满教素有“万神殿”之称，满族信奉的自然神祇包括日、月、星、辰、光、水、雷、电、雹、雪、风、雨、石、山、河、海等诸多自然物或自然现象。《吉林通志》记载，“祭祀典礼满洲最重：一祭星；二祭祖”。这里的祭星就是祭七星。文献记载，满洲祭七星，见于明朝建州女真时，祭七星是为除病去灾。崇德年间，多罗安平贝勒杜度患病，其妻招巫人荆古达到家里祈祷，“荆古达剪纸作九人，同太监捧至北斗下，半焚半瘗之”，②祈求将病魔驱赶到纸人身上。满族入关后，长久保留于家祭中的“背灯祭”，即是星祭的变异。满族萨满教中对星象的观察与记载，已经成为后世北方地区家喻户晓的农谚，如“鹰（星）落西天，日头冒山”“斗（北斗）把朝北，雪埋大腿”“星星眨眼，寒风抽脸”等，都是根据星象对北方区域自然规律的经验性概括。

皑皑白雪也是满族民众崇拜的神祇形象。由于东北地区特殊的气候条件，生活在这里的满族民众对冰雪有着丰富的认知。在满族民间，自古便形成许多与雪有关的生产、生活习俗，人们以雪为屋、以雪为张，以木履在雪中行走如飞，以雪窖长期储备食物，以雪来躲避野兽的攻击。

在满族的自然神祇中，火神位居首位。清光绪年间的《扈伦七姓满洲火祭神书》中有关于满洲火祭的记载，场面极为宏大。火祭前要先选定神山、神树，以此为祭祀场地。祭前要先点起九堆冲天篝火，四周垒成火池 81 个，设置火龙、火虎、火马、火山、火蟒等火阵。届时各族的男女老少都移住到祭场附近。

---

① 乌丙安：《神秘的萨满世界》，上海三联书店 1989 年，第 4 页。

② 《清太宗实录》卷 63，中华书局 1986 年，第 24 页。

祭祀从夜空出现满天星光开始,待晨光初起,随着号角一响,所有神鼓、抬铃、洽拉器等诸般响器全部响起,火祭就开始了。人们在萨满和穆昆达的率领下依次到神树前叩头跪拜,继之杀牲祝祭。黄昏,北斗七星指向西方,进入第二个高潮,各种灯火和篝火燃起,在火海中,总祭萨满念升火神词,众声合,气氛恢弘肃穆,形成在一片火海中祝祭的壮观场面。火祭一般进行 3 ~ 7 昼夜,火海昼夜不熄,期间还有走火阵、各种驭火的体育活动和火技比赛等。人们通过火祭许愿,祈求除病除灾,消除怨仇,保佑安宁吉顺。实际上,对火的崇拜就是一种对自然力的崇拜。这与北方严寒的冬季,火能够驱寒给人以温暖,火能够驱除野兽保护人类,火能够给人带来食用熟食是直接联系在一起的。

动植物崇拜:满族祭祀的动物神有虎、豹、狼、水獭、蟒、蛇、鹰、雕、乌鸦、喜鹊等,其中鹰神为众野神之首神。满族有神话说:天地初开的时候,大地像一团冰块,天母阿布长赫赫让一只母鹰从太阳那里飞过,抖了抖羽毛,把光和火装进羽毛里头,飞回世上。从此,冰雪就有融化的时候,人和生灵才能吃饭、安歇,生儿育女。可是母鹰太累了,打盹睡了,羽毛里的火掉出来,将森林、石头烧红了,彻夜不熄。神鹰忙用巨膀扇灭火焰,用巨爪撒土盖火。可是烈火烧毁翅膀,死于海里,鹰魂化成了女萨满。在鸟神祭礼中,鹰神是光与热的象征。神谕中赞美鹰"遮天盖地的金翅膀,怀抱着两个银爪子,白天背着日头来,晚上驮着日头走"。满族萨满教的灵禽崇拜非常突出,诸多的鸟神、野猪神等都是氏族部落威力巨大的守护神。

柳、柞、榆、桦树等是常见的植物神灵,其中柳生万物的神话在满族神话中最为重要。柳崇拜和女性崇拜紧密相连。据萨满神谕说,洪水把天神用身上搓落的泥做成的人都淹死了,只有最后一个人抓住了流枝,幸免于难。流枝载他进了一个半掩在水里的石洞,化成一个美丽的女人,和他媾合,生下了后代。建国前后,在吉林珲春地区仍然保留着古老的神树祭。郎、那、关姓满族常选择高大的柳树作为神树,在神树下举行火祭。

祖先崇拜:满族的祖先崇拜并不是一般的对先人的缅怀、思念、哀婉,而是蕴含着英雄崇拜的观念。满族崇奉的众女神格外引人注目。有用太阳河水洒身,身穿九彩鸟羽战裙,打败恶神耶路里,永远不死和不可战胜的天母阿布卡赫赫;有伟大的地母巴那吉额姆,她身上搓落的碎泥软毛,化作了树海山岩,滴出的汗水,化作了淙淙清泉;有能斗邪救难,上天入地,起死回生的萨满女神,如著名的音姜萨满;有骑双乘神骥,夜驰八百,昼行千里的女战神奥都妈妈;有制服东海凶雕的伏雕女神多龙格格;有降伏火神,寻找水源,后被热流烧死的温泉女神。此外,还有众多的创世英雄女神,如畜牧女神、缝织女神、歌舞女神、百花女神等。

有清一代,萨满信仰渗透到满族社会生活和精神思想的各个层面。这种较为原始的信仰折射出满族民众祈求天、地、人能够和谐相处的一种强烈愿望。不过,由于驻防关内外满族的情况有很大区别,吉林、黑龙江地区经济落后,苍凉寥落,传统的萨满信仰主要流传在这一地区。关内的满族与汉族交错而居,主要受到儒、佛、道教和各种民间信仰的影响,萨满信仰则相对弱化得多。

2. 儒家文化影响下的伦理道德观念

满族及其先世自古便生息繁衍于白山黑水,"东滨大海,西接寇漫汗国,北极弱水。其土界广袤数千里"①。在自商周以来近3000余年的发展过程中,满族培养了"精骑射,善捕捉,重诚实,尚诗书,性直朴,习礼让,务农敦本"的民族精神与品格。特别是接触汉文化以后,满族以开放务实的精神积极向汉文化学习,广泛吸取一切有价值的东西。满族在全民族和全社会树立儒家的伦理道德观念,提倡忠孝节义,讲究人伦五常,并且代代相承。

满族伦理道德的内涵极为丰富,其核心是忠君爱国。满族军民士庶在皇帝面前自称"奴才",而称皇帝为主子,奴才对皇帝绝对忠诚。这种态度形成了一种强大的社会舆论,使得满族全体成员产生了一种不仅对皇帝,对长上尊贵,更多是对民族与国家效力、尽忠的巨大责任感,并由此形成了一种巨大的凝聚力。它使得满族人民在维护本民族团结、维护祖国统一、抵御外来侵略的过程中产生了一致性,鼓舞满族成员为国家的利益而奋斗、献身。

3. 本族认同的价值观念

民族传统文化的核心是本族认同的价值观,它是社会物质生活和文化生活条件综合作用于民族精神面貌的表现与结果,是支撑一个民族生存发展的民族精神之灵魂。清历代统治者都强调维护"国语骑射",崇尚满洲的简朴之俗,乾隆时期,通过编纂八旗满洲氏族通谱与考证满洲源流来追踪溯源,从而构建起满族悠远历史的发展脉络。经过长期的历史积淀,它们业已成为标识满族独立

① 阿桂等撰:《满洲源流考》,辽宁民族出版社1988年,第101页。

身份的重要内容,从而形成满族深层次的民族意识和牢不可破的民族心理。满族为本民族的历史与文化感到骄傲和自豪,他们决不允许他人轻蔑自己。这种强烈的自尊心与自豪感促使满族民众在任何环境中始终相互团结,相互帮助,这正是满族在复杂多变的自然条件与社会环境中能够继续保持族体的稳定并进一步发展壮大的强大的内在动力。

四、满族文化生存环境的改变

满族传统文化的改变发生于中国社会政治、经济形势急剧变化的背景之中。十一届三中全会以来,我国实行以经济建设为中心的改革开放,在向现代化转型的过程中,满族传统的相对封闭稳定的生存环境发生了极其深刻的变化。

(一)

根据2000年第五次全国人口普查数据,满族人口数量达1068万之多,在全国各少数民族中,其人口总数仅次于壮族,居第二位。满族人口的发展主要与清朝政权的兴衰及近现代中国社会的变迁有着密切的关系。从清代至今,满族人口的发展大致经历了"缓慢增长——迅速下降——快速增长"的剧烈变动。从1615年直到辛亥革命时期,是满族人口缓慢增长的阶段。据推算,1615年,满族人口数约为28万,到辛亥革命前的1904年达到500万人,289年中增加了17倍,年平均递增1.0%。从辛亥革命到中华人民共和国成立前,是满族人口迅速下降的阶段。据1953年第一次人口普查数据,当时满族人口只有242万人,与1904年相比,减少了258万。在这一阶段,满族人口迅速减少主要是由社会政治原因造成的。辛亥革命时期及其后,在"驱除鞑虏,恢复中华"的社会呼声中,大量满族人为了避免政治上的压迫和歧视而改称汉族。同时,因为清末的战争与饥荒等原因,满族人口的生存环境日益恶化,人口死亡率大幅度上升,从而也导致人口大量减少。

中华人民共和国成立后,满族人口进入平稳而快速增长的时期。1964年,满族人口增加到269万余人;1982年,满族人口数为430万人;1990年,激增至

984 万余人;2000 年,满族人口超过一千万。历次人口普查的数据表明,20 世纪 80 年代至 90 年代是满族人口急剧增长的时期。这一时期满族人口的增长除了自然增长的因素外,主要是由于更改和恢复民族成分而引起的。党的十一届三中全会之后,特别是 1981 年 11 月国务院人口普查领导小组、公安部、国家民委《关于恢复或改正民族成分的处理原则的通知》下发后,有大量人口按规定恢复了自己原来的满族成分。在 20 世纪 80 年代,辽宁省不到 10 年间由汉族恢复或改正为满族的达 250 万之多。其中,8 个满族自治县的满族人口均成倍地增长,尤其以新批准的本溪满族自治县、桓仁满族自治县、宽甸满族自治县为突出,其少数民族人口增幅均高达 6 倍之多。据统计,在 1982—1990 年期间,满族人口持续增长,其中有 60% 左右属于恢复或改正民族成分的情况,而以汉族恢复或改正为满族的情况最为普遍。满族人口的快速增长使得满族人口在全国总人口中的比例越来越大,从 1953 年的 0. 42% 提高到 2000 年的 0. 86% 。

(二)

整个清朝,满族民众始终处于八旗制度的辖束之下,辛亥革命后,随着清王朝的崩溃,八旗制度遂彻底解体,八旗兵丁在各自所在的州县入籍,平日只知当兵吃饷的八旗兵丁开始了痛苦的转化为民人的历程,满族社会发生了重大变革。

新中国成立后,满族人民进入到一个崭新的历史阶段。1952 年,中央人民政府颁布了保障一切散居的少数民族享有民族平等的政治权利的决定。散居在全国各地的满族人民,在各级政权机构中都有相应的代表参加,满族人民享受着当家做主的权利。1957 年,周恩来总理在青岛民族工作座谈会上指示:满族人口在一个县达到百分之十几就可以建立自治县。但由于历史上的种种原因,由于"左"倾路线的干扰,长期以来未能实现。党的十一届三中全会以后,民族工作和民族政策在新的历史时期内得到进一步的落实和发展。1984 年 5 月,六届全国人大二次会议通过了《中华人民共和国民族区域自治法》,辽宁省满族人民强烈要求实行区域自治,并在六届全国人大二次会议上提出了要求满族实行区域自治的问题。在党中央、国务院的关怀下,在辽宁省委、省政府的支持下,1985 年 1 月 17 日,国务院批准设立岫岩、凤城、新宾三个满族自治县。1985 年 6 月 7 日、11 日、13 日,新宾、岫岩、凤城三县分别举行了隆重的庆祝活动。

1989 年 6 月 29 日，国务院批准设立北镇、清原两个满族自治县，9 月 7 日，又批准设立本溪、桓仁、宽甸三个满族自治县。凤城、北镇两个自治县后来撤县建市，享受自治县待遇。到 2000 年，辽宁共拥有岫岩、新宾、清原、本溪、桓仁、宽甸六个满族自治县。六个自治县土地总面积达 25715 平方公里，占全省土地面积总数的 17%；总人口约 219 万人，其中满族人口 136 万。另外，在 1987—1990 年间，国家在河北省先后设立了青龙满族自治县、丰宁满族自治县、围场满族蒙古族自治县、宽城满族自治县。1989 年在吉林省成立了伊通满族自治县。

满族自治县的成立是党和政府主张民族平等、团结、互助、和谐这一处理国内民族关系政治理念的产物。这 11 个满族自治县都与历史上的满族发展有着千丝万缕、不可分割的联系，它们的发展反映着不同时期满族发展的足迹。但是，由于历史的原因，满族自治县大部分处于经济比较落后的山区和半山区。因此，在推行各项民族政策的过程中，政府采取了很多措施，在财政、物资、基础设施建设方面给予大量补助，在各项税收和提供贷款等方面给予特殊优惠，在环境、计划生育、儿童入学、就业、医疗、上大学、提干等许多方面给予满族成员以优惠待遇，以此帮助并推动满族社会经济与各项事业的发展。自从设立自治地方以来，各个满族自治县都呈现出蓬勃的生机。

（三）

满族在长期的发展过程中形成了“大分散，小聚居”的分布特点。东北地区是满族的故乡和发祥地，这一片地理相连的巨大地带始终是满族集中生活的地理空间。整个东北三省的满族占全国满族人口总数的 70% 以上。其中，辽宁省是满族人口最多的省份，达 538.5 万人，占全国满族人口的 50% 以上。东北三省满族人口的数量具有绝对的优势，相比之下，分散在全国其他地区的满族人口殊为有限。

在满族自治地方，满族人口的聚居程度非常高。根据 2000 年的人口统计数据，辽宁六个满族自治县土地总面积达 25715 平方公里，占全省土地面积总数的 17%；总人口约 219 万人，其中满族人口 136 万。岫岩满族自治县总人口 48.7 万，满族人口 43.8 万，占人口总数的 90%；新宾满族自治县地处辽东山区，是清王朝的奠基地，全县总人口 30.6 万人，满族人口 21.5 万人，占人口总数的 70%；清原满族自治县总人口 34.4 万人，其中满族 18.6 万人，占总人口的

54%;本溪满族自治县人口总数约30万人,满族人口有16.6万人,占总人口的56.8%;桓仁满族自治县共有30.3万人,满族人口12.7万人,占总人口数的42%;宽甸满族自治县人口总数44.8万人,其中满族人口22.8万人,占总人口的51%。

满族人口的分布是动态的,人口流动与分散化是满族发展过程中的一种必然趋势。满族离开传统聚居地,出外求学经商,促成人口的流动,使得满族人口的分布趋向分散。这种局面的产生既有制度环境的原因,如民族区域自治制度和政策要求满族一定的干部比例,中小学以至于上大学提供的优惠待遇和条件的扶持和鼓励,也有文化传播的作用,各种传播媒介的普及,外部社会发达的科学文化、优良的生活条件、发展机会的吸引,特别是满族成员因招工、打工、考学、到上级单位当干部等走出去的人们个人生活、机遇改变的感召。另外,与异族通婚的日益普遍也加快了满族人口流动和分散化的趋势。毫无疑问,频繁的人口流动与分散化状况强烈地动摇着满族的传统社会与文化。

(四)

在漫长的历史发展过程中,随着工业革命的开始,特别是20世纪中叶世界工业大发展以来,人与自然的和谐关系被彻底破坏了,由此引发的一系列严重的问题困扰着现代人。同样,在经济迅猛发展的时代,满族传统的生态环境亦出现了不断恶化的趋势。

其实,满族民众对白山黑水这方滋养他们的水土怀有深厚的情感,受到"天人合一"、人类与自然相生相谐等生态哲学思想的浸润,满族民众对自身赖以生存的生态环境是极为关注的。满族故事家佟凤乙讲述的辽东风物传说《桂花岭》,开篇这样描述:"岫岩城南九十里,有个桂花岭。桂花岭下有个沟筒子,沟两旁的山叫石门山。沟口两边的悬崖脸对脸儿,就像两扇大石门。这石门只有一挂大车那么宽,是沟里的山民进沟出沟的唯一通道。收集的山货野果,要从这里送出去;需要的布匹、粮食、食盐,要从这里运进来。不知哪一年,沟筒子两旁的石砬子忽然长了起来,越长越快。山民们十分惊慌。因为一旦长到把石门堵死,山民们就要被饿死、冻死,被狼虫虎豹吃掉,埋葬在深山老林里面。山民们都很着急,又没有办法,有人说驴马粪的烟能熏得山石不长,可不管怎么熏,山石还是长。"①对于依靠自然资源为生的满族民众来说,一旦石门堵死,山民们就要被饿死、冻死,被狼虫虎豹吃掉,这就意味着自身的灭亡!

东北地区的大小兴安岭曾经是茂密的原始森林,黑龙江区域地方志中,曾有这样的记载:"江省一带,山林郁茂,号称树海。""呼兰全境,初皆森林。"②但是,自1880年,清政府正式取消对东北的封禁,关内人口拥入;自1898年沙俄签订修筑中东铁路《伐木合同》开始,沙俄便对大小兴安岭的原始森林进行疯狂砍伐;1931年日本侵占东北后,又铺设森林铁路,大肆掠夺原始森林的木材;20世纪50年代以来,国家对大兴安岭原始森林进行有计划的开发利用。木材生产—采伐方式,以完全破坏森林环境、破坏整个森林生态系统和全部资源为代价而换取木材效益的方式,使得东北境内的天然植被不断缩减,随之而起的是人工植被日益增多。不仅区域内的原始森林被大面积砍伐,就连其他类的野生藻类植物、苔藓植物、蕨类植物、被子植物等在分布面积和种类上都明显减少。原生森林的消失,大大减弱了大兴安岭森林涵养水分和调节径流的功能。大兴安岭的土壤主要是暗棕壤和针叶土,且土层较浅,对植被的依附性较强。原始森林的大面积采伐,使土壤失去了大径林木的强大根系的固定作用,从而加大了水灾发生的隐患。

中华人民共和国成立后,东北地区大规模的农业开发有三次。第一次是20世纪五六十年代,部队人员转业,建立农场开垦种植。第二次是七八十年代,大批外来人口定居此地谋生,开荒种植。与此配合的大环境是20世纪70年代中后期,国家为解决粮食短缺问题,提倡开发宜农荒原,遂组织安排大量移民建政定居。第三次是20世纪90年代,国家搞农业二期、三期、四期开发。1998年国家实施天然林保护工程以后,大规模的毁林开荒虽已被制止,但一些耕种者在耕种过程中年年向外扩犁,加之机械化农垦的规模之高、速度之快,使历史时期那种刀耕火种的农垦相形见绌,森林、草场被蚕食的状况依然存在。内蒙古计算机研究院遥感中心从1996年起对近10年来呼伦贝尔草原和大兴安岭东西两侧的监测表明,新开荒土地67万公顷,生态屏障严重破坏,导致1999年我国东北出现历史上从未有过的黑风暴,其源头就是东北西部草原的荒漠化地带。经

① 张其卓、董明搜集整理:《满族三老人故事集》,春风文艺出版社1984年,第437页。

② 参见黑龙江省地方志编纂委员会编印《黑龙江省志·地理志》,转引自江帆:《满族生态与民俗文化》,中国社会科学出版社2006年,第283页。

过多次垦荒热,东北草原的种植业有了明显的发展,但生态环境明显恶化,土地沙漠化加剧,同时也带来了183万公顷的沙漠化土地。

满族及其先民敬畏自然,以至于用最崇高的礼仪祭祀天地,企望与自然和平相处。大自然养育了人类,人类也用自己的智慧改变着自然,美化着自然。然而,不合理的对自然灭绝式的索取与开发已经完全改变了东北满族民众的生存环境,从而威胁着他们的生存与发展。2001年7月,桓仁满族自治县因大雨山洪大面积暴发,据有关部门统计,这次山洪灾害给该县带来直接经济损失约为16480万元。在县城以南的著名的望天洞风景区,旅游设施几乎被山洪一扫而光;在大清沟拦河坝,坝身被洪水冲断;在普乐堡镇胜利村西河套,房前屋后变成了碎石滩,很多处庄稼被毁或成了河道……大自然以无情的灾难报复着人类肆无忌惮的砍伐与开垦。

中国工程院重大咨询项目"东北地区有关水土资源配置、生态与环境保护和可持续发展的若干战略问题研究"报告显示,中国东北地区的生态环境状况已到达临界状态,如不及时"刹车",将严重影响其可持续发展。东北地区生态环境面临的主要问题:部分工农业资源濒临衰竭;可采森林资源枯竭,森林生态功能严重衰退;草地资源由于过度放牧和滥垦退化、沙化、盐碱化;耕地开发已经饱和,有的地方过度开发,珍贵的黑土资源侵蚀严重;水质污染严重,松花江、辽河的干支流和部分湖泊水库污染严重,影响到城市居民集中饮用水源质量;一些资源型城市,由于不合理的开采方式和治理滞后,诱发了一系列矿山环境问题,并有逐年加剧的趋势等。专家表示,林、草、湿地是东北地区重要的生态屏障和资源,也是东北有别于中国其他地区的独特优势,是振兴东北老工业基地、创造环境友好型社会的重要条件。东北地区的资源和环境虽然遭受到相当程度的破坏,但就全国范围看,其生态环境状况仍比较有利,如能及时有效地转变增长方式,还是大有可为的。了解自然、善待自然、尊重科学,实现生态环境的整体好转,只有这样,满族民众才能获得安身立命并进一步发展的坚实基础。

(五)

20世纪中叶以来,由于生态环境与社会环境的急剧变化,满族文化的自然进化过程遭致断裂,传统文化的衰落日益引人注目。

满族传统文化的衰落首先与传统文化所依托的生态环境的巨大变化联系

在一起。19世纪初,俄国民族学家马克在松花江沿岸的满族村屯进行调查,这一带还是一个鸟类的乐园,"这里有无数的鹤、野鸭和海鸥(特别是燕鸥和白翅浮鸥),后一种鸟在沙滩上孵卵,密密麻麻地落满一地,朝远方看去,沙滩变得雪白一片。……数不胜数的鸟类在空中不停地往来飞翔,使这带荒凉地方显得非常活跃"①。20世纪二三十年代,辽沈地区的山林资源还十分丰厚,山林中的动植物物种繁多,林间和林下山产相当丰富,甚至一些满族人家办喜事都用猎取的狍子肉置办酒席。"(20世纪)三十四年代时候,山上的植被根本就没有破坏。那时候上北大荒,(人家)讲话了,棍打野鸡瓢舀鱼,像俺这后山,家鸡和野鸡都混杂在一起,有时候家鸡抱出的崽儿和野鸡差不多,那时候都是(20世纪)40年代了。"②进入现代社会,满族民众已经失去了与自然和谐共处的那种恬静生活,被人类改造得千疮百孔的自然环境规定并制约着满族文化的发展。

另外,在以汉文化为知识传承、文化传播、学校教育、求职、人际交流等社会生活主要媒介的中国社会,满族文化本身就具有明显的脆弱性和易变性,历史上满洲统治者一再强调的"国语骑射"的衰退就非常典型,文化的传承不仅需要特定的自然环境,而且也需要特定的社会环境,即使再强大的政治力量也无法干预文化的发展。在主流文化的压力之下,少数民族的文化更加容易走向衰退。也就是说,满族传统文化衰退的更大危机来自于社会的变迁。在向现代社会转型的过程中,文化同质化的力量异常强大。这种同质化趋向来自内外两个方面,一是社会经济生产方式、社会政治结构的改变迫使文化发生相应的改变,这是内部的动力;一是传统的封闭性社会逐渐走向开放,商业文化、消费文化的强大示范作用拉动民族传统文化向同质化方向发展。而现代化大众传媒对我国社会生活的逐级覆盖,各种文化信息的流动进一步加快着同质化的趋势。如今满族传统的建筑、服饰、语言、民俗、信仰、民间文学艺术等最能体现民族文化特征的人文景观正在消逝,整个社会向千篇一律的城市文化模式趋同的态势愈发突出,我们在民族村和影视中所领略到的民族风情,有不少已经成为当代商品经济潮流中应运而生的文化变异形态,而不是原生的形态,华丽有余而真实不足。

---

① (俄)P. 马克:《黑龙江旅行记》,吉林省哲学社会科学研究所翻译组译,商务印书馆1977年。转引自江帆:《满族生态与民俗文化》,中国社会科学出版社2006年,第85页。

② 江帆:《满族生态与民俗文化》,中国社会科学出版社2006年,第285页。

满族年轻的一代对传统文化的漠视和对当代良莠混杂的城市文化的盲从也加剧着传统文化所面临的困境。不可否认，满族的传统文化的确有诸多与社会现代化不相融的成分，传统文化要应对经济效应的冲击，适应现代生活的发展，就必须符合快捷、方便、时尚、创新等特点，但是，在社会经济发展的大潮中，受经济利益的驱动，从政府部门到个人，多以经济的增长、财富的扩张为主要追求目标，对需要耗费大量钱财、人力、物力进行保护的传统文化资源，却缺乏应有的重视和必要的投入，甚至任其自生自灭，从而导致了传统文化的生存危机。

五、满族生态文化变迁的表征

20 世纪 80 年代以来，我国走上了改革开放的发展道路，满族经历了由传统社会到现代社会的转型的过程，与此同时，满族传统的生产生活方式、社会规范以及满族民众的精神生活亦经历了深刻的变化。

（一）

在以农为本的传统中国，满族以农业为主的生计方式始终没有发生变化。20 世纪 80 年代改革开放之初，东北地区城乡人口中，便有一些满族民众率先选择个体经济生产，从事商业、饮食业、服务业、修理业、运输业、手工业等，既活跃了社会经济，又方便了人民生活。随着旧有经济模式的打破，各种经济结构和产业结构不断优化，出现了多元并存的经济格局。以东北各地的满族自治县为例，农业打破了以粮为纲的旧有模式，各满族地区都开始依托当地的生态环境优势，发展出各具特色的经济产业。在满族聚居的辽宁岫岩、凤城、宽甸、本溪、桓仁等地，都积极调整了农、林、牧、副等产业结构的比例关系，在大力发展重点户、专业户为主的商品生产的同时，开始向第三产业进军。到 20 世纪 80 年代中期，这一地区的满族农民从事种植粮豆、烟草、放蚕、造林、畜牧、栽培食用菌等生产的专业户已成批涌现。根据同期的统计数字，岫岩县有各种专业户 34496 户，凤城县有 42539 户，宽甸县有 3214 户，出现了一户带百户、专业户带动专业村的多元经济发展形势。① 显然,进入现代社会的满族民众,在生计方式的选择方面已远远超出满族传统社会时的渔猎、采集、农耕等生计范围,这是我国社会经济环境和经济结构多元化的必然结果。

随着满族民众生产热情的高涨,劳动生产率显著提高。人民的生活获得了根本改善。宽甸山区,解放前被称为“穷乡僻壤”。1985 年全县工农业生产总值就达到 22436 万元,1993 年达到 188469 万元,全县的经济、文化、教育等各项事业都实现了历史性的突破。满族人民的生活也发生了翻天覆地的变化。电视机、电冰箱、电脑等现代化的家用电器进入满族城乡民众家庭;满族在渔猎和农耕时代形成的一些传统饮食制作费时费力,已经逐渐退出现代家庭的餐桌,转而成为节庆时日的点缀和调剂改善生活之物;在日常生活中,多数年轻人都已改穿汉族服装,只有为数很少的老年人偶尔穿传统服装,传统服饰已经蜕变成为满族民众在节庆或特殊场合的着意装束;满族的新建民居也越来越现代时尚,房屋的布局越来越舒适实用,特别是年轻人在建房时将卧室与客厅划分为两个独立的区域,并且普遍注意了对厨房、卫生间、储藏室等功能的设计。

从整体上看,东北满族地区的经济已经取得了长足发展,人民生活水平大幅度提高。但发展过程中存在的诸多问题也不容乐观,满族自治地方大多属于相对贫困落后地区,虽然各自治县的饲养业、种植业、运输业等行业有所发展,但规模效应尚不明显,传统的以农业为主的较为单一的经济形式还占有支配性地位;部分村民受到传统经济意识的束缚,对于新的发展项目常常等待、观望,缺乏尝试的勇气,从而导致经济发展缺少活力;外出打工人员大多属于廉价劳务输出类型,由于缺乏相应的技术,他们的收入通常较低。以建筑业为例,一般从事这一行业的村民一天只能挣 20 ~ 30 元,有技术的则能挣 60 ~ 100 元;旅游商品的开发力度不够,土特产品、山货野果、满族民俗等系列产品的生产、流通和销售尚未形成规模。上述种种问题制约着满族经济的进一步发展,如何将传统的风俗与工艺融入到经济发展中,这应该是一个值得认真加以解决的问题。

---

① 参见丹东市民族事务委员会民族志编纂办公室编《丹东满族志》,辽宁民族出版社 1992 年,第 152 页。

（二）

在传统社会中，满族民众的日常行为受到一整套与之相适应的社会制度规范的制约。随着现代生活方式的确立，传统制度对满族民众的约束已经越来越松弛，被纳入整个国家现代化进程中的满族人民过着越来越开放、时尚的生活。

满族传统婚姻形态是男娶女嫁的一夫一妻制家庭，实行比较严格的族内婚制。目前，呈现主导趋势的事实是，满族与汉族等异民族通婚的现象越来越普遍，并且这种行为已经为人们所接受与认可。一般认为，只有当两个或多个民族群体的大多数成员在政治、经济、文化、语言等方面达到一致或高度和谐，互相之间存在广泛的社会交往，他们之间才有可能出现较大数量的通婚现象。由于代表不同文化的个体之间在家庭内部的融合，从而有利于和谐的民族关系的构建。

在丧葬仪式方面，满族人民逐渐淘汰掉其中一些烦琐、落后的成分，使其朝着简化、科学的方向发展。现在，火化在满族村民中已经得到普及，家人去世后，通常举行停灵、辞灵等仪式，之后将死者送到火化场火化，然后将骨灰带回村中，继续进行传统的仪式程序。

随着时代的变迁，在外来强势文化的影响下，满族传统的制度规范在现实生活中已经逐渐被新的制度规范取代。不过传统的道德观念仍然是人们日常生活行为的基本准则，人们自觉地以一定的道德原则和规范来约束自己，把善与恶、诚实与虚伪、荣誉与耻辱等作为评价尺度。例如，满族村民无论男女，都会对赌博、偷盗、酗酒等行为嗤之以鼻，认为谁要是做了这些事，不仅违反国家的法律、法规，也会让全村人笑话，让家里人在人前抬不起头。

（三）

随着经济的发展，文明的进步，传统的萨满信仰早已不能适应满族社会发展的需要，在社会生活中，它已经被其他文化观念取代。

经过半个多世纪现代化浪潮的冲击、锻炼，满族的现代意识和民族意识不断增强。在经济建设中，满族民众主动吸收利用现代文明成果，充分发挥当地民族传统文化资源的优势，通过举办民族风情旅游促进地方经济发展，提升地区的知名度；在民主政治建设中，他们积极争取自身的政治权利，积极参与到国家的政治生活中，第十届全国人民代表大会实有代表2978人，其中满洲族代表就有32人；在文化建设中，他们积极要求发展并保护自己的语言与文化。

满族民族意识的增强与我国社会政治、经济、文化建设的总体进程息息相关。新中国成立后，实现了民族平等，党的十一届三中全会后，民族平等政策得到了重新贯彻落实，满族不再因为少数民族成分或身份而感到受压抑或被歧视，他们和其他兄弟民族一样得到了尊重，满族的历史贡献更增强了满族人民的自尊心和自豪感。满族人口在20世纪八九十年代迅速增加的重要原因之一就是大量满族成员要求恢复满族成分，这是民族自觉和民族意识的突出反映。

改革开放以来，随着经济的持续发展，满族民众的文化素质明显提高。在全国各民族中，满族人口的文化构成处于领先水平。根据1990年第四次人口普查统计，辽宁省满族人口中每十万人中拥有大学及以上文化程度为560人，拥有大专文化程度为1026人，拥有中专文化程度为2058人，拥有高中文化程度为7630人，拥有初中文化程度为37906人，拥有小学文化程度为50821人。到2000年，每十万人中拥有大学及以上、大专、中专、初中文化程度的比例有较大提高，分别达到1204人、2641人、2977人和41642人。除高中与小学文化程度增长率略有下降外，与1990年相比，2000年辽宁满族各种文化程度拥有者的增长率均高于全国平均水平。

满族人民政治地位的不断提高与生活条件的日益改善是民众业余文化生活得以丰富的前提条件，民众整体文化素质的提高则为满族传统文化得以复兴提供了重要保障。"随着未来社会全球经济一体化进程的不断加快，物质上的相互渗透融合将比过去任何时候都表现得更加引人注目，这种民族性特质在物质文化上的弱化还会继续加剧。与此同时，民族文化的精神性特征在这一趋势中会被不断强化，这是因为面对不可阻挡的物质生活的同一化、模式化和单一化的发展，人们会越来越感到民族性的可贵，特别是民族文化中那种独特的深层价值观念和信仰，更是任何东西都无法取代的。因为人们在面对物质世界所提供的各种无尽的享受的同时，更需要一种精神的东西去填补人们被物质占有了的精神世界。……在这种时候,民族文化的精神性特征就被强化了。"[①]在挖掘民族传统文化的过程中,满族民众找到了在开放的世界中展示自己的独特方式。20世纪80年代,丹东满族倡仪把皇太极命名满洲之日作为"颁金节",以此作为满族成立的纪念日。近30年来,东北地区的民间文学艺术家和民间文学艺术工作者搜集整理了大量流传当地的满族神话、传说、民间故事,一些反映满族历史与现实的文学艺术作品相继问世,通过这些作品,满族人民共同追忆祖先创业的艰辛,回味本民族源远流长的历史文化,咀嚼如今幸福美满的生活点滴。大型神话舞剧《珍珠湖》的诞生,曾引起各界的热切关注。大型风情歌舞《满族诗画》表现了满族的起源和劳作生息,再现了八旗军威、民俗民风和清时宫廷乐舞。在当前市场经济的冲击下,满族传统文化得到进一步的发展,其品位不断提升,成为中华民族文化的重要组成部分。在各种节日仪式与礼仪活动的操演中,满族成员真正地感受到了作为本民族之一员的自豪与骄傲,民族认同感、民族凝聚力和民族精神得到了最充分的张扬。

民族精神体现在文化方面,就是对本民族文化的充分认定和钟爱。长期以来,社会上有所谓"满族汉化"的说法,其实,在与汉族长期共同的生活中,满族大量地接受了汉族的习俗,这是一个事实,但是,在精神生活领域,满族人却顽强地抵御着"汉化"的浸透。正是这种民族精神维系着满族的生存与发展。在伊通满族自治县、梨树县叶赫满族乡、公主岭市二十家子和放马沟满族乡,有些满族人还保留有族谱、祭器和生活用品,并能够追根溯源讲述先祖的来历。二十家子满族乡南山村严姓家族,至今还用满族祭祖方式祭祖,认为不祭祖,一年心都不安,他们用祭祀来祈求一年的太平。满族妇女喜庆之日身着旗袍,她们不会过于关注旗袍是否合身漂亮,她们考虑更多的则是旗袍是民族服装。社会生活中的这些细节反映出的恰恰就是满族所固有的心理。这种区别于其他民族的特殊心理是当代满族精神面貌的重要特征。

六、协调传统文化与现代化关系,建立民族地区和谐社会

"传统与现代性并非直接对立物,其关系复杂、多面,顽固的传统性会吸收

① 张文勋等:《民族文化学》,中国社会科学出版社1998年,第193页。

现代性的某些成分或层面而获得新生命，问题不是去消灭它们，而是利用它们动员和整合社会，实现现代化。"[①]传统往往可以成为实现现代化的动力，其关键就在于如何协调传统与现代化的关系。

一、文化变迁：满族传统文化发展的必然选择

在满族传统社会发生转型的过程中，满族民众对现代生活与现代文化的接受已经是相当普遍的现象。因为，从人类社会所经历的线型演进过程看，任何历史阶段都有自己的经济特征以及与之相适应的政治、文化形态。满族传统文化的变迁并适应现代化的要求是不以任何人的意志为转移的客观规律。

1. 多元文化共存是一种必然现象

民族传统文化的价值和某些方面的优势，在当代引起人们的重新认识，人们越来越深刻地认识到，多元文化并存有利于人类的生存与发展。联合国教科文组织每两年发表的《世界文化报告》指出，各种复杂系统从其多样性中汲取力量：一个物种从基因的多样性中汲取力量，生态系统从生物的多样性中汲取力量，人类社区从文化的多样性中汲取力量。每种文化都构成了解释世界和处理与世界关系的独特方式。从人类可持续发展与文化多元关系的角度来看，有学者深刻指出：农民的技艺对社会有好处，因为技艺是处理不确定的知识体系，而我们今天根本不知道我们下世纪会面对什么危机——从地力衰竭到水源污染到全球温度上升，什么都有可能。对于可持续发展的一个关键定义就是：可持续的发展，必须是能够恢复活力的，能够适应冲击的。假如对于未来我们唯一知道的就是未来充满不确定性，假如我们唯一肯定的就是我们会面对突变，那么，无论怎样计划，无论什么妙方，也无法应付未来发生的变化。……人民通过几百年甚至几千年发展出来的知识，是抗灾的最重要保障，是使农业具备康复和适应能力的最稳妥基础。基于这个原因，多元化对于我们作为人类的发展和对于维持生态平衡，都是同样必要的。多元化也许真的是人类生存的关键。[②]从这个意义上来说，文化的趋同仅代表着一种发展态势，在漫长的历史发展过程中，满族及其先民适应独特生存环境所创造出来的千姿百态的文化始终具有

① 纳日碧力格：《现代背景下的族群建构》，云南教育出版社 2000 年，第 249 页。

② 马格林（Stephen A. Marglin）：《农民、种籽商和科学家：农业体系与知识体系》，载卜永坚译，许宝强等选编《发展的幻想》，中央编译局出版社 2001 年，第 322 ~ 323 页。

顽强的生命力。

2. 满族民众对现代生活和文化的接受已经成为一种客观现实

满族传统文化向现代化的靠拢是大势所趋。在现实生活中,绝大多数满族民众已经深深地感受到现代文化的影响。随着保守传统文化的老年人逐渐谢世,年轻一代对传统文化就越发陌生。仅从满语迅速消失这一事例就可见一斑。一般而言,语言的习得主要是在家庭内部进行的,40 多年前,满语专家金启孮教授发现了黑龙江省富裕县的三家子,他的发现改变了人们普遍认为满语是一门死亡的语言的看法,这里还有人在使用满语。如今的三家子,年轻人几乎全部接受了汉语教育,在日常生活中仍以满语为母语的老人有 15 位,说得相对娴熟的只有 3 人,他们的满语水准不及祖辈的“一半儿”,而且都已经年过八旬。他们去世之时也就是满语退出历史舞台之日。此后,满语将只能是一种由少数学者掌握的,不用于日常交流的学术语言。满族民众通过现代传媒了解外部世界,通过诸如读书、经商、提拔、通婚等各种途径走出传统生活地区,总体来看,传统的印记在现代满族人的生产生活中日渐淡化乃至消失,满族人不拒绝现代教育,也不排斥现代化的生活,特别是年轻人对现代化的城市生活尤其向往。

二、文化自觉:正确评价与对待满族的传统文化

文化变迁并不是对传统的彻底抛弃,新的现代文化必然与传统文化保持着千丝万缕的联系。在多元文化共处的社会中,满族应该如何确立自身文化的地位,这是一种对文化前景预见的自觉行为,它的核心是对满族传统文化的理性认识。

1. 继承优秀的传统文化

满族传统文化中所蕴含的丰富思想观念与技术知识,是满族及其先民在千百年来的生产、生活实践中积累起来的,是他们对所处生存环境的一种适应方式。在现代化浪潮的冲击下,满族传统文化在来自西方的、汉族的、其他少数民族的、其他地方的各种文化因素的不断影响下,面临着重重困境。但是,不同环境中的人类群体所持有的文化是丰富多彩的,实现现代化所要求的文化变迁的内涵也无法划一。满族民众在漫长的发展过程中创造出来的传统文化体现着他们对所处环境的高度关注,体现着他们利用自然资源的高度智慧。在向现代化转型的过程中,继承优秀的传统文化,这是满族进一步发展的强大动力。

满族传统文化对于现代人类的启示很多,其中,最重要的一项则是人与自然相生相谐、互利发展的价值观念。在相当长的历史时期，满族能够与周边的生物和平相处，这些都得益于萨满教中师法自然，尊崇自然及世间一切生灵的核心思想。在满族传统信仰中，一切河川、森林、山峦，无不各有精灵主宰。这些主宰神灵，他们对人类友善相待，抑或恶意相加，完全系于人类的行为——如虔恭敬奉，恪守山林禁忌和猎规，无非分之举，不乱捕乱杀，对主宰性精灵待之以善，才能有所收获；如违反猎规，则会触怒精灵，狩猎者势必遭受惩罚，甚至一无所获。

满族民众对于供给其生存能源的山岭、森林、草原、江河、湖泊等普遍怀有神圣的情感，不但经常进行祭祀，而且俗信对其进行污染是有罪孽和不吉利的。在社会生活中，满族存在大量带有生态维护性质的习俗与禁忌，民间素有“春秋不射鸟，盛夏勿网鱼”的习俗，以此保护鱼类和鸟类的繁育。传统狩猎忌捕杀怀胎、带仔的母兽，若猎取这些野兽会被视为无能而受到人们鄙视；打猎忌讳“断群”，猎取10头以上的兽群，总要放生几头；每次围猎的最后，都要放生幼兽和带仔的母兽。这些朴素的观念是满族民众生存经验的凝聚，它规范并协调着人与自然生态之间的关系。

在现代社会，满族传统的维持生态平衡的思想仍然具有普遍的借鉴意义。与此同时，一些落后的生态观念与生产习俗也给人们越来越多的警示与反思。传统的广种薄收的粗放耕作方式、过渡开发农业所导致的生态失衡与人口超载等问题使满族民众所赖以生存的环境不断恶化。近年来，在东北满族的一些聚居地区，打造和构建“绿色农业”“生态农业”的呼声日益高涨。绿色农业建立在现代生产技术的基础上，它采用了轮作、有机肥等传统的农业生产习俗，而绝不是简单地回归传统。

2. 在创新中发展传统文化

满族的传统文化是历史的产物，它并不等于先进文化和优秀文化，特别是传统文化具有很浓的非科学成分和非经济性的特点，传统文化所存在的某些缺陷与现代化的发展格格不入。在继承传统文化的过程中，要用新的思想理念对其进行改造，全面提升满族文化的现代价值。

在科学认识的基础上，完善传统、发展传统，围绕满族文化生存发展的时代背景与现实需要，对它进行根本性的转换，最终激发出它的生机与活力，从而在创新中实现更高程度的发展，这应该是对待满族传统文化的一种积极态度。这就要求满族民众能够积极主动地面对并克服文化变迁中出现的诸种不适应。“变迁的障碍主要在于非物质文化而不是物质文化。”[①]这里的“非物质文化”即是一种心理，一种精神状态。实际上，满族民众已经认识到传统文化现代转型的重要性与急迫性，他们渴望将民族传统文化变为民族的文化传统。

需要注意的是，满族文化的创新和满族文化传统的保存是相互联系的。一方面，传统文化是满族生存与发展的根基，继承与发扬传统文化中的优秀遗产是一种明智之举，如今满族传统的自然生态观、民俗价值观等观念对现代文明还具有重大的参考价值，它提醒我们，在为满族地区经济发展提供技术支持时，应该寻求现代科技与传统知识的结合，发展一种高于传统低效率技术的，但又比复杂的现代技术简单、实用的“中间技术”。这不仅是一项技术性的工作，也是一种“文化智慧”。英国的 E. F. 舒马赫在《小即是美》一书中将这种技术概括为“简单，廉价，小巧，无害”。[②] 另一方面，只有对传统文化中过时的、不健康的内容进行合理改造，才能更好地适应现代社会发展的需要，从而更好地保存传统文化。当前的文化交流空前活跃、广泛，相互之间的影响日益深刻、强烈。在这种情况下，主动吸收、借鉴其他民族文化中的合理、先进的因素，善于学习的满族民众必定会更好地创新与发展自己的文化。

三、政府的引导与保护：建立民族地区和谐社会的有效保障

满族地区和谐社会的建设需要一定的经济实力与文化精神的支撑。在中国现代化的发展进程中，满族传统文化的现代转型是其文化创新与发展的应有之义。文化的创新与发展能够为满族地区的经济建设提供强大的精神支柱，经济的发展反过来又是文化创新的有力保障。建立民族地区和谐社会，需要在动态的发展过程中构建传统文化与社会现代化的和谐关系。而在这一过程中，政府的引导与保护具有特殊的重要性。

1. 实行民族平等，促进和谐民族关系的建立

有学者指出，政府针对少数民族和地区的制度性安排和实施的民族政策，“会直接、间接地在不同层面影响各族群的社会、经济、文化发展和族群集团之

---

① （美）威廉·费尔丁·奥格本，王晓毅、陈育国译：《社会变迁——关于文化和先天的本质》，浙江人民出版社 1989 年。

② 参见（英）安德鲁·韦伯斯特特著，陈一筠译：《发展社会学》，华夏出版社 1987 年，第 135 页。

间的关系"[1]。满族的历史发展证明了这一点。民族平等政策为满族的生存与发展提供了有利的制度环境。我国法律赋予并保障满族自治地方在政治、经济、文化、接受教育与医疗卫生、体育事业和社会保障等方面的各项权利。满族贫困地区和贫困人口享受国家给予的扶持和照顾。在民族传统文化的认识上,形成了保护与尊重民族文化的共识。"对各民族在历史发展中形成的传统、语言、文化、风俗习惯、心理认同等方面的差异,我们要充分尊重和理解,不能忽视它们的存在,也不能用强制的方式加以改变。对各民族在发展上的差距,我们要积极创造条件,努力缩小和消除。"[2]这些指导原则具体化为政策和措施得以贯彻实施之后,已经显示出促进满族繁荣发展与协调满族与各族之间的关系的预期效果。

2. 保护生态环境,坚持满族社会的可持续发展

人类无论怎样推进自己的文明,都无法摆脱文明对自然的依赖和自然对文明的约束。保护生态环境意味着对自己文化的保护。生态环境的破坏,最终也将是人类文明的衰落! 实现人与自然的和谐共处,是满族社会的可持续发展的必然要求。它意味着满族民众在生产方式、生活方式和思维方式的一场"生态文化革命"。

近代以来,满族的经济发展忽视了自然资源和自然环境承载力的有限性,违背了经济不断增长和物质财富不断增加要以生态环境的良性循环为基础这个规律。经济的发展以生态环境的大规模破坏为代价,这使得支撑人类生存的环境急剧恶化。近 20 年来,随着经济、政治的发展与文化的传播,以物质消费主义为特征的西方现代生活方式已经成为整个人类普遍艳羡和追摹的样板,这种现象在当代满族社会生活中也相当普遍。要保持文化与民族的恒久生命力,满族人民必须彻底摈弃追求奢华、享乐至上的人类中心主义生态观,构建健康、环保以及与自然相生相谐的生活模式。

约翰·奈斯比特曾说:"我们的生活方式越是趋向一致,我们将越要坚持更为深刻的价值观——宗教、语言、艺术和文学。由于我们的外部世界越来越相

① 马戎编著:《民族社会学——社会学的族群关系研究》,北京大学出版社 2004 年,第 499 ~ 500 页。

② 胡锦涛 2005 年 5 月 27 日《在中央民族工作会议上的讲话》。

似,我们会更为珍视这些由我们内部所产生的传统。”[①]毫无疑问,强调人与自然协同发展的满族传统价值观与生态观在现代社会仍然具有存在的巨大价值。现代化是人类文明的新发展,协调传统文化与现代化的关系,实现民族地区经济、社会、生态三者的平衡,只有在和谐的社会中,满族及其悠久的文化才能获得进一步的发展。

① (美)约翰·奈斯比特:《2000年大趋势——90年代世界十大发展方向》,转引自张文勋等:《民族文化学》,中国社会科学出版社1998年,第96页。

西方满学研究成果评介

满族是中华民族大家庭中的一员。她是一个充满了激情与进取精神的少数民族,她勤劳、勇敢、智慧,对我们统一的多民族国家的发展、繁荣、强盛做出了突出的贡献。满族及其历代先民与周边各民族共同缔造了我国的疆域版图,维护了国家的主权,促进了经济的恢复和发展,在科学和文学艺术等诸多方面取得了令人瞩目的成就,在中国这片土地上留下了深深的印记和极为宝贵的历史文化遗产。正因为如此,满学研究能够始终得到国内外学者的广泛关注,满学已经成为一门国际性的显学。满学研究的中心在中国,中国的满学走向世界,需要在国际范围内进行有效的对话与交流,需要主动汲取各国学者的积极成果。中国的传统和特点一向是处于跟周边文化的互动之中,而且正是因为由此导致的文明对话,她才在不断演进的历史中,把自己推向一个又一个文化高峰。满学的发展亦应如此,满学研究急需世界眼光。

一、满族研究的新视角

——评欧立德《满洲之道:八旗与晚期中华帝国的族群认同》[①]

满族在中国历史上扮演着一个重要的角色。满洲统治者在整个清王朝一直处于政治支配者地位。在当代,满族人口又在中国少数民族中占据第二位。

① Elliot, Mark C. The Manchu way: The Eight Banners and Ethnic Identity in Late Imperial China, Stanford University Press, 2001。

在追寻满族形成的历史过程时,比较传统的一类看法,往往将满族形成的时间定位于1644年清军入关之前。有人把努尔哈赤称汗建国,或满文的创制看作是满族形成的重要标志;也有学者以为,满族共同体的最终形成,在皇太极于1635年改女真为“满洲”,或者由他完成对东北地区的统一之时。

自20世纪80年代末以来,在族群和种族性理论的影响下,国外出现了好几种著述,力图从对于主体性的自觉意识这一视角去追溯满族共同体形成的历史过程。柯娇燕(Pamela Crossley)先后有《失去怙恃的武士:三代满洲人和清帝国的终结》《满洲人》《半透明的镜子:清代帝国思想中的历史和认同》三部书和一篇《近代早期民族性的再思考》的长文。路康乐(Edward Rhoads)的专著则以“满与汉:清末民初的族群关系与政治权力,1861—1928”为书名。柯娇燕认为,清代满洲人的民族认同经历了一种内在的历时性发展。所谓“满洲人”的观念,其历史性格有一个从文化到人种(race)再到族群(ethnic group)的演变过程。发生在满洲人中间的具有充分政治意识的、明确的族群观念,总体上是对爆发于清末汉人社会中的种族—民族主义思潮的回应;但它的渊源已然存在于太平天国和义和团运动时,甚至还可以追溯到皇太极至乾隆时代。正是在上述时期,八旗组织中满洲身份的“世谱化”过程逐渐使满洲人意识到,自己是与汉族不同的“人种”,而这样的“人种”观恰恰就是清末满洲人之族群观念的历史前身。柯娇燕当然意识到了晚清的社会变革对于满族中族群意识形成的关键性影响。与此同时,她并不甘心将满族史的讨论仅限定在此种关键性影响方面。可惜的是,她未能赋予由“世谱化”过程所促成的满洲“人种”观以明确具体的界定,甚至也未能通过充分的举证来表明此种“人种”观之历史的存在,因此就难免使读者对她的议论产生悬空之感。路康乐的著作也强调,满洲人之从一种职业身份转化为一个族群,是在19世纪末至20世纪初。在他看来,此前的旗人缺乏种族、语言和文化的同一性。清朝征服战争结束后,八旗驻防各地,威慑全国。他们当中除极少数人谋得一官半职或务农外,多数人不能从事其他职业,因此只能混迹兵营,从国家获取生活之资。

如果说柯娇燕与路康乐都只把满族形成的时间上推到清末,那么欧立德则在他的书中明确指出,“满洲”名称的出现即已意味着满族的形成。如果说前面两位作者所考察的主要是八旗组织中满洲身份认同的变迁,欧立德则要在他的著作中表明,作为满族认同根基的八旗的历史,与满洲人的历史互为表里、不可分割，而其最终的历史结局，便是旗人与满洲人成为可以两相置换的等同观念。

从结构上看，《满洲之道》全书由导论、三部分共八章及一个简短的结论组成。在以“满洲之谜”作为标题的导论中，作者详细阐述了他对满族认同问题的基本观点及全书的研究思路。他认为，族群形成的必要条件并不在于其成员有意或无意地享有的共同文化或传统，而是这些共同特征被有意识地用来激发该群体的团结力，从而增加该群体所占有的社会资源，降低其生存危险。对统治着人口众多的汉地社会的少数民族政权来说，保持征服者和被征服者间不可逾越的界限尤其是关涉其生存的大关节。作者因此特别提出“族群主权（ethnic sovereignty）”的概念，用它来凸显出满洲集团对自我身份意识的维持及其意义所在。此处所谓族群主权，是指建立在不同类型权力基础上的世界性帝国的权力等级结构之最高层。欧立德强调，满洲的成功就在于它对族群主权的体认与实践。从这个意义上来说，清朝在中国成功地维持了近300年统治的主要原因，并不在于它的“汉化”，而在于它能有效地利用自己与内陆亚洲诸少数民族之间的亲缘感和历史文化联系。

本书第一部分着重论证“满洲人”与八旗组织所具有的民族性。作者指出，满洲作为一个高度政治化的民族，并不是在共同文化和共同血统等因素的基础上自然而然地产生出来的。它实际上是由于当日的政治和社会需要而被有意识地构建起来的。按照此种分析思路，欧立德相当翔实地揭示出，满洲认同的政治化过程是如何对存在于相关人们群体之中的神话/历史、血统、地域和文化等资源要素进行调拨或动员的。

满族最初的民族性与八旗制度具有不可分离的关系。因此本部分还集中讨论了八旗组织的起源发展、八旗内部的构造及其性质等问题。由于八旗满洲是八旗集团的重心与核心所在，故而在作者看来，进入这个集团的八旗蒙古及八旗汉军的构成人员，就很容易激发出一种向满洲靠拢的心理机制和认同意识。作者倾向于认为，在清代，满洲和旗人的含义日益重叠和趋同；而在另一方面，旗人与汉人的界限却日益分明。显然，满洲人或旗人的民族性其实是某种信念和偏见的产物，并且这种信念和偏见在政治的作用下还在不断强化。

第二部分通过对旗人日常生活的描述，更加深入地揭示出，八旗制度所赋予旗人特别是满洲旗人的特权（这种特权使大多数满洲人直到清亡始终保持着一种政治优越感，但它并未能制止满洲大众生道败落的趋向），实际上刻划着一种蕴含有许多真实内容的生活方式。1644 年以后,随着八旗驻防的固定化,满洲人在汉地社会内生活积至两代或更长时间。尽管如此,由八旗制度所规定的旗人与民人之间在经济、法律和从业等诸多方面的不平等而引发的持续紧张,仍弥漫于整个清代社会。作者认为,"旗、民"之间的这种紧张与冲突,其性质基本是民族性的。满洲人到处炫耀其地位,滥用其特权;他们之所以能够如此行事,并不取决于其军人身份,主要地还是出自他们属于满洲人这一事实。随着八旗制的基本功能由军事性质逐渐转换为主要地被用于处理涉及八旗成员从摇篮直到坟墓的全部日常生活的具体事务,八旗制度本身也就颓变为一种维护旗人日常生活的政治及社会文化制度。

八旗的制度功能的转变,使得靠它支撑起来的"满洲之道"也发生了人们的主观意志所难以支配的改变。这成为本书第三部分的中心话题。到 18 世纪的中期,由于满语和满洲人军事能力的衰落,以及满洲风俗日益加剧的奢侈腐化,以国语、骑射、崇尚俭朴为特征的旧式"满洲之道"实际上已经空洞化,演变为一组带有理想主义怀旧性质的象征性符号。作者强调,恰恰是满洲文化规定性的日趋消失,导致了旗人身份在满族认同中越来越具有决定性的意义。

选择上述的观照角度,可以充分地显现出,雍正、乾隆时期的八旗制度改革对于在变化了的历史条件下维系满洲认同所具有的特殊意义。满洲史的例证又一次表明,族群意识的成立所曾经依赖过的各种基本文化特征的大规模消失,并不必然地会导致该族群丧失对自身独特性的意识。当旗人不仅因为文化上的变异,同时也因为人口增长和过渡消费而很快丧失原有特性时,实施一种更加实用的"满洲之道"便成为维持局面的当务之急。雍正和乾隆通过调整与强化八旗制度来保障满洲集团的现实存在。政府很难强迫人人都讲满洲语,但从制度上增减乃至剥夺钱粮的发放却是完全可以做到的。一种直接的方法就是尽可能地使属于八旗的人留在旗内,并赋予他们以特权地位。于是,充当八旗成员与归属于满洲民族性的其他感情因素更加紧密地结合起来,并进而成了确定满洲身份的决定性标志。事实上,清政权努力维护旗制的企图,也仅仅是维护满洲认同,从而维护满洲在清王朝治下的族群主权。

我们知道,在政治及人类学领域里,族群理论主要用于处理属于近现代的社会现象。而欧立德在自己的著作中,用它来阐释的是满洲共同体的前现代历史。他的尝试确实对读者启发良多。不仅如此,他对清代满洲史的又一次全面清理,也把以下两个非常值得进一步讨论的相关问题明确地提到我们的面前。

其一,如果说满洲民族的产生是某种"政治化"建构过程以及该共同体成员认同意识成熟的历史结果,那么它究竟能否被简单地把采纳"满洲"作为一种自我命名的事实就加以证明?当欧立德用本书的大部分篇幅来展开"满洲之道"的历史变迁时,他似乎是把对上述问题的肯定答复当作了自己从事历史论证时不言而喻的前提。因此他在书中说,从一开始就把"满洲"当作一个民族性的术语来对待是有益的;因为这样做可以使我们更好地理解,满洲文化的变迁与满洲民族一致性的延续其实并不矛盾。但在事实上,问题恐怕远非如此简单。

其二,在整个清代,事实上始终同时存在着以满洲和八旗这两个不同群体为对象的两种并不完全相同的归属感。清政府通过"族群主权"实现的对八旗制度内部满洲与其他人员之区别的维持乃至强化,与以汉族为主体的"民人"将全部旗人视同一体的"他者"观之间,曾长期地形成为某种张力之下的平衡。在这样的情况下,满洲认同与八旗认同就很难真正合二而一。只有在清朝灭亡后,维系八旗制内部身份区别的驱动力瓦解,上述平衡被破坏,民人的"他者"观于是才可能以外部压力的形式促成八旗组织内部身份区别的消解。这一历史演进的最终结果,便是在20世纪50年代的"民族识别"中,旗人被全部地认定为满族。本书作者似乎太过强调旗人作为一个整体所具有的同一性,因而八旗内部各群体间原本还算清晰的差异,在作者的笔下反而变得模糊不清。旗人与满洲人之间若即若离的微妙关系,于是也就被他简单地当作难分彼此的全同关系来处理了。

二、满族民族认同的历史追寻
——柯娇燕满族研究简评

满族是中国一个重要而特别的民族。从历史的角度看,满族统治者在整个清代处于政治支配者的地位,而从现实的角度看,满族又是中国人口较多的一个少数民族。满洲统治者地位的历史变化对于形塑这个民族起着非常重要的作用,因此在历史变迁的过程中探寻"满洲"作为一个具有独特属性的历史存在,这个课题不仅对满族史,抑或对清代史的研究都具有非常重要的意义。

有清一代的事实是,满族入关后,逐渐把汉族传统的儒家文化作为自身的文化传统,满汉之间在文化上的融合已经相当充分,但双方却始终保持着融而未化的界限。显然,传统的汉化理论在解释满族的存在发展这一复杂问题时已显苍白无力。自20世纪80年代末以来,在族群和种族性理论的影响下,国外先后出现了好几种著述,力图从对于主体性的自觉意识这一视角去追溯满族共同体形成的历史过程。肯特·盖(Kent Guy)在《亚洲研究季刊》的研究综述《谁是满洲?》中谈道,柯娇燕(Pamela K. Crossley)关注的主题是,满洲人在历史发展的各个关节点是如何组织他们对于过去的种种敏感意识,以及在追求清朝统治的最高权力过程中,他们又是如何利用各种不同的资源去迫使其统治下的众多群体忠诚于他们。① 在这个领域,柯娇燕取得的丰硕成果及其独到见解已经越来越需要引起国内史学界的更多关注。

柯娇燕(Pamela K. Crossley)是一位美国中国史专家,1983年获得耶鲁大学历史学博士学位。从20世纪80年代以来,她就致力于清史及满学研究,先后写作、发表和出版了一系列论文和专著,其中,比较重要的有《佟家在两个世界:13到17世纪辽东佟氏家族的文化社会认同》②《历史和魔力的统一:满洲认同中的真实和理想的氏族》③《清朝开国神话浅论》④《满洲源流考与满洲文化的形成》⑤《乾隆朝汉军八旗的衍变》⑥《近代早期民族性的再思考》⑦《失去怙恃的武

---

① 盖博坚:《谁是满洲?》,《亚洲研究季刊》61卷第1期,第152页(R. Kent Guy, Who Were the Manchus? The Journal of Asian Studies 61, no. 1(February 2002) p. 152.)。

② 《清史问题》1983年第4期,第21~46页(The Tong in Two Worlds: Cultural Identity in Liaodong and Nurgan during the Thirteenth through the Seventeenth Centuries. Ch'ing-shih wen-t'i 4, no. 9(June 1983)p. 21~46)。

③ Historical and Magic Unity: The Real and Ideal Clan in Manchu Identity. Ph. D. diss. Yale University, 1983.

④ 《清史问题》1985年第1期,第3~24页(An Introduction to the Qing Foundation Myth. Late Imperial China6, no. 1(December 1985)p. 3–24)。

⑤ 《亚洲研究季刊》1987年第4期,第761~790页(Manzhou yuanliu kao and the Formalization of the Manchu Heritage. The Journal of Asian Studies 46, no. 4(November 1987) p. 761~790)。

⑥ 《清史问题》1989年第1期,63~107页(The Qianlong Retrospect on the Chinese-martial (hanjun) Banners. Late Imperial China 10, no. 1(June 1989)p. 63–107)。

⑦ 《清史问题》1990年第2期,1~35页(Thinking about Ethnicity in Early Modern China. Late Imperial China 11, no. 1(June 1990)p. 1–35)。

十:三代满洲和清帝国的终结》①《满洲人》②《半透明的镜子:清代帝国思想中的历史和认同》③等,这些论著是柯娇燕长期学术探索的结晶,她分别从不同侧面阐发了在满族民族认同问题上的基本见解。

柯娇燕的论著都以英文出版,目前尚无中文译本,所以有必要首先对其在满族民族认同问题上所持的主要观点作一介绍。实际上,柯娇燕的满族研究的理论支撑和主要观点在1990年发表的《近代早期民族性的再思考》的长文中有简明而清晰且较为全面完整的表述。在这篇文章中,作者首先对传统的汉化理论进行检讨,在作者看来,汉化不仅只是一个适合的描述文化变迁或被汉文化同化的词语,而且它也是有关文化变迁的种种原因以及在整个亚洲广阔范围内文化变化的种种具体表现的一种猜想。汉化理论上的缺陷在于它的循环性,要"被汉化的"仅是那些已经完成汉化而且看起来"像汉人"的人。这个理论的最微妙之处是强调了中国文化绝对的领导魅力,被吸引到中国和中国社会中的各种不同人群没有遭遇大的障碍就消融在"汉化"的光辉中。柯娇燕进一步指出,事实上,理论定义的汉化与现实中的汉化之间存在着巨大的差异。特别是随着中国经济的复苏,"汉化"的衰落和它的对立面"大众文化"的提升以同样的比例在发展,这种对社会经济的重新强调已经允许我们使用新的方法去思考一些问题。

柯娇燕认为,当人类学和社会学的研究渗透到历史学领域时,对人种(race)、族群(ethnicity)、民族(nationality)等观念进行历时性的研究是非常必要的,但在有关中国的大量作品中,也许主要是为了避免人们将种族观念与种族现象相互混淆,像60年代美国的社会学家一样,中国学者在研究中放弃了非常实用的种族观念。这种做法的结果使得族群被人们更加广泛地接受,族群是多元社会中一个在体质、宗教、语言、服饰和文化等方面具有独特属性的群体。但在多数情况下,由于"种族"与"族群"经常被混淆,以至于它们不仅作为思想建构的独特性,而且它们彼此间的历史关系也模糊了起来。因此,柯娇燕把因为

① 普林斯顿大学出版社,1990年(Orphan Warriors:Three Manchu Generations and the End of the Qing World. Princeton University Press,1990.)。

② 布莱克威尔出版公司,1997年(The Manchus. Basil Blackwell,1997)。

③ 加州大学出版社,1999年(A Translucent Mirror:History and Identity in Qing ImperaI Ideology,University of California Press,1999)。

担心引发“人种主义”的偏见而已被人们放弃的对人种观念的历史追溯引入满族认同的研究，并强调说，只有引入种族的观念才能使人们清楚地看到19世纪晚期满族的民族意识是如何从早期的种族观念发展而来的。

选择这样一种分析的理路，柯娇燕主张，清代所谓“满洲人”的观念，其历史性格有一个从文化到人种（race）再到族群（ethnic group）的演变过程。[①] 民族认同应该被理解为一个谓语式的主格，而非一个抽象的名词；一个正在进行的过程和旅程，而不是一套固定的边界；一种关系，而不是一个独立的实体或品质。[②]她主要从帝国最高统治者追求最大权力导致的意识形态范示不断修正这一视角，在满族民族认同问题上提出了许多非常富有创意的见解。

第一，柯娇燕极力主张，满洲人是在清帝国统治的最后几年成为一个民族的，在帝国早期，他们并不是一个民族。从努尔哈赤到皇太极，传统的女真社会经历了从部落到国家的历史巨变。但是，“事实上，在17世纪30年代清帝国建立的过程中，传统的满洲文化或认同并不是与此同时被创造出来的。这一事实并不意味着满洲认同是不真实或虚幻的，它仅仅说明，满洲人意识到自身是一个有历史、语言和文化等鲜明特征的民族群体的这种归属意识的产生是不可能与使他们认同要素合法化的国家的发展相分离的”[③]。

“满洲”是1635年由皇太极领导的国家确定的一种新的认同标准，满洲不同于以往在满洲地区生活了几个世纪的女真人，这个概念除了具有政治联合的含义外，其中也包含了新兴国家的某种合法性的色彩。16世纪中期，旧有的“女真”名称已不能反映满洲地区地域分布广泛、文化多样的复杂状况，以至它不再具有任何真正的含义。然而，满洲文化在历史的早期及其以后的发展都显示出，它依然保持了东北亚洲传统生活连续性的鲜明痕迹。

柯娇燕指出，早期“满洲”是由居住在东北地区的不同民族部落和人群组成的征服者集团，这个集团依靠八旗制度来维系。在清代早期，八旗组织是征服者集团的统一的文化认同的根基，但它的组成又不局限于满洲人，因为在满洲

---

① 上述两段论述见《近代前期民族性的再思考》，第1～12页。

② Lowell Dittmer and Samuel S. Kim, <In Search of a Theory of National Identity>, p. 13. 转引自张汝伦：《现代中国思想研究》，上海人民出版社2001年，第180页。

③ 《满洲人》，第6页。

成为满洲之前,旗人就已经存在了。[①] 实际上,八旗满洲中有蒙古人、汉人;八旗蒙古、汉军中亦有满洲人,八旗是没有多少血缘关系的共同体,它是一个包容了各种不同风俗习惯的文化实体。在旗人身份问题上,她认为,早期决定旗人地位的法律标准是很简单的,旗人就是为可汗服役的士兵,后来成为皇帝的士兵。但是在1635/1636年前帝国建立过程中,旗人变成了国家行政控制下的军事人口。

作为满洲人建立的王朝,"(清朝)统治在具有民族统治要素的同时,实际上更依赖于文化上的要素"[②]。满人很早就认识到政治的本源在于文化,因此早期清朝的统治者非常清楚要合并吸收东亚各种有利于自己统治的文化要素以提高和增强统治权。他们从蒙古人那里获得了世界帝国继承者的资格,并取得了统治合法性的部分宗教的支持;从满洲旗人那里获得了领导征服战争的军事力量和技术;从汉人那里获得了在中国进行合法统治的官僚统治的技能和儒家的道德规范,并取得了对朝鲜和越南进行统治的道德领导权;从藏人那里获得了作为普世的佛教领袖的超自然的权力。[③] 柯娇燕从清朝公文抄录方法和宫廷建筑的殿宇牌匾书写中体现的合璧制度,提出了共时皇权的概念,以此说明清代政治的这种民族特色,所谓共时皇权就是强调清代帝王是统一国家最高权力的象征,满洲皇帝善于尊重不同的民族信仰和利用不同的文化符号,标榜出来一种多重统一的内在统治理念和外在皇权形象。[④] 而恰恰是在满洲统治者追求普世主义权力的过程中,"满洲"逐渐实现了从军事人口向具有种族性质的人口的转变。

第二,满洲人的种族认同是乾隆时期被统治者人为建构的,这是柯娇燕满族认同研究中一以贯之的最重要的观点。作者指出,就"种族"本身是一种真实事实来说,满洲的历史提供的是一种基本否定的说明。在现实生活中,对满洲人而言,种族认同感是一种新鲜的事物,由于政治、文化和心理的驱动,"种族"

---

① 《满洲人》,第6~15页;《失去怙恃的武士:三代满洲和清帝国的终结》,第16页。

② 井木赖寿:《中国的近代史和历史意识——围绕洋务运动、曾国藩的评价》,岩波讲座《现代中国》第四卷《历史和近代化》,第76页,1989年。转引自王柯:《民族与国家中国多民族统一国家思想的系谱》,中国社会科学出版社2001年,第196页。

③ 《满洲人》,第106~107页。

④ 柯娇燕:《研究综述:清代统治理念》,《美国历史评论》,1992年第5期(Review Article:The Rulerships of China,in American Historical Review,97:5,1992)。

是作为一种建构而得以呈现出来的。[①] 当然,在对过去历史的建构中,并不是历史本身而是历史意识在发挥作用。因此,作者强调,民族性是不需要任何“客观的”标准来加以证明的。

在柯娇燕看来,清朝征服战争结束后,旗人面临的主要困难是认同问题,这是她对乾隆皇帝超越一切文化界限的自我建构过程展开详尽论述的动因。1644 年清军入关后,满洲人开始了汉族包围中的“孤军”生活,这种生活不仅分割了东北满人和驻防满人,而且还进一步分割了北京满人和驻防各地的满人,由此导致各地满洲人生活和文化的巨大差异。到 18 世纪,特别是乾隆统治时期,由于诸多社会因素的作用,最初主要以语言和宗教为标志的“满洲人格”变得模糊不清。加之满洲城市化和隔离旗人造成的八旗生计问题也日趋明显,作为满洲认同根基的八旗制度的衰落很容易使人们得出结论,被八旗囊括其中的满洲人已经失去了他们与众不同的身份。[②] 作为政府的反应,重新确立认同标准并适时调整统治策略已经非常必要了,满族文化和汉文化的相互影响使得满洲的精英文化和汉文化在某种程度上已经非常相像了,人们不可能再从文化的角度来识别满洲,所以满族的认同意识只能通过非文化资源得以体现。

在乾隆朝的统治秩序中,对满洲人来说,文化的特征和统一只是一个,但肯定是一个必不可少的要素。乾隆和他的后继者们对满洲语言的持续一贯的重视是满洲认同标准从军役到文化生活转变的标志。柯娇燕在其著述中着力强调乾隆时期满洲的“世谱化”过程,她认为,乾隆皇帝大力推动编纂八旗宗谱,追述满洲源流,依靠谱牒人为建立起族性发展的系谱,然后通过谱牒中反映出的血统关系,强化了满汉之别和满洲人的族性意识。[③]

她注意到,乾隆时期编纂了《八旗满洲氏族通谱》,辑录了爱新觉罗家族以外的满洲、蒙古和汉军旗人的姓氏与源流,在叙述这些部族的源流时,几乎都从归附清(后金)的时间算起,而很少再向前追溯,显然该谱并非建立在采撷诸部传承的基础之上,而是清朝官方刻意制造的结果。同一完成的《满洲源流考》,

① 《失去怙恃的武士:三代满洲和清帝国的终结》,第 5 页。

② 《失去怙恃的武士:三代满洲和清帝国的终结》,第 6 ~ 22 页。

③ 《半透明的镜子:清代帝国思想中的历史和认同》,第 114 页;《满洲源流考和满族文化的形成》,《亚洲研究季刊》1987 年第 4 期(Manzhou yuanliu kao and the Formalization of the Manchu Heritage, in Journal of Asian Studies, 46:4, 1987)。

把满族部落的传承上溯到东北地区最初有可信记载的人类,从而证明了其种族的独特性,柯娇燕称之为"基于祖宗传承的,不可改变的身份认同"。除此之外,该书还盛赞满族是独立于汉族的中华帝国传统的地区性帝国的传说,它主要是与12世纪金朝联系在一起的传统的继承者。无论《满洲源流考》记载真实与否,它都是当时人们对自身所属群体的历史思考,实质上是当时人的族群历史意识的忠实反映,正如柯娇燕指出的,满洲人同样认为他们的种族性在于血统,他们在历史上是与清朝的建立者并且通过他们又与东北亚洲更伟大的人们联系了起来。显而易见,这种看法是错误的。但是,作为一种观念,它对信仰者意识的影响,如同历史事实一样,却是真实的。"它至少反映了18世纪乾隆皇帝和清政府对满洲起源的看法""满洲并不是已有的认同,它是正在出现的统治秩序的基本因素、来源和建构单元。它是1800年之前帝制集权化过程中的意识形态产物"。[①] 可以肯定,要统治一个既包含汉族又包含中亚地区政治群体在内的大帝国,它必须构建一个更大的权力表述,而对于源流的这一考证,无疑在其中起着一定作用。正如柯娇燕评论的那样,由于每一个种族群体,无论是满族、蒙古族、汉族或其他各族,都有与本种族相应的地位,因此,儒家的天下观念被种族排外性抵消。这些种族与皇帝的关系是由其祖先在创建国家的过程中所起的历史作用而确定的。不过,此种把种族作为界定群体的基本原则的叙述结构,也是皇帝担心满族文化彻底灭绝,重新寻找满族认同的结果。

第三,在满族形成问题上,柯娇燕主张,发生在满洲人中间的具有充分政治意识的、明确的种族观念乃是在清末被汉族的种族—民族主义的形成过程所刺激起来的;但它的渊源已然存在于太平天国和义和团运动时,甚至还可以更向前追溯到皇太极至乾隆时代。正是在上述时期,八旗组织中满洲身份的"世谱化"过程逐渐使满洲人意识到,自己是与汉族不同的"人种";而这样的"人种"观恰恰就是清末满洲人之族群观念的历史前身。

柯娇燕对种族概念作了简明而清晰的定义,"在任何意义上,种族不过是社会史、文化史中的一种现象。种族性是一种由亲缘关系赋予的稳定的道德、文化特征,它使得任何个人或群体无法被同化或被改变"。[②] 在乾隆朝以前,这种

---

① 《半透明的镜子:清代帝国思想中的历史和认同》,第3页。

② 《半透明的镜子:清代帝国思想中的历史和认同》,第14页。

观念在女真人或满洲人的意识中还不存在。乾隆时期,在政府编谱纂书和复兴满洲人格的新的教育制度的宣传中,满洲人才开始逐渐认识到自己是与以前不大相同的,他们是一个种族。

根据柯娇燕的解释,以“排满兴汉”为口号的中国近代民族主义在促成和强化汉族民族主义的过程中,满洲人也开始重新定位自己的族性认同。满洲人作为一个具有政治自觉意识群体的缘起至少在鸦片战争和太平天国时期就开始了。作者指出,1840 年鸦片战争中,当英国人开始向扬子江下游的浙江城市发动进攻前的数日,城里的紧张氛围导致防营中的满族兵勇与汉族民众之间的敌对情绪。满族兵勇以叛国罪屠杀了无数的汉人。无论是事件中的幸存者还是当地的历史学家都把整个事件解释成族类冲突。种族观念事实上开始对满族形成发挥重要作用始于太平天国时期,由于太平天国要推翻满洲居于统治地位的清朝,受到这一时期特别凸显出来的汉族种族排他主义的影响,再加上满洲人的战争经历和随后被政府抛弃以及经济的贫困,他们强烈地感受到自己在起源和命运上不同于汉族的一种归属意识。这场战争中,许多边缘化的旗人被永远地异化于满族族群之外,而所有认同于旗人的人公开承认了自己种族上的不同。①

19 世纪末和 20 世纪初清朝统治即将崩溃之际,在经济与种族双重危机下,满人知识分子开始广为使用民族和满族界定自己的民族成分。② 满族的身份悲剧性地膨胀起来,其悲剧性在于,它迫使一个已经高度汉化的民族背弃业已成为自身文化的东西。

柯娇燕还进一步指出,与满族皇室贵族不同,满族下层内的族群意识与认同是在清末产生的,为此她给我们提供了鸦片战争后八旗满洲军功贵族费英东后裔,苏完瓜尔佳氏三代旗人生活变迁的个案研究的例证来阐述她的上述观点。清朝末期,随着清帝国的衰落以及帝国所规定的认同结构的日益解体,苏完瓜尔佳氏观成、凤瑞、金梁祖父孙三代逐渐失去政治、军事、法律等特权,而越来越有一种被大清帝国抛弃的孤哀之感。但他们始终坚持部族的存在为满洲性之存在,满洲历史依赖于部族及其名称而成立,从而固守着自己的满洲性。③

① 《失去怙恃的武士:三代满洲和清帝国的终结》,第 5 ~ 6 页;第 222 ~ 223 页。

② 《失去怙恃的武士:三代满洲和清帝国的终结》,第 185 页。

③ 《失去怙恃的武士:三代满洲和清帝国的终结》,第 31 页。

对普通旗人来说,满族优势统治地位的丧失更容易使本已处于贫困和危机边缘的他们在心理上产生一种集体潜意识。正是在现实生活中,旗人的满族性在对族的捍卫中得以彰显,民族性事实上反映了一种民族精神的存在,而民族精神的存在,又为民族的生存和发展提供了一种归依。

总的来看,柯娇燕在满族认同问题上的研究有两个比较突出的特点。

一是她的满族研究表现出宏观研究和微观研究相结合的特点。柯娇燕极其善于在历史的长时段中思索满族的形成与演进,她的叙述往往纵贯整个清帝国的始终。不仅如此,她也不乏生动细致的描述,《失去怙恃的武士:三代满洲和清帝国的终结》一书就很有代表性,她在书中详细记述了鸦片战争后,满洲苏完瓜尔家氏三代满洲人的家世沉浮、思想演变和他们对自身满人身份的理解过程,探寻了清代中后期满族作为一个现代意义上的民族共同体形成发展和变化的完整历史过程。

二是柯娇燕致力于从清帝国意识形态的变迁中寻找满族认同,这种方法本身使得她的研究带有很明显的主观色彩。她强调历史意识而非客观的历史事实对满族认同起了显著作用,提出了满族是乾隆时期被统治者建构出来的。不可否认,柯娇燕在民族身份与清代的变动性"接合"的错综详尽的阐述中,也注意到了官方的意识形态和操纵在普通旗人的认同中的滞后效果,但这本身并不能使柯娇燕改变进退两难的处境:她可以用官方正统的文本材料对清朝统治范例的变化作出有效解释,但那些隐身变化后的历史动机,那些为什么却依然暧昧不明。有时作者给出一些简短而很难落实的暗示:存在某种可能发生作用的历史强力。①

柯娇燕继承和发扬了西方学者擅长理论思辩、视野开阔的优点,她的满族认同研究达到了一个西方学者前所未有的阶段——既包含复杂性,又有理论清晰度。毫无疑问,她在清代历史的变动中对满族认同的追寻会对中国传统的民族研究形成巨大的冲击。目前,国内学者对满族起源的基本认识以中国民族问题五种丛书之一的《满族简史》为代表,"十六世纪下半期,在努尔哈齐的领导下,建州女真统一了女真各部,并以此为核心吸收其他族人形成了满族"②。此

① 葛以嘉撰、张慧文译:书评《半透明的镜子:清代帝国思想中的历史和认同》,载《中国学术》2001年第4辑。

② 《满族简史》,中华书局1979年,第1~2页。

结论中有两个方面需要特别注意,一是满族形成的时间是在17世纪初年,一是满族形成中的多族来源,这两点似乎已经成为后来满族史研究中勿庸置疑的定论。由于满洲人生活在八旗组织中,“不问满汉,但问旗民”,一般情况下,人们就理所当然地把“旗人”或“满人”作为一个既定的表示民族名称的概念来使用,而没有深入到满人社会集团内部考察满人作为一个民族的最核心层面——民族认同的形成与演进。可以肯定的是,柯娇燕的学术努力已经给我们提供了更大的思索空间,在对满族是被统治者建构出来的些许质疑中,我们需要更加深入与理性地去思考一个看似简单,实际又非常难以作出回答的问题,即一个具有何种属性的人们共同体才能称之为民族。换句话说,当更多地关注于一个人们共同体的主体意识时,我们将获得对民族这一人类最复杂的结群现象的新认识。

实际上,满族民族认同的研究是一个有着相当难度的复杂课题。柯娇燕坚持的满族是乾隆时期被统治者人为建构的观点尚有一些值得引起注意的方面。首先,我们知道,政治学和人类学认为种族在近代高度政治化以前是不存在的。满族在清代的政治动员中,其政治意识的觉醒是相当突出的。但是,高度政治化的民族产生以前是否存在有一种类似于高度政治化的民族群体?柯娇燕是很有眼光的,她试图进行这种努力。她正确地意识到了晚清的社会变革对于满族中族群意识形成的关键性影响。与此同时,她并不甘心将满族史的讨论仅只限定在此种关键性影响方面。可惜的是,她未能赋予由“世谱化”过程所促成的满洲“人种”观以明确具体的界定。其次,柯娇燕对乾隆时期统治者人为建构满族的叙述过分倚重主观的想象了。作者从文化—种族—民族的演进来追寻满族的形成时,并没有充分的举证,因此就难免使读者对她的议论产生悬空之感。最后,满族的民族认同实际上也可以理解为一个民族认异过程。按照作者的解释,满族的形成是清末被汉族的种族—民族主义的形成过程所刺激起来的。但是,对于满族认同的对立面—汉族的种族意识以及清代满汉种族意识之间的关系,作者又没有明确具体的交代,显然这些问题也都是非常重要而应该更充分地纳入研究的视野。

当然,作为一名国外学者,囿于独特的视角,柯娇燕在满族认同问题上的结论尚存有争议之处。事实上,一个民族最本质的特点存在于对自身来源或者某些共同经历的历史记忆中,这种历史记忆具有凝聚族内人和区分族外人的重要意义。研究满族史的学者也指出"各种不同来源甚至不同血缘的群体都将自己的祖先发源之地仿效爱新觉罗家族而记作长白山,这正是满族民族认同的明显表现"①。可见,正是在对自身根源性的思考和记述中,满洲作为一个具有独特的人们共同体的属性不断铸成。满洲不是主观臆造的产物,满族性存在普通民众的日常生活中,它通过共同的语言、文化、经济、政治利益等因素不断得到固化。历史研究需要建构理论,但它更需要丰厚的史实和史料的支撑,对满族的研究亦是如此。如果柯娇燕转换研究视角,将其关注点更多集中于一些平实的问题,诸如乾隆朝种族建构的具体表现以及它对后世产生了什么样的影响,修谱行为与满族人极重传统和满族文化具有的崇奉往昔的逆向特征有无关系及有多大关系,苏完瓜尔佳氏三代旗人的个案研究能否反映满族认同的一般状况等,或许她会在对这些问题的解答中更加逼近历史的真实。

三、何谓满洲人:综合书评②

Kent Guy(盖博坚)

柯娇燕(Pamela K. Crossley). 1999.《半透明的镜子:清代帝制意识形态下的历史与认同》(A Translucent Mirror: History and Identity in Qing ImperiaI Ideology), Berkeley and Los Angeles: University of California Press.

欧立德(Mark C. E11iott). 2001.《满洲之道:八旗制度和中华帝国晚期的族群认同》(The Manchu way: The Eight Banners and Ethnic Identity in Late Imperial China), Stanford: Stanford University Press.

罗友枝(Evelyn Rawski). 1998.《最后的皇族:清朝宫廷社会史》(The Last Emperors: A Social History of Qing Imperial Institutions), Berkeley and Los Angeles: University of California Press.

路康乐(Edward Rhoads). 2000.《满与汉:1861—1928 晚清和早期共和国的族群关系和政治权利》(Manchus and Han: Ethnic Relations and Political Power in

① 定宜庄、胡鸿保:《从族谱编纂看满族的民族认同》,载《民族研究》2001 年第 6 期。

② 本文译自肯特盖(Kent Guy),"Who Were the Manchus? A Review Essay", in The Journal of Asian Studies 61, no. 1(February 2002): pp. 151 ~ 164. 肯特盖是华盛顿大学历史学教授。

Late Qing and Early Republican China, 1861—1928), Seattle: University of Washington Press.

满洲人究竟是何等模样？许多年来，在亚洲研究领域中，人们往往满足于回答说：满洲人不是汉人。这样说无疑是正确的；而且只要我们仍然把清朝历史的支配性特征看作是传统中国文明的回光返照或者急剧衰落，那么它就可以用来回答中国文明何以会在那时衰落下去的问题。最末一个伟大王朝的统治者居然不是汉人，这种小小的别扭很容易使人们想到，为了长久地统治中国，满洲人必须“变成为”汉人。然而，如果把清王朝定位为早期近代世界中疆域最大、持续最长的一个多民族帝国，上述传统见解就不大有说服力了。这是因为，假使我们认为清王朝远不只是一个汉式王朝，甚或认为其所以获得成功，恰恰就由于它能够矫正传统汉式体制的种种缺陷，那么满洲人之有意使自己区别于汉人，就必然与他们所赋予其目标的种种特殊性格及其历史过程息息相关了。

可是要真正厘清满洲认同问题是相当困难的。首先，尽管语言学家罗杰瑞、乔瓦尼·斯达里及其他学者已经做了很多重要的工作（特别见罗杰瑞，1978），复杂的满语依然对研究构成一种挑战。要解读现存的有关满洲的史料则更困难。对 17 世纪的史料往往需要进行特定的解读，因为它们体现着一种征服的言说。18 世纪的史料则更加直接地致力于认同的言说，但是，用柯娇燕的比喻，它们充其量也只构成若干“半透明的镜子”。有关满洲人的 19 世纪史料最宜看作是某种维系生存的言说，它反映出满洲人由于清帝国疲于国内叛乱与外国入侵的双重危机而试图重新界定自身的那个特定时刻。本文评论的四部书，都以排除有关满洲史的阅读障碍为基础来推进各自的讨论。它们综合地利用不同时期的史料，不仅想探讨何谓满洲人的问题，而且还揭示出后者是如何运用其特有资源与特殊情感来建立清王朝的。

或许很快会成为满族研究“四书”的这几部著作，各以不同方式切入主题。柯娇燕关注的是，在其历史发展的各个关节点上，满洲人如何组织对于过去的种种特殊情感，如何运用在追求清朝统治最高权力过程中所获得的各种政治表达资源，从而迫使其统治下的众多群体忠诚于己。欧立德则旨在厘清所谓“满洲之道”，这个说法常常出现在经他考察过的清朝对其一向视为神圣的满洲风俗习惯的讨论之中。他指出，“多亏它被多层叠合在特别地带有满洲色彩的各种制度，尤其是八旗制度中”，“满洲之道”才得以长时期地存续下来（2001：

12)。罗友枝提供了一部新鲜而引人入胜的带描述性的社会与制度史,它具有很丰富的细节,并且揭示出满汉社会形式之间的诸种隐约的或确实可知的显著差异。路康乐的书聚焦于清朝最后几年的满汉关系,他要考察的是,当政治活动家们将之变作政治言说的集中关注点时,慈禧太后和载沣是如何处理这个问题的。如果使这些著作记述的所有故事都彻底地接合、交织成为一个整体,那么我们将获得一部从统治者视角来讲述的清史叙事;不过,这里没有必要对此再作一番概述。以下拟根据四部著作的发明,阐述满洲人作为统治者所具有的四种能力:迫使散布在东亚广阔地带的众多不同人群忠诚于已;建立了一个历史上存在时间最长,并且最忠诚的官僚精英层;确保自身有别于被其统治的汉人;坚持传统的汉族行政实践,而且在实际上提高它的效率,并赋予传统的汉族政治形式以新的活力。

满洲人到底是谁,或者是"何等样人"?

试图做出回答之前拟先搞清楚的是,当关涉到满洲人究竟是怎样性质的一种人群这个问题时,诸家在基本术语的设定上有哪些不同。史学家们一致认为,大多数满洲人来自居住东北地区著名的女真人群体。问题在于,某些女真人如何能变成为满洲人,他们这样做又意味着什么。当他们的起源,或者不如说是其名称的起源,被不折不扣地追寻到一个日子,亦即 1635 年 10 月 20 日的时候,满洲人就变成了一个独特的人群。就在那一天,中国东北地区迅速崛起的庞大的女真政权的第二代统治者发布诏谕说:

吾等固伦原有满洲、哈达、乌喇、叶赫、辉发等名。向者无知之人往往称为诸申,夫诸申之号,乃席北超墨尔根之裔,实与吾等固伦无涉。吾等固伦建号满洲,统绪绵远,相传奕世,自今以后,一切人等,止称吾等固伦为满洲,不得仍前妄称[①]。

这里评论的每一种著作都引用过该段文字,但作者们对它的处理却各不相同,反映出他们对于这个正在被创建的群体的不同看法。一个问题是,现在被命名为满洲人,究竟是怎样的实体,或者应该包括哪些人在内?"固伦"在满语

① 《清实录》卷 2,330 - 1《太宗实录》25/19b - 20a,罗友枝著作之翻译(1998,36)。关于"固伦",见罗杰瑞(1978,115)。

中被译为“国家”“部落”“人们”，甚或“当朝”，这主要取决于它使用的场合。汉译文本使用“国”(state，nation，country)，但它并不能与任何英语术语准确地对应。而且这个汉语对译词也已很自然地将满洲历史上时间比较靠后的更国家化的时期覆盖在内。那么，在“满洲”的指称确定之日及其之后，被称为满洲人的那些人自身实际上又是如何看待他们自己的？罗友枝的回答相当有伸缩性，并且也许最为明智，她认为皇太极想制定“一种能够包容女真及其他东北各部落认同的新的身份认同”(1998:36)。这可能是正确的，但它并没有解决下述那个更大的问题，即当我们讨论满洲人时，我们到底应当谈论什么样的一个群体？在带着同样的问题去考察一个更晚近的阶段时(那时的要害问题已变成满洲人为中国做过些什么，或者从革命者的观点看，则是对于中国他们做了什么)，路康乐指出，满洲人是一个“世袭的职业等级集团”(2000:289～290)。这样的提法自有其长处，它传达了对18世纪晚期和19世纪的满洲认同来说十分重要的源于共同祖先的血统意识，以及他们的共同使命感。不过这样的定位仍然过于含蓄，至少就路康乐描写的多数满洲人而言，他们的共同“职业”其实就是实施统治。

在如何解读这段文字方面的真正对立，发生在柯娇燕与欧立德之间。鉴于1990年代发表在《清史问题》杂志上的《早期现代中国民族性的再思考》一文中所明确有力地加以列述的那些理由，柯娇燕原则上反对使用“族群”这一术语指称早期满洲人。在她看来，“族群认同观念的合法性，其被加诸某些经过选择的群体之上，及其被每个个体所内化的过程，都是帝国文化的产物”(1990b:27)。也就是说，只有当某些群体被帝国秩序异化或边缘化的时候，他们才可以被恰如其分地称为“族群(ethnic)”。按照这样的观点，尽管满洲人在清朝最后几年变成了一个族群(ethnic group)，但在王朝早期他们还不曾如此。如果使用同一术语来描述处于不同历史阶段中的他们，就会使这一事实变得模糊不清。“与‘女真’不同，‘满洲’并非一种从属于东北地区多意涵文化体的认同。相反，它经由国家颁布的各种标准尺度而固定下来，并与国家一样长久地存在”(柯娇燕，1999:194)。这样看来，皇太极创造的是一种社会—政治秩序，因此，这段文字中的“固伦”应当译为“国家”或“部落”。

然而，欧立德却向我们呼吁说，在事关满洲身份的定位时，必须对它的族群性特征(ethnicity)进行“再思考”。抛开了使柯娇燕深感无所适从的与“族群性”这一术语联系在一起的那一套20世纪观念内涵，欧立德发现这个术语本身是有用的。他认为，它能使我们“更好地意识到”满洲人历史上的“自我认同过程”，而且还能说明，面对着文化上的非连续性，满洲人如何得以保持其族群的一贯凝合。在欧立德看来，1635年命名的固伦是一个“人们”(people)群体，皇太极此举的目的是要建立一种“与‘蒙古人’‘朝鲜人’及‘汉人’相对等的全体女真人的共同身份标识。”欧氏指出，由于东北中国的政治秩序还远远没有澄清，因此皇太极的诏谕正好起到了将构成满洲序列之各种成分之间的政治差异加以模糊化的效果。“远非简单地宣布一个政治指称，通过声明，甚或实际是坚持主张女真固伦的民族统一，满洲的名称恰恰是旨在将前述那些政治差异遮蔽起来”(2001:71)。

尽管对术语的理解有所不同，柯娇燕与欧立德笔下的满洲人却有许多相同之处。柯娇燕当然不否认，正是某些文化及政治标志使满洲人得以与周围诸多人群相区别。不过在她看来，使用与汉相同的语言，信仰汉的宗教，尊崇来自远古的“奴尔干”之地的祖先们等，所有这些“仅只是把‘满洲’命名为一种新身份的全部操作的一部分而已”(1999:194)。与此相反，欧立德认为，满洲组织的支配性特征在于它所宣称的主权性，亦即“族群宗主权”，不过它仍然是一种政治权利(2001:4)。似乎无人想否认，满洲人代表着一种统治格式，凭借源于东北历史的诸如宗教、语言、祭祀、社会、服饰及发型等特征使自己与其支配下的那些人互相区别开来。事实上，罗友枝的著作就可以当作是关于这些标志，特别是其中昭示于皇室生活之诸特征的丰富而翔实的概览材料来阅读。

带着这个尚未厘清的“满洲”概念去从事进一步的讨论，并不意味着我想否认有关族群性见解的重要性，或者想否认对族群性的特别性格进行讨论的意义与重要性。词语是学术沟通中最必不可少的表达元件，我们无法在学术讨论中对它予以低估，尤其是在涉及族群性这样的在20世纪言说中饱含深意与情感的词语时。但是，满洲人毕竟是世界历史中“自成一统”的独特人群，欲将他们的经验等同于无论何种西方模式的努力，都会违拗其本来属性。与其争论使用什么词语来凸显其根本属性，历史学家不如更加深入地考察满洲人的此种属性促使他们做了什么，以及它们又如何影响了东亚历史的进程。

“共时性”与满洲统治的合法性

满洲人无与伦比的才能之一是他们具有共时体现其统治下的各种人群的

政治传统之关键要素的能力。柯娇燕写道:"清朝皇权在于它的表达方式,我称为'共时性'(汉语为"合璧",满语为 Kamcime)。即清朝的法令、实录及纪念物都是精心设计的……它体现出多元文化结构中的共时性表达方式。"(1999:11)在某种程度上,满洲人实施的不同认同标准反映出满洲统治者在历史之不同时刻所具有的作用。努尔哈赤统治的最初时期,当他的权力局限于辽东中东部相对狭小的区域时,在女真的传统中,他只是一名贝勒。贝勒是地方首领,他们凭借"武力或武力威胁"据有其地位,并拥有在臣民中分配与再分配财产的权力。贝勒最终的权力是传统萨满权力的延伸,这表明了"政治和精神功能的结合,或是后者被前者取代"(1999:141)①。

利用语言分析的方法与东北地区生活的其他记载,柯娇燕充实了早期阶段的记述。在《半透明的镜子》和较早的《满洲人》中,她充分利用朝鲜使臣申忠一的记载,申忠一在 16 世纪 90 年代曾参观了努尔哈赤的都城佛阿拉。征服女真北部的科尔沁蒙古后,努尔哈赤的第二种政治身份是可汗。凭借这个身份,他获得了拥有奴隶的权力,而且这个象征统治的新名词赋予他所有的一切。事实上,在北部亚洲的传统中有各种类型的奴隶。贝勒只能支配属民的财产,但是,他却能够对那些被征服者与自愿归顺者行使各种权利。在某些情况下,主仆关系亲如父子:王爱民,民尊王。在另外一些情况下,这种关系与奴隶制度颇为相似,大量人口被置于"永久性的辛苦而污秽的劳作"之中(1999:181)。对这些身份进行分类的努力是徒劳的,尽管罗友枝已经对包衣与阿哈作了区分,包衣从事地位较高的工作,阿哈则在田间劳作(1998:162;亦见欧立德,2001:227~229)。可以肯定地说,在某种程度上,满洲的成功至少根源于自由受限的服役方式。②

努尔哈赤的儿子皇太极(1636~1643 在位)进一步提升了这个日益发展的东北政权的认同感。在 17 世纪 30 年代,对长城以南地区日益频繁的大胆进攻使得努尔哈赤的后代成为一支势不可挡的强大力量,皇太极开始建立满汉并行

---

① 柯娇燕著作的补充解释在《旧满文档》中,罗思·李的著作论述了《旧满文档》(1975;1979)。申忠一文本的来源,见柯娇燕(1999,27n. 58)。

② 外族人自由受限的服役方式对中国政治秩序的影响是一个有趣的问题。关于儒家精英对朝鲜奴隶制度的看法,见帕雷斯(1996,208~70)。简单地说,他认为,"奴隶制度与儒家强调的相互尊重的观念绝不是不相容的"。朝鲜的一些人士认为,即便没有必要,贵族与底层区分的儒家观与社会等级化的组织也是相一致的。

的政治制度,并将儒家经典翻译成满文。这最终导致他在 1636 年承担起汉族皇帝的角色。在中国,满洲人曾经积极地资助汉族精英的传统,这对于吸引汉族精英是必要的。对满洲人的这种行为有不同的评价。从极端的角度看,满洲人对汉族学者的资助可以理解为冷嘲热讽式的操纵,或表明他们真正的转变,他们已经完全沉迷于儒家普世主义的吸引中。柯娇燕仔细考察了前一种情况,她描写到清朝认可朱熹的思想,并把它作为一种"宣传资源",这看起来与政府提倡的其他意识形态是不同的。多数研究者发现,在某种程度上,满汉双方的接触都带有一定的目的,但是,至少汉族学者与满洲国家之间在某些方面还存在真正的相互影响。

当皇太极侵入东部蒙古地区时,他发展了努尔哈赤对藏传佛教与玛哈噶拉佛的信奉,这种宗教信仰在树立中亚可汗权威的合法性方面具有重要作用(关于这种信仰,见柯娇燕[①];对于清朝的行政管理,见罗友枝[②])。满洲人在新建地区的形象与藏传佛教信仰或许在其认同中鲜为人知,但是,通过已故的戴维·法夸尔(1978)、塞缪尔·克里帕尔(1984)以及柯娇燕(1990a,1990b,1994,1997,1999)等人的著述,它们越来越为人周知了。其中,最值得注意的是满洲人对佛教的相对笃信。克里帕尔写道:"清史研究的多数专家主要依靠汉文史料,他们因此忽略了满洲人坚信藏传佛教这一问题。"然而,他总结说:"清政府的宗教行为看起来令人费解,若非全然无法解释,尚无统治者公开支持藏传佛教。"(1984:49)

这里出现了一个真实性的问题:是否满洲人对凡人凡事,或至少对几乎著名的人都尽其所能,哪一种是故作姿态?哪一种情况符合实际?很久以前,欧文·拉铁摩尔提出,满洲人能够采纳不同的认同标准在于他们从一开始就不具备"蒙古人那样强烈的部族意识和深厚历史传统",而且"正是这种不成熟状态促使他们以惊人的速度和彻底性获得了汉族的特征"(1932:44)。[③] 借用 20 世纪的短语,满洲人的"一穷二白"解释了他们能够采取不同的意识形态,但这并不能说明他们为什么能够始终坚持下去。在满洲人统治的大部分时期,各种认同的共时表达产生了模拟,或与模拟同源的假装的问题。因为柯娇燕实质上把

---

① 1999:233~246

② 1998:249~263

③ 托马斯·巴菲尔德在有关中国边疆的论著中对这个观点作了深入论述(1992)。

满洲作为一种政治秩序进行研究,这是没有问题的。她在一个重要的段落中写道:“国家并不相信”什么;他们运用各种宣传资源作为必要手段,从而达到其政治目的(1999:225)。假设罗友枝关注于社会形式与宗教制度,人们期待她更直接地面对满洲信仰本质的问题,但她回避了这一问题。在描写清朝皇帝在各种宗教活动中的行为与作用时,她写道:“人们不可能确知皇帝是否‘相信’某种宗教或政治化的意识形态。历史学家的使命而是描述这些行为、声明及其结果”。(1998:198)

安吉拉·兹托(Angela Zito)在最近的著作《身体和笔的:作为文本的盛大祭献/18世纪中国的业绩》中指出,在评价清朝统治者与他们和宗教行为的关系时,我们应该把笛卡儿的精神/物质二元论,即思维总是独立于行为之外的观点置于一边,而是深入思考“主观意识的形成产生于一定的物质环境中,其中包括强制力、政治运动、语言的运用及构建空间的性质”(1997:210)。需要说明的是,统治者在主持某种宗教仪式时,实际上,他们在主观上已经把自己想象为某种特定角色的化身。她以盛祭为例进行说明,在构思精巧的萨满舞仪式中,乾隆皇帝实际上承担着先祖或天的角色。兹托的讨论在这里能够进一步展开。罗友枝的论证表明,在某些方面,清朝皇帝至少非常真诚地试图体现其所属臣民的各种宗教信仰。她描述了乾隆皇帝在新年的半夜立刻起身,几乎整个上午来往于公开的与民间的宗教仪式中,这些不同的宗教传统都得到清帝王的赞助。中亚的宗教仪式在这种场合非常重要,因为,正如罗友枝指出的,爱新觉罗氏族将其王子与蒙古贵族联姻。简而言之,统治者具有了蒙古血统。或许,如她所言,就像我们从来不可能知道某一历史人物实际上相信什么一样,我们将永远不会知道满洲统治者相信什么。但是,这些著作中的新证据却促使我们思考满洲人为什么能够获得成功,在很大程度上,是因为他们认真地对待被统治者的宗教信仰。在这方面,满洲人远远超过了俄国人,俄国人将自己视为俄国正统的保护者,满洲人进一步超过了奥斯曼土耳其人,奥斯曼土耳其人在容忍其他宗教信仰的同时维持了自己的伊斯兰教信仰。

八旗制度

满洲人能够征服那些他们未囊括在内的人,或至少凭借他们的军事力量即八旗军队与被征服者相隔离。在早期现代世界,世袭的军事等级制度并非不同寻常;清朝八旗的独一无二在于八旗兵丁对统治者的绝对忠诚。与世界许多地区的军队不同,在八旗中服役的军人从未背离创造他们的政府,他们也从未利用满足生计的资源去对抗中央的权威。研究清朝的成功必须首先从解释八旗的团结与忠诚开始。这里提出两种观点。一是清朝统治者在征服战争前后创建的强大持久、精心设计的八旗制度维持并确保了他们的军事力量。另一种在语言和思想上更富创建的观点强调八旗军队认同感的内化过程与旗人对满洲国家的责任。在《满洲之道:八旗和晚期中华帝国的族群认同》一书中,欧立德对上述两种观点都作了考察。事实上,他认为,在整个清朝,八旗制度与满洲认同是相互强化的。

在中国,至少八旗制度与其反映的军事组织模式的改革始于满洲地区。正如柯娇燕指出的,早期女真的社会组织比较原始,实际上,女真语中并没有"部落"一词(1999:151)。随着女真社会的发展与组织规模的不断扩大,他们肯定需要表示"部落"的词语,大约在明朝,女真人借用蒙古人的该词来表示氏族联盟。

努尔哈赤的成就是把女真人的各大联盟纳入到一种社会组织中,他能够利用这种组织实现其政治目的。这种组织即军队,在军队中,同一部落的成员共同服役,他们通常被编入同一佐领,其首领是世袭的。然而,亲近的氏族被置于不同官员管理下,这些官员都是皇室成员(欧立德,2001:56~63)。这种军事组织不久被命名为满洲,毫无疑问,这样做的结果是把士兵吸引到满洲人与其他参与者共同进行的军事伟业中,而不是继续东北女真各部落长期分裂的状况。

为了特定的目的,清王朝有可能借鉴投入满洲宏业中的早期旗人的服役情况。清廷在旗人居住、生计、训练与地位方面的种种安排进一步强化了满洲人的共同命运感。旗人及其家人必须住在主要城市附近的隔离居住区,从而加深了汉人"下山之虎"的印象(欧立德,2001:129~132)。土地的授予与最终的俸禄制度取代掠夺而成为旗人生活的来源,但是,清王朝在旗人中推行从摇篮到坟墓的供养原则,而且涵盖出行、婚丧等特殊开销。八旗军队的训练遵循统一的规则,在中国,对八旗军队的需求与在东北地区是一样的。军队按照历史传统进行装备。旗人在法律上享有基本的特权,由于首都任命的特殊的帝国使臣,汉人被排斥在这种权利之外。欧立德认为,这种制度极为复杂,美国读者将其视为"海军陆战队、文官制度与传统的统治方式之间的通道,它深刻体现出古老的通讯体系、政治倾向与某些舆论性政策的结合”(2001:41)。然而,八旗制度并非临时性之举措;正如欧立德指出的,它反映出一种有意识设计的占领力量。

但是,清朝统治中国的时间越长,继续保持东北地区的服役状况就愈加困难。欧立德认为,这一过程的转折点是驻防旗人在驻防地永久居留显而易见之时。当驻防地的满洲兵丁希望在驻防当地而非京师或满洲埋葬已故家人时,这就更加清楚了。以此看来,新的制度必须建立起来,以此加强旗人与国家的联系。

清朝处理问题的方式具有八旗等级的官僚化特点。从 18 世纪早期开始,清朝开始大量任命佐领,而不再实行官员世袭制。事实上,正如欧立德指出的,清朝制定了评价与提拔旗人的一整套制度,它与 25 年前确立的选拔地方文官的制度是并行的。针对旗人、皇室成员及包衣的官学体系在清朝发展成熟(2001:203~205;柯娇燕,1994),旗人凭借官阶或翻译水平在政府中谋取一官半职。在 18 世纪早期,政府颁布了大量针对旗人的法规集子,并出版了阐述八旗起源与结构的《八旗通志》。① 在满洲政权建立的另 25 年,同样的情况也在发生。罗友枝指出,在 1748 年,宗室封爵制度确立,而且这种世袭特权被牢牢地确定下来。18 世纪 50 年代以后,所有有资格的继承者都要接受引见,在这个过程中对他们的满语水平与骑射能力进行评价。皇子爵号时常被剥夺,从而产生了罗友枝描述的“贫弱贵族”现象,政府能够控制这些贵族,并且委以重任(1998:77~80,91~93)。

清朝非常重视将满洲人的组织与评价体系推广至汉人官僚生活之中。即使在最公开的形式中(分别是《大明会典》和《大清会典》),清朝文官晋升的周期比明朝长 60%,在许多更大部头的著述中,清朝的规则制定得也很详尽。罗友枝的主要结论之一是,“官僚化作为一个过程……发生于社会制度的广泛领域,并成为清朝行政制度的印记”(1998:296)。

在清史研究领域里,官僚化问题需要深入的考察。在最早期的研究中,官僚秩序与据说合理的法律制度在西方已经成为官僚制度的基础,它们被视为整个现代时期中国人追求的目标。在 20 世纪 70 年代,墨子刻在著作中指出,韦

---

① 从帝国角度对这些变化进行解释,见黄培(1974,168~180)。

伯的理性观念存在于新儒教中,他还讨论了中国的统治方式在晚期帝制时代已经实现了相当复杂的官僚等级程度(1973,1977)。最近的著者对此更加怀疑。孔飞利考察了18世纪中期清朝官员在巫术活动中的行为,其中很多是满洲人。他指出,官僚制度有值得肯定的方面,但也有许多值得质疑的地方,而且他列举出两个对官僚制度缺少赞誉之辞的事例(1990:230~232)。事实上,安吉拉·兹托发现,在晚期中华帝国政府中任职的官员与现代官僚体制中的那些人有很多不同,提及中国的统治方式,她将其视作"一种主权",而不是官僚政治(1997:7)。

在对清朝起源与官僚模式的本质越来越难以确定的情况下,在诸多著述中,需要格外关注罗友枝的观点。罗友枝在著述中清晰地阐述了清朝的官僚秩序既非源于对现代性的普遍探求,也非中国人对此种模式的长期偏好,尽管墨子刻有关新儒教对于官员职责的根本态度的专门讨论有许多值得借鉴之处。然而,清朝的官僚体制有其独特起源,在某种程度上,它至少有利于征服王朝划分各个阶层,并在他们中间推行其应尽的义务与享有的特权。不能因为十七八世纪中国的政治成功就赞扬满洲人,也不能因为19世纪官僚制度的功能性障碍而彻底指责他们。与之相反,罗著强调清朝的政治模式产生于特殊的历史环境中,而且这四本书无一例外地都概述了这种历史环境。

满洲化

根据18世纪旗人生活发生的诸多变化,清朝统治者如何保持满洲追随者继续忠诚于己?欧立德的回答细致深入。他认为,在清代中国,满洲人中存在一种主观要素,即共同的认同感及环绕的"旧道"或者"满洲之道",这个短语是他著作的主题而形成的的文化传统,"满洲之道"的主要内容包括:"骑射、精通满语及节俭之俗……有时也包括诸如敬祖、尽忠皇帝等所谓的'刚毅品德'。"(2001:276)满洲认同存在之最具说服力的证明来自满洲官员写就的有关旗务文件的评论中,这些评论为欧立德进行讨论提供了丰富资料。然而,文件肯定是行政性的文献,它们也具有私人书信的性质(18世纪上半期档案制度推行早期尤其如此),其中常常包含令人信服的评论。将具有官方标准史料的这些评论综合起来,欧立德在《满洲之道》一书中提供了一个令人信服的个案研究例证:满洲具有"文化的非连续性",然而,满洲人却始终保持着"民族的连续性"

(2001:17)。

“满洲之道”的另外一些解释文件,即整个18世纪颁发的帝国法令是更有问题的。这些著作中引用的这类法令文书也通常出现在通俗的历史读物中。它们流露的一致信息是,18世纪的满洲人丧失了那些促使他们强大,在历史上形成的各种技能与优秀品质。然而,该书关于这个问题的前提假设必须认真加以理解。欧立德的阐述是非常有用的,毫无疑问,尽管传统技能丧失了,马背射能力因驻防地不同而有很大区别。而且,正如柯娇燕考证的,民族本质是18世纪官方意识形态所特有的,“对于乾隆皇帝来说,澄清文化差异,并证明统治者具有普世主义的能力,这是帝王的使命”(1999:270)。仔细界定满洲人是谁及其特殊性格如何使他们团结并统治整个帝国是18世纪清政府的主要目标。欧立德甚至指出,对于18世纪的乾隆政府来说,围猎这种传统的满洲行猎方式表明了某种“被发明的传统”(1992)。满洲射猎方式的历史根据肯定比苏格兰高地男子的褶裥短裙或印度帝国统一的说明要多一些,这与主题有些不相关了。然而,还有些刻意创造出来的有关满洲之道的帝国言论,满洲旗人可能也意识到了这种创造。欧立德指出,破产满洲人最尖锐的批评针对着京师旗人。满语成为一种策略性的语言,它的使用服务于特定的目的。但是,正如旗人指出的,骑射在日益复杂的官僚社会中已经没有多少用处了,多数成功的满洲人通过仕途及精通文书而谋取职位。

显而易见,强调满洲之道的诸种形式就是强调满洲的诸种标志,正是这些标志使得满洲人有别于汉人。当管理满汉官员的行政制度越来越趋于一致时,这些标志也就更加重要了。对于清廷来说,惩戒满洲人出于一定的政治目的;清朝统治者并非只是为其后代留下这些描述性的文字。在某些时刻,清廷更频繁地强调满洲的特征并非意味着他们此时丧失了真正的满洲标准。它仅仅表明源于东北历史上的种种标志在整个清朝统治中具有重要作用。在清朝,民族性与政治是密不可分的。

标示终结

罗友枝的著作为《最后的皇族》。耐人寻味的是,路康乐的著作着重描述了清皇室的最后几位皇帝。从许多角度看,他的《满与汉:1861—1928晚清和早期共和国的族群关系和政治权利》都是一部不同寻常的著作。与20世纪转折时期的多数满洲研究者不同,路氏并未关注满洲人的观念及满洲人如何激起汉人的民族主义,他关注的是满洲最后的统治者试图对这些观念采取何种行为。这与他指出的中国历史上最常见的写作主题 1911 年革命的多数研究成果不同,他关注的不是革命者,而是反对革命的忠诚者。路康乐最重要的贡献有两个。首先,他仔细讨论了 20 世纪满洲统治者如何应对革命者日益强烈的期待。同样重要的是,他还揭示出了 1865 年后,当皇室在清帝国中的作用更加积极,权力更为直接地集于爱新觉罗氏族手中之时,满洲政府发生的变化。对这部著作在 1911 年革命方面的主要贡献进行全面评价,甚或在该领域其研究成果的重申都已经超出了本文的研究范围。

与其他三部著作一起阅读,该书的重要之处在于:20 世纪的满洲人是如何把自己与三个世纪前确定的认同标志联系了起来。早至 1865 年,旗人有可能否认其八旗认同,并被登记为民人。但并没有多少旗人这样做。事实上,在这个日益衰落的帝国中,多数旗人享有的所剩无几的特权与八旗生活相联系,这些特权是对他们在居住与职业方面长期受法律限制的一种补偿。即使在谋取其他职业日益成为必要的情况下,某些旗人宁愿坚持他们特有的多音节姓名而不取汉名,尽管这样可能有碍他们就业。骑马、射箭在满洲人的生活中已经不再重要,但是,路康乐却指出,清政府试图运用现代化的武器装备与训练方式促使满洲实现军事现代化。同样,满洲人不再使用满语,但是,直到 20 世纪 20 年代,革命者仍然能够通过其音调识别出满洲人。满洲男女仍然保持着 17 世纪流行的,与明朝长袍相比富于灵活性的服饰风格,尽管这种风格已经不合时宜,而且许多汉人已经穿着西装了。

尽管不是针对所有社区,惯性的力量,尤其是仍然保持着隔离居住的社区中存在的惯性力量解释了某些连续性:在 20 世纪早期作为满洲人并非易事。路康乐的论述令人信服,多数研究认为中国 1911 年的革命是一场相对和平的过渡。事实上,当汉人激进组织进攻八旗驻防时却发生了大量的人员伤亡。西安驻防的情况最严重,汉族革命者进攻西安满城时,他们杀死近万名居住者。革命思想传遍各省,镇江、福州、太原等城市也发生了屠杀(2000:190 ~ 205)。面对这些活生生的危险,满洲鲜明特征的保留就是一种非常慎重的选择。实际上,路康乐列举的几个事例,与柯娇燕早期的《失去牯恃的武士》所描述的杭州满城同样说明,满洲人公然维护他们的认同至死不渝。

在某种程度上,除非20世纪的满洲兵丁将自己与昔日清朝的光荣联系了起来,否则,他们的行为是令人费解的。自杀并非族群维护其草根的行为,而是那些认为生命不再有意义的人的一种选择。上述论著中描述的种种满洲特征中需要增加一种重要的能力,即在不断延长的周期中激发忠诚的能力。

结　论

文章开始提出的"谁是满洲人?"这个问题,如果不追求引人入胜,根据这四部书的叙述,答案或许比较简单:满洲人,一种人群,他们主要但并不完全是女真人,在17至20世纪,他们为统治中国的使命而组织起来。这个回答还不够充分,因为在确定满洲身份方面,满洲人做什么比他们是谁更加有意义。首先,他们是征服者;柯娇燕和欧立德指出,清朝的史学家受到朝廷长期和平导向的深刻影响,他们习以为常以至忘不了这一点。柯娇燕赞扬清朝统治者为了意识形态的合法性而进行的不懈努力与始终如一的追求。这对于记住清朝是一个征服王朝是非常重要的。欧立德认为,有关满洲人的显著事实是,他们为了征服战争而组织起来,在其统治与定居中国的所有时期,他们实际上组成了一个军事武装的国家。

清朝是一个征服王朝,这一点对于探讨其政治与意识形态是非常重要的。但是,从长远来看,满洲人统治整个帝国的几百年中,他们声称并保持着被统治者对己之忠诚却是更加重要的。如果说正是这种将不同人群紧密联系起来的能力导致现代中国疆域的最终形成,清朝统治者拥有地域辽阔的帝国,则是因为他们具有言说被统治者的政治与宗教习语的能力。非常具有说服力的个案能够证明满洲统治者实际上相信他们支持的各种宗教传统。而且,清帝国境内的各种人群亦坚信统治者确实如此:民众认可清朝统治的合法性,他们用其特有的政治用语来表达。当今,审视汉人和中国边疆人们之间令人烦恼的政治与宗教性的论述,这些论述都强调清朝成就的重要意义。的确,在20世纪,少数民族可以用各种新的方式表达他们的不满,清朝的统治也绝非不可质疑。但是,清帝国的武力与其创造的现代版图却清晰地表明满洲统治者的政治能力。

满洲人不仅创造了帝国的疆域,而且制定了各种政治制度。出于征服战争的需要,他们面临将自己与各种不同来源的追随者组织起来的历史任务。满洲人不仅利用已有的组织形式,他们还对其进行改革以满足特定需要,并修正了它的不合理之处。八旗制度或许是这一过程的最好说明，它同时包含着女真的组织原则与中国行政的经验。清皇室的满洲组织制度又是一例证，它根据汉人的理论原则，但在重要特点上却有所区别。甚至在文官制度领域，清朝也通过采纳与适应、借用与改变等必要手段对现存制度加以修补，从而实现其一致性与灵活性①。即使略读晚明史也可以看出，到16世纪晚期，明帝国的规模与复杂程度已超越了现存的统治机构（特别见黄仁宇，1981）。按照汉人的建议，但凭借外来者的生机勃勃实施这些观念，改善行政结构，清朝可能赋予帝制更长的生命，除其统治的几百年外，也还会延续几个世纪。

当然，孰优孰劣，这主要取决于人们的政治观点。在20世纪早期，汉人政治制度的不合时宜，甚至是创造出来的不合时宜与使之得以残喘的统治者一起遭到谴责。在十七八世纪，政治制度的改革、充盈的粮仓、四通八达的交通与巩固的边疆值得汉人精英去赞扬满洲的行政制度。

清朝最显著的成就也许是其军事力量的团结与近三个世纪的统治。在某种程度上，满洲在17世纪是一种创造的认同，18世纪是一种“发明的传统”，根据这一事实，清朝的成就甚至会给人更深刻的印象。满洲认同的含义确实是变化的。17世纪，通过掠夺维系的征服力量成为起初临时而后永久驻防中国主要城市的武装力量。在18世纪，作为满洲人变成一种血缘问题，而非战略性的方便用具，而且皇室成员中地位最高的满洲人，柯娇燕描写他们处在“普世主义而非个别主义”政权之中（1999:36）。在19世纪，满洲人首先成为太平天国想象的恶魔，而后成为被遗忘、经济窘迫的王朝保护者，他们努力保持其统治权，义和团运动后，在派遣军援救北京公使馆之前，这些不幸的保护者颓废了。

这四部著作有一个共同的突出优点，它们在处理这些变化时，都把其作为具有前因后果的事件来处理。它们反对在某些特定的事例中根据满洲人逐渐同化到汉人生活方式中的观念来解释满洲秩序的变化。同化作为一种解释模式将会消失。但是历史——清王朝的300年的故事却是非常鲜活的。

---

① 我将在目前进行的地方行政制度的研究中阐释这个观点，题目暂为“激发的修修补补：清朝创建的省制”（Inspired Tinkering:The Qing Creation of the Province）。

参考书目：

Barfield, Thomas J. 1992. The Perilous Frontier: Nomadic Empires and China, 221B. C. to A. D. 1757. Oxford: Blackwell.（巴菲尔德:《危险的边疆:公元前221—1757年游牧帝国与中国》）

Crossley, Pamela K. 1990a. Orphan Warriors: Three Manchu Generations and the End of the Qing World. Princeton: Princeton University Press.（柯娇燕:《失去牯恃的武士:三代满洲和清帝国的终结》）

——. 1990b. Thinking about Ethnicity in Early Modern China. Late Imperial China 11(1):1 ~ 35.（《近代前期民族性的再思考》）

——. 1994. Manchu Education. In Education and Society in Late Imperial China, edited by Benjamin A. Elman and Alexander Woodside. Berkeley and Los Angeles: University of California Press.（《满洲的教育》）

——. 1997. The Manchus. Cambridge, Mass.: Blackwell.（《满洲人》）

Farquhar, David M. 1978. Emperor as Bodhisattva in the Governance of the Ch'ing Empire. Harvard Journal of Asiatic Studies 38(1):5 ~ 34.（法夸尔:《大清帝国统治中作为菩萨的皇帝》）

Grupper, Samuel Martin. 1984. Manchu Patronage and Tibetan Buddhism During the First Half of the Ch'ing Dynasty: A Review Article. Journal of the Tibet Society 4:47 ~ 75.（塞缪尔·马丁·克里帕尔:《研究综述:清朝前期满洲的保护与藏传佛教）

Huang Pei. 1974. Autocracy at Work: A Study of the Yung - cheng Period, 1723 ~ 1735. Bloomington: Indiana University Press.（黄培:《专制制度的运转:雍正统治时期的研究》）

Huang, Ray. 1981. 1587: A Year of No Significance: The Ming Dynasty in Decline. New Haven: Yale Universit Press.（黄仁宇:《万历十五年》）

Kuhn, Philip A. 1990. Soulstealers: The Chinese Sorcery Scare of 1768. Cambridge: Harvard University Press.（孔飞力:《叫魂:1768年妖术大恐慌》）

Lattimore, Owen. 1932. Manchuria: Cradle of Conflict. New York: Macmillan.（欧文·拉铁摩尔:《满洲里:冲突的摇篮》）

Li, Gertraude Roth. 1975. The Rise of the Early Manchu State: A Portrait Drawn from Manchu Sources to 1636. Ph. D. diss., Harvard University.（罗思·李:《早期满洲国家的兴起:根据到1636年为止的满文史料所作的描述》）

——. 1979. The Manchu Chinese Relationship, 1618—1636. In From Ming to Ch'ing: Conquest, Region, and Continuity in Seventeenth Century China, edited by Jonathan D. Spence and John E. Wills, Jr. New Haven: Yale University Press.（《1618—1636年满汉关系》）

Metzger, Thomas A. 1973. The Internal Organization of Ch'ing Bureaucracy: Legal, Normative and Communicative Aspects. Cambridge: Harvard University Press.（墨子刻:《清代官僚体制内部组织的司法、规范与沟通》）

——. 1977. Escape From Predicament: Neo - Confucianism and China's Evolving Political Culture. New York: Columbia University Press.（《摆脱困境:新儒学与中国政治文化的演进》）

Norman, Jerry. 1978. A Concise Manchu Chinese Lexicon. Seattle: University of Washington Press.（罗杰瑞:《简明满汉辞典》）

Palais, James B. 1996. Confucian Statecraft and Korean Institutions: Yu Hyongwon and the Late Choson Dynasty. Seattle: University of Washington Press.（帕雷斯、杰麦斯:《儒教国家与朝鲜制度》）

Qing Shilu (Veritable records of the Qing). 1986. Tokyo, 1937—1938. Reprint, Beijing: Zhonghua Shuju.（北京:中华书局:《清实录》）

Ranger, Terence, and Hobsbawn, ERIC J. 1992. The Invention of Tradition. Cambridge: Cambridge University Press.（兰格、霍布斯鲍姆:《传统的发明》）

Stary, Giovanni et al. 1995. On the Tracks of Manchu Culture: 1644—1994. Wiesbaden: Harrasowitz.（乔瓦尼·斯达里:《1644—1994年满洲文化的足迹》）

Stary, Giovanni and T. A. Pang, 1998. New Light on Manchu Historiography and Literature: The Discovery of Three Documents in Old Manchu Script. Wiesbaden: Harrasowitz.（乔瓦尼·斯达里、庞小梅:《满洲历史编纂与文学的新视角:三部旧满文手稿的发现》）

Zito, Angela. 1997. Of Body and Brush: Grand Sacrifice as Text/Performance in Eighteenth – Century China. Chicago: University of Chicago Press.（安吉拉·兹托：《身体和笔的：作为文本的盛大祭献/18 世纪中国的业绩》）

四、清代中国的新边疆与亚洲诸帝国的历史编纂学：综合书评①

Sudipta Sen（森）

柯娇燕（Pamela K. Crossley）. 1999.《半透明的镜子：清代帝制意识形态下的历史与认同》（A Translucent Mirror: History and Identity in Qing Imperial Ideology）, Berkeley and Los Angeles: University of California Press.

欧立德（Mark C. E11iott）. 2001.《满洲之道：八旗制度和中华帝国晚期的族群认同》（The Manchu way: The Eight Banners and Ethnic Identity in Late Imperial China）, Stanford: Stanford University Press.

罗友枝（Evelyn Rawski）. 1998.《最后的皇族：清朝宫廷社会史》（The Last Emperors: A Social History of Qing Imperial Institutions）, Berkeley and Los Angeles: University of California Press.

路康乐（Edward Rhoads）. 2000.《满与汉：1861—1928 晚清和早期共和国的族群关系和政治权利》（Manchus and Han: Ethnic Relations and Political Power in Late Qing and Early Republican China, 1861—1928）, Seattle: University of Washington Press.

在文明发展演进的过程中，蛮夷的入侵是一种拯救行为抑或是一场灾难，这一主题对于更大范围的历史学家始终都具有吸引力。过去，这个论题已经激发出普遍性的历史叙事；将来，也许依然如此。毕竟，诸帝国衰落与崩溃起伏变化的故事沟通着亚洲与欧洲、罗马与中国的历史。也许可以说，“蛮夷”或者局外人的历史，即使不是隐含在这一言说中的劝化框架（civilizational framework）

① 本文译自森（Sudipta Sen），“The New Frontiers of Manchu China and the Historiography of Asian Empires: A Review Essay”, in The Journal of Asian Studies 61, no. 1（February 2002）: pp. 165 ~ 177.

绝对不可缺少的，至少也是维持前述框架的整体性所需要的。本文所讨论的有关中国的这几部论著有效地打破了劝化模式，它们反映出中国历史编纂学发生的实质性转变，并且也关涉到亚洲其他地区的历史。无论单独或是综合来看，它们促使我们认真地重新思考一些长期存留的根深蒂固的成见，即定居与游牧、耕地与草原之间的关系，以及在特定天下观的支配下，影响边缘人群的诸种成熟帝制形式中的这种假定的偏好方式。

这四部著作都阐释了满洲研究中这一非同寻常的问题，作为相对意义上的外来者，满洲人建立并支撑着一个空前长久且疆域辽阔的汉式帝国。无论如何，清朝不但成功地把汉人联合起来，而且还联合了分布在巨大而多样的亚洲内陆的人群，这一范围超过此前所有王朝来源不同的各族人群。凭借紧密的联系和严格的军事世袭等级制度，满洲人建立了坚不可摧的军事组织，他们保持并赋予传统汉式制度以新的生机，同时他们也保持着自身在语言、文化、外貌、宗教以及典礼仪式方面的诸多特点。在重新建构清王朝和满洲观念方面，每位历史学家都旁征博引，并重视利用满语史料。这一领域的研究成果甚为丰硕。

在这篇评论中，我（一位中世纪晚期和早期英印领域的历史学家）大胆地拓展了某些满洲历史编纂方面更有意义的问题，这些问题促使人们对亚洲帝国尤其是所谓突厥—蒙古世系帝国的本质以及帝国与民族认同关系进行更广泛的讨论。我还试图进一步揭示边疆、领土、世系、特有的贵族等级与官僚权威这些支撑诸帝国的种种观念。

边　疆

正是勒内·格鲁塞把草原游牧人置于文明帝国的对立面，而且把“草原的内在历史过程”作为文明帝国历史进程的永恒参照（1996：xxiv－xxv）。根据格鲁塞的观点，游牧民对农耕地区的定期性推进，或者直接说就是突厥—蒙古这些文明帝国边缘的诸游牧部落，他们的兴衰“简直是一种自然规律”，这是由盛行于他们土生土长草原上的各种条件所决定的。匈奴、蒙古、畏兀儿、柯尔克孜、契丹、成吉思汗的后人、阿瓦尔人、芬兰、乌拉人以及可萨人，几个世纪以来，他们在这些袭击的门槛边反复上演着同样的宏伟史剧，“此处是草原的尽头和耕地的起点”，他们瞥见了与他们自己“完全不同的另一种生活方式”（1996：xxvi）。在亚洲内陆边疆的里程碑式的研究中，欧文·拉铁摩尔指出，帝制中国与内陆边疆地区的历史是相互补充而非相反。他认为,长城是草场和耕地的分界线,一边是固定的农耕,另一边是狩猎、畜牧和战争(1940:24~25)。把长城纳入草原帝国的历史中——它不仅仅是一条防御线,而只是近似于一个"绝对边界",是"环境分界线上社会影响的产物",与后来的麦克尼尔(1964)一样,拉铁摩尔有意识地区分了人种、国籍、语言、宗教以及与生态和自然环境相关的种种政治组织形式。在这方面,最明显的例子就是蒙古草原独特的社会发展,对牧场、畜群及牧民的关注必然会导致一个全民皆兵的流动性社会。

柯娇燕在《半透明的镜子》(1999)一书中指出了沿草原边疆地区差异与共生现象并存这些公认观点的某些方面,为了实现帝制统治,满洲人从一开始就是以改变了草原流动性的政治经济生活形象出现的。柯娇燕巧妙地恢复了原明帝国边疆诸种认同的复杂情形,并且通过女真商人的后代及其双方的人员往来——他们后来被清王朝精明的开创者、女真部落首领努尔哈赤作为消息的提供者——等大量论证,柯娇燕阐明了诸种认同在发展中的相互渗透。她特地指出,女真进攻与汉人退让的交错地带,这一地带最初在边远的辽东,后来女真在此成功地收编了抚顺的佟氏:佟氏是具有汉人血胤的旗人。这一解释把人种与民族性的改变作为边疆先天具有的基本要素,它承认征服政体的能力在于裁决谁应该归属于哪一层次,并对归属的原因作出说明。在内容翔实且颇具影响的《满洲之道》(2001)一书中,欧立德对满洲认同的解释与柯氏有所不同。但是,他极具说服力的关于"满洲之道"的观点极大地充实了柯氏提出的理论。游牧人的统治者机智地运用行政手段塑造边疆人,鼓励成年男子从事骑射,熟谙满语,保持俭朴之风,特别是对皇室长期忠诚,在这些方面,"满洲之道"即使没有完全收到效果,后来亦成为政府致力于追求的一种理想模式。

因此,在某种程度上,通过亚洲内陆边疆可以想象性地复原帝国的历史。在这些边疆地带,群豪的迁徙、割据一隅及散处各地就不再是自然而然的事情。欧立德揭示了满洲崛起这一意义深远的事件:努尔哈赤最初从女真部落脱颖而出,他与明朝进行贸易往来,逐步拥有女真贝勒、蒙古可汗的名号,后来依靠他的子孙,成为名副其实的清朝皇帝。因此,即使在清朝统治的鼎盛时期,作为帝国的惯例,打猎仍然是最重要的,在旗人中,骑马与射箭也同样至关重要。

帝国的开疆拓土亦是极为有用的神话,它贯穿于清朝政治的中心。在意义略有不同的精彩论著《清代宫廷社会史》中,罗友枝研究了某些长期存在的信仰习俗。清朝统治的显著特征之一是,国家的各种典礼仪式都遵循岁时节气变化的规律。另一个特征是,清朝是拥有多个行政中心的流动政权,同时它具有政治统治中心即"统治者与其军队选择居住之地"这种观念(1998:18)。该观念源于接近战场的需要(努尔哈赤曾七次迁都),但是,这造成了北方平原一带如盛京、承德、木兰等地远不同于北京的城市发展模式。根据罗友枝的观点,边缘地区持续长久的吸引力正体现在她称之为清朝"征服精英"的组成上,这些精英来自17世纪边疆各地,特别是东北地区混杂的人群联合。东北亚洲的部落首领与部落民(诸如柯尔克孜人和准噶尔人)进入清朝世袭贵族等级制度中并被授予各种官职,这并不仅仅因为战争,而是经由扩大的社会组织,通过赠送各种礼物——奴隶、官衔、马匹及职务——也包括政治联姻等种种方式而实现。甚至18世纪中期,边疆的扩张还在继续,理藩院等机构管理着帝国的亚洲内陆前哨地区。

将帝国边疆视为一条不可思议的具有渗透性质的分界线,这种讨论对于曾经凭借军事游牧崛起的亚洲其他帝国的边疆历史也具有重要意义。尤其在古老的伊斯兰世界的边缘地区,肥沃的土地至少孕育了三个伟大的帝国,奥特曼、萨法维和莫卧儿帝国因军事—游牧冒险而兴起。当然,要证明马歇尔·霍奇森提出的"军事性国家"的观念仍然需要做更多的工作,在蒙古扩张后,这种观念改变了伊斯兰社会,掠夺成性的尚武精神以独特的方式转变为管理国家的能力(1974:400~404)。但是,直到15世纪末期,土库曼和帖木尔的领导者才进入萨法维政权,与千年苏菲教团的联合使萨法维人成为这个伟大帝国的统治者。众所周知,在早期的萨法维时期,游牧人和城镇民毗邻而居,士兵来自基泽勒巴什(红头军,波斯军队,特别是指什叶派的精锐部队)这一世袭性的军事部落,他们长期把定居的农民视为"畜群"(泰珀尔,1997:45~46)。塞尔柱克人也是散布在呼罗珊、起儿曼、叙利亚与安纳托里亚地区的边疆民,他们与分散的伯利克联系着,在14世纪,他们建立了奥特曼政权(喀费索格鲁,1988:21~23)。在安纳托里亚地区不断变化的塞尔柱边界,突厥语与阿拉伯语共同使用着,由此形成了多样化的边疆。正是在多样化的边疆地带,普世统治(*cihandarlik*)的观念得到发展,满洲人对这种观念也作了头头是道的阐释。在奥特曼帝国扩张期间,牧场及生产的游牧单元(*yürüks*)与各地的征兵直接联系在一起(巴凯,1994:118~120;哈萨诺维,1983:16~20)。最后,另一个与清朝颇为相似的故事是,帖木尔王朝的后继者,分布在河中、呼罗珊和巴尔赫地区的突厥化的蒙古贵族察合台的一个分支,他们进入印度北部肥沃的平原地区,并建立了莫卧儿王朝。对这些征服王朝社会与文化方面更为细致的解释仍然有待于进一步深入,但是,与上文讨论的清朝的起源一样,人们会推测,这些征服王朝的起源在很大程度上源于他们独特而多样化的边疆观念。

领　土

当然,边疆并不仅仅是一条地理上的分界线,在世系与战争方面,它常常以真实的血缘来加以界定。但是,何种内在的领土观念会激发出这样的界定呢?尽管许多前现代的亚洲政权在图式绘制方面极富想象力,人们还是很难想象诸如莫卧儿帝国或奥特曼帝国,能表明连续且可以测量的民族国家的领域。这一辽阔地带是凭借骑兵的速度与能力来衡量的。考虑到边疆——人们会举出《蒙古秘史》的传奇式宇宙——这个广阔地带包括今前苏联边疆境内诸国、蒙古、中国、阿富汗和巴基斯坦,从塔里木盆地的绿洲城市到兴都库什的广阔地区(卡恩,1984:xxvii)。

在这种背景下,我们不难理解为什么在草原帝国的自我陈述中,起源与地点是如此之重要。柯娇燕认为,通过爱新觉罗氏族沿袭的清朝遗产根源于想象的—历史的宇宙志,以及皇太极掌握政权后格外强调的语言与举止特征,这些特征是这一时期领土认同的重要组成部分。早期清政权实际上是一个移动的阵营,尽管北京很重要,它仍然只是诸多统治中心之一。持续不断的巡游与迁移是清朝统治风格的重要标志,皇帝亲自考察各地,康熙的经历颇具传奇色彩,他声称已巡游方圆近七百英里之地,向西抵达山西和陕西,向北穿越戈壁沙漠到达克鲁伦河流域,向东通过满洲,在南方以各种方式渡过了长江(史景迁,1988:xiii)。巡游为皇帝提供了边远地区灾情、叛乱威胁及行政管理的第一手信息,由此产生的信息量远远超过了廷谏和奏折的范围,因此对衰老而顽固的官僚政体具有一定的警示作用。

清朝领土观念的相对开放因此表明,地理具有实际功能与统治象征的双重含义。这种观念部分源于基本的大地测量学:康熙的夏季行宫和花园从北京向四周辐射。更为重要的是,正如罗友枝指出的,清朝采取儒家的典礼仪式,包括祭神、祭祖,对丧葬仪式的支持包括为明崇祯帝举行葬礼,凡此种种都意味着清朝对各种神圣领域的高度自觉。清政府资助重要地区的众多在籍人员，并且对萨满教，包括祭天与祭堂子，以及藏传佛教实行特殊的保护。萨满仪式的并入对汉式的政治礼仪是一种抗衡，但是，它也增强了东北地区民众对统治者的忠诚，这与借鼓励佛教来联合蒙古人颇为相似。

清朝征服精英及其对中国主要城市的占领与居住方式更加清晰地表明，危险与不安的边疆统治的遗产仍然存于清朝的政治理念之中。欧立德特别揭示了边远地区的驻防旗人，他们被清政府疏离而无所依靠，远离了最初的旗营，但是，这种隔离已经成为其漫长历史发展中一个重要的组成部分。直到 18 世纪中期，驻防旗人永久地与京师旗营分离了（他们仅仅能在京师拥有财产），他们死后，其尸身及骨灰要运回京师。这种做法基于清政权对驻防地临时占领的观念，在边远地区委派官员是一种应急行为，当驻防军队返回在京的主要旗营时，外任官员就最终完成了其使命。在驻防城市，为旗人而建的隔离居住区始于对北京的划分，京城的满洲旗营被划分为“军事设防区、行政统治中心、民族居住区”，这些区域后来成为八旗官兵及其家人的家园（欧立德，2001：94）。在边疆及各行省，欧立德把这些隔离公开称之为“满洲的种族隔离”，“种族隔离”是非正义侵犯领土行为的历史残余。

在历史上，传统的汉式政权与自治的满洲政体的地理是彼此分离的，这一状况引发了关于地理上的固有观念与被创造出来的帝国边界等重要问题。罗友枝提出了一种显而易见的回答：简单地说，这些帝国并不是现代的民族—国家。因此，平原、森林、河流、耕地等各种居住区的边界是模糊不清的，其中包括不同语言与民族性的各种实体，正是满洲人成功地把他们聚拢在一个标准之下。这种观点是正确的，不过，当我们想挖掘不同政制所显见的地域差异根源时，它并没有给我们提供更有洞察力的见解。罗友枝的详细解释并没有什么不妥。她的解释与其他学者的相关讨论至少使我们明白，满洲人为什么以及如何参与并主持儒教、佛教、萨满教和伊斯兰教的各种朝圣活动。

这种世俗化的倾向足以表明一个帝国的成熟与它的普遍联合能力。从这一角度将清帝国与奥特曼帝国加以比较是富有意义的，突厥人的军事与行政才能不仅使得安娜托里亚腹地保持着相对和平，而且他们维持了耶路撒冷、麦加、麦地那及东部地中海最不稳固的要塞的统治秩序（古德温，1998：192～193）。在突厥人统治时期，在穆斯林中占支配地位的逊尼各派并不总是主要的统一力量,此外,还有一些更加世俗的宗主权形式。在这里,与莫卧儿人比较更为恰当。莫卧儿人是在撒马尔干和赫梯建立帖木尔帝国的一个分支,他们被昔班尼汗国的乌兹别克人驱逐,后来迁往印度北部的平原地区并建立了莫卧儿王朝(佛尔兹,1998:xxv)。帝国年轻的创建者巴布尔曾多次试图收复故土费尔干纳,但都没有成功,他在回忆录《定居的限制》一节描述了这一情形(1970:1)。写于16世纪的《拉失德史》一书曾被反复引用,米尔扎・海达尔・杜格拉特(Haidar Mirza Dughlat)将乌兹别克人、察合台人和莫卧儿人视为竞争中的主要部落。但是,即使粗略通读也可以看出,以一个组织命名一个地方是很常见的,这种命名法与世系及领土的命名法相联系。即使当莫卧儿在印度中心地带建立帝国时,察哈台与乌兹别克之间的竞争仍在继续,他们都试图控制著名的贸易通道与值得称道的突厥马资源。这与曾经在边疆建立后金帝国的清朝极为相似,莫卧儿人使印度的部分地区成为其家园,他们与传统伊斯兰教的联系甚微(尽管征服印度后,巴布尔取名 ghāzī—伊斯兰教勇士),这使得其突厥军事传统转向波斯的官方礼仪,他们统治着主要游牧政权控制之外的大量非穆斯林臣民。在某种程度上,这种适应性在于突厥—蒙古,特别是帖木儿人所具有的打破并且再建部落忠诚的能力,14世纪中亚诸汗国的形成充分说明了这一点(曼兹,1989:2~7,23,149)。简而言之,这些政治动乱的种种根源在于诸帝国——他们的地理与行政统治中心,这已经有些偏离讨论的主题了。

世　系

在某种特定时刻,莫卧儿人在印度的最初家园已经成为其制度化记忆中的一个主题。尽管印度—波斯化的统治风格在许多方面取代了对某一特殊世系的关注,莫卧儿人对于世系的这种亲和力与满洲人却是极为相似的。正如很难确定清朝的通古斯或女真人起源一样,我们也难以说明莫卧儿名称的确切来源。

历史学家杜格拉特是巴布尔的同族,他指出,莫卧儿帝国包括察合台人的东支,而且莫卧儿是一个"开放的国家",突厥人、回鹘人、塔吉克人、蒙古人、莫卧儿人和塔塔尔人在帝国中为崭露头角而互相争斗。事实上,在15世纪,察合台人与莫卧儿人互相仇视,巴布尔所居之地费尔干纳还未并入莫卧儿帝国(1972:51~55,172~173)。然而,通过几百年的统治,莫卧儿人记住了他们祖先的永久居地(watan,mibān);据说泰姬·玛哈尔陵是因受到撒马尔干地区帖木儿陵墓的激发而修建的,而且沙贾汗建造不朽的纪念碑表明他的统治扩大至亚洲中部,他的祖先(gūrkhānā - i - ajdād)的陵墓就坐落于此。甚至最后一位伟大的莫卧儿帝国统治者奥朗则布(1658—1707)也竭力保护着帖木儿的墓地(佛尔兹,1998:xxviii)。突厥语在莫卧儿政府中仍然使用着。巴布尔杰出的孙子贾汉基尔提倡用突厥文抄录巴布尔回忆录的诸多章节,并使之成为一种公职,他甚至添入自己的文章,以此表明,尽管在印度长大,但是他仍然能够阅读并用祖先的语言来写作(伊利奥特、道森,1964:315)。以上事实表明,莫卧儿统治家族的世系绵延相传,这种世系根源于它不仅申明他们是伊斯兰的领导者或波斯贵族与官方文化的代表者,而且他们与印度出色的土著部落进行政治合作以及与异族联合(包括前敌对者印度拉其普特人),对此还需要进行彻底的考察。

突厥遗产的相似性问题是奥特曼历史讨论中的主题,帖木儿对奥特曼政治影响的记载十分翔实。帖木儿自认为破坏了奥特曼第一帝国,同时,帖木儿的政治传统在铸造独特的奥特曼文化方面明显地发挥了重要作用。正如科内尔·弗雷斯谢尔(Cornell fleischer)指出的,蒙古后裔的遗产,特别是源于成吉思汗王朝的盛名以及“突厥和塔塔尔”的历史,在历史学家穆斯塔法·阿利显赫的世系中具有极为显著的地位(1986:276~278)。

相比较而言,清王朝在试图将满洲历史世系与记忆制度化方面走得更远。柯娇燕强调祖先神话的吸引力,宁古塔的六王与努尔哈赤的可汗头衔标志着女真后代与其他各种人群在文化和地理上的区别,皇太极时期尤为强调这种区别。这一想象出来的有所区别的女真、蒙古甚至伊斯兰性质的权力,它们完全不同于兴于战争、奴隶制、屈服以及忠诚这些更为重要的亲缘关系类型。正是凭借战争、奴隶制、屈服与忠诚,氏族长者与部落成员凝聚于八旗组织。柯娇燕将此视为政治统治更高秩序的创造,在这种创造活动中,女真与满洲的象征意义在王朝记忆中交融起来。这种记忆亦是一种编年史的实践行为,它赋予统治的皇室以突厥—蒙古起源,其中包括对与八旗贵族最高层清皇室(爱新觉罗)这个核心集团有关的从属及附属群体的复杂区分(1999:72~73)。因此,清朝在皇族中创造了严格以血缘为标准的高度纯洁的世系。欧立德认为,八旗贵族是亲属关系的产物。他指出,令人惊叹的八旗是作为一个扩大的军事特权行政组织而存在的,旗人的出生、提拔、享有的种种特权以及因此申明的满洲认同是难以渗透的。

罗友枝在讨论满洲人对女性的态度时,对满洲/清朝等级制度中的这些内容有清晰论述,在对待皇帝的母亲、姐妹、配偶和女儿等问题上,满洲统治与世袭统治的汉式模式有很大区别。在征服精英们的政治婚姻中,禁止与被征服的汉人,特别是明朝后人通婚。罗友枝清楚地揭示出后族影响力的可视度如何降低,以及她们如何婚配,何时生育并被纳入皇室。据此,皇太后与她丈夫的兄弟们共同摄政,奴仆进入统治核心就不足为奇了。事实上,慈禧太后不过是一位权力超出家族范围的帝国家长而已。

因此,满洲统治者在中国并不是漫不经心地利用儒教世界观或官僚化的学术精英们所倡导的道德观。当然,他们也信心十足地创造了帝国的血统,并且敦促贵族们也这样做。在这种情况下,如果将满洲的等级观念视为一种更具策略性、更有意识的帝国创造而非传统等级制度中的赏罚行为,那么,从理论上来看,路康乐称之为“职业性的等级制度”(路康乐,2000:291)就是正确的。事实上,路氏有关清朝衰落的研究生动地阐明,八旗制度异乎寻常的长久是由于它与满洲认同无法剥离开的历史的、结构性的种种联系。正是这一特征使得旗人在帝国晚期继续作为一个生机勃勃的群体而存在。

统治精英

满洲的历史发展清楚地表明,征服集团不仅在明朝的阴影下生存了几个世纪,而且他们与过去的帝国官僚机构及其他强有力的非汉族群体保持着融洽的关系。如何同化或维系一种就其构成要素的性质而言差异极大的贵族性,始终是一个至关紧要的问题。它无时不显现在清王朝号令全国的惊人成功以及满洲统治的最终衰微之中。首先是贰臣的身份,毫无疑问,他们的忠诚是可靠的,帝国发展初期,在背叛明王朝之时,他们并没有更多的选择。康熙时期,明朝的意识形态被有选择地吸收确定下来,在考虑精英人物的等级方面仍然存在巨大的压力。特别是征服和占领的最初几十年,当行政统治而不是军事征伐成为日常生活之时,满洲、蒙古、汉军旗人之间互相竞争。新贵族包括诸如前敌对者喀尔喀蒙古和准噶尔等东北亚洲的部落首领和部落成员进入八旗。这些新归附者被安排在八旗内外,他们受到八旗制度的管理与约束。

旗人是清朝军事成功的关键,尽管他们内部还存在分歧,但他们的存在提供了一种非传统的官僚机构形式,尤其在各行省,他们往往因忠诚及才能而被挑选。旗人并未把传统的刻苦读书作为入仕的基础。但是,他们却干涉民事,这一现象在危机时期特别明显。随着时间的推移,清帝国将文官的合理要素纳入其行政统治之中。许多满洲人与蒙古人通过了进士考试。然而,他们通常享受随意定额的待遇却使其比汉人更容易获取功名。

路康乐对旗人民族性的衰退有一段饶有兴趣的解释,他认为,到清朝晚期,满洲人占旗人的大多数,汉人约占三分之一,蒙古人约占七分之一。在很大程度上,随着军事驻防成为各行省的永久特征,八旗组织已经渗透到社会权力的诸多方面。在官僚机构中,满洲人与汉人的界限如同旗人与民人有别一样。对女真与蒙古头衔的选择性利用及其严格的等级区分产生了罗友枝使用的术语"依赖贵族",特别是政府能够残酷地削减有继承权的皇子的人数。

八旗制度确保了有所分别却又忠诚的服役精英,八旗的发展并不仅仅取决于功勋与出身,只要税收与帝国预算能够支撑日益增多的旗人,它就会得到进一步的发展。世袭的军事首领把旗人作为私有财产紧紧控制起来,士兵如奴隶般被派到田间耕种的做法最终被废止了。欧立德指出,在 18 世纪,国家财政的近四分之一被分配确保由不到 2% 的人口组成的"等级制度"下的军事生活方式。从长期来看,旗人的生计问题、贫困与债务侵蚀着清朝统治的合法性及政府提倡的世界观(欧立德称之为"满洲之道"),这导致官僚阶层的腐败与下层旗人的过度膨胀,雍正皇帝通过对旗人进行重新登记也未能挽回这种颓势。

旗人"铁杆庄稼"的美名足以说明清朝军事战争与镇压叛乱成功之关键。大量旗人确保了弓箭手、骑兵、步兵的来源,最重要的是骑兵,他们从北京粮仓获取谷物,或从地方税收获取钱粮——这种更为集中的供应方式远远超出了战争掠夺或直接占有土地的收益。由于旗人已经习惯于获取银两、财物和各种军事配给物,他们的生活水平远远优越于一般汉人,这给他们带来了奢侈甚至寄生的恶名。同时,不断增多的旗人对有限的资源造成了压力(欧立德,2001:196 ~197)。加上特别的法律豁免权,特殊的监禁,更轻微的判决,官员名额分配的不均,以及禁止旗人从事八旗与国家官僚机构以外的其他职业,这些又进一步强化着旗人的统一联合与对政府的依赖。正是这些掠夺行为激怒了清王朝的反对者:晚清民族主义运动期间,梁启超、邹容、章炳麟和其他革命者都指斥满洲人是享有特权的少数民族,是篡夺与压迫汉人的异域野蛮人。

在扩大统治王朝利益方面,满洲人取得的成功超过了汉式的官僚政府。与此同时,他们又维护了自治的民族结构,与代表军队和领导权的其他军事组织截然不同,他们是有系统有组织的军事精英。将昔日难以对付的部落竞争者统一为八旗是一种常见的发展模式,其他现代亚洲诸帝国也存在同样有趣的问题。正是使用"贵族"(nobility)表示一个阶层,从而产生了比较的问题,对之进行全面讨论已超出了本文的范围。清朝严密的军事等级与平民地位因旗人的身份而愈益复杂,对享有特权的贵族或贵族阶层(aristocracy)进行归类是非常不容易的。然而,这种用法在下文讨论的亚洲伊斯兰诸帝国的历史编纂中却司空见惯,使用惯用术语代替难以理解的本族语或许是西方学者的传统。

在伊朗,萨法维王朝统治着极具挑战精神、桀骜难驯的土库曼冒险者。萨法维王朝首先利用最不稳定的基泽勒巴什人去对付格鲁吉亚人和契尔克斯人,在政府中,这些基泽勒巴什人将分裂为新的宗派;其次,组织统治家族形成新的部族等级秩序(Shiekhavand);最后,以沙赫(shāhīsevānī)为中心,宣扬个人崇拜。沙赫皇帝阿拔斯能够联合反对奥特曼与乌兹别克人的原因之一在于平衡了内部的力量,即采取积极措施对战争集团进行分化、重组与再安居,以及以分配土地为回报的强制性服役方式将这些集团统一到军队中。

在莫卧儿帝国,贵族的核心来自中亚著名的图兰人(他们是成吉思汗和帖木儿时期服役者的后代),其祖先曾经在阿富汗和北部印度为巴布尔而战。紧随其次或许人数更少的是伊朗人,在坎大哈时期,他们跟随胡玛雍得到波斯太美斯普一世的帮助,其中包括基泽勒巴什和乌兹别克政界人士和冒险者。在偏袒什叶派的基泽勒巴什人的白拉姆汗摄政时期,伊朗人维护了他们在年轻的阿克巴政府所获得的优势地位。这些为汗国服兵役的外来精英(naukars)仍然热衷于各自的语言、技能及其世系,这对怀有雄心大志的阿克巴是一个严重挑战,他运用隔离、分裂等手段,将他们统一在贵族化的官方体制曼萨卜达尔(mansabdars)之中。伊克提达阿拉姆汗称之为"多种族与多宗教成分的混合体",这些外来精英最终服从莫卧儿的标准,这表明印度新的军事"等级制度"获得了成功(汗,1968:29)。

能够证明的是,与努尔哈赤和皇太极不同,阿克巴将精英人物联合到一个区别更少却相当稳固的组织之中(阿塔尔·阿里,1985)。尽管到16世纪结束时,图兰人和伊朗人在最高等级的贵族中占有很大的比例,印度穆斯林、拉其普特人及其他印度人在帝国政府中也有相当数量。阿克巴认识到贵族分裂互相残杀的潜在威胁,他以牺牲印度本土为代价,通过战争、结盟与联姻成功地将大量土著拉其普特部落引入政府,同时,他还使用了一些其他策略。其中之一是采用突厥人的土门(tumān)、成吉思汗的十进位军事制度。这确保了士兵、装备与坐骑的供应,正如塔塔尔的历史学家志费尼曾惊叹的,"他们将丝毫不延误约定的时间"(1958:31)。

这些大多与地方(扎吉尔)的税收分配原则相适应,相对于奥特曼的提马尔来说,莫卧尔帝国的税收则直接分配给骑兵(斯特桑德,1989:69~70)。与莫卧儿帝国的税收分配相比,据说奥特曼的提马尔是临时给予的,永久的土地所有权往往属于那些奥特曼巩固之前的地主精英(巴克,1994:96~97)。除了军事服役与税收外,莫卧儿帝国皇帝与贵族的关系还通过个人的忠诚及象征性地服从皇室(与清朝的包衣比较)而得以强化(理查兹,1981:270)。因此,为了保持服役渠道的畅通,莫卧儿人最终耗尽了所有的官职与资源。从长期来看,他们没有统治帝国最边远地带的军事雄心,后来在各行省依然如此。如果他们建立了像清朝一样严格的等级制度,他们能否更加长久地生存下去则是一件很难说清楚的事情了。

民族性

最后但并非最不重要的是,这四部著作共同讨论的一个主题是,满洲的民族性是作为一种群体而存在的。作为一个概念,民族性通常有广义和狭义两层含义,这两种含义根据帝国描述的方式而有所变化。柯娇燕认为,清代的民族认同不是本来就有的,而是帝国文化叠加的产物,通过有意识地区别对待各个群体,清朝统治者获得了他们能够获取的各种权利与特权。她仔细区分了这种民族性与现代的人种及民族主义观念,并且考察了太平天国和义和团运动及他们激烈的排外主义这些形式单一的种族中心主义运动,其中包括指责清朝为外族入侵。同时,她还讨论了民族主义的确受到满汉差别已然存在这一客观事实的刺激,而这种差别有着长期的历史渊源。共和主义者对帝制的不满就这样促成了一种新的民族主义,它旨在通过与西方的反复交涉而建立一个单一化的中国;而在跨越了各色各样既定疆界与既定族群的庞大合并体基础上形成的清代帝制传统中，我们却很难找得到这样的意识。如果赋予前现代实体以现代的民族主义来构建其血统与种族观念，我们有可能会误解认同所固有的标准（1999：48～49）。

另外，欧立德叙述了满洲人作为居统治地位的少数民族，他们并没有完全同化到汉文化中时，他发现“民族宗族权”（2001：5，351）这一观念颇为有用。这是一种为了保持自己与其他汉人社会之间的距离，从而有意识地将权力集中到统治中心的观念。满与汉之间的区别通过对血统的操纵而得到保证，甚至在清朝统治加强，满与汉之间的文化差异已经缩小之时，民族的区别却在强化。

帝国制定的苛刻条件，经由回溯世系与文化表述方面的诸种强制措施体现出的民族性表明，群体忠诚的产生与特定的命名都含有一定的政治及历史意义：满洲人与旗人若即若离的关系反映了这种演进过程的复杂性，只有在特定的事例中，我们才能够理解这种关系。通过深入考察诸多细节，罗友枝回避了容易犯的某些错误，她正确地指出，语言与民族的特征不是同步发展的，而且，只有在现代民族—国家，民族性才会受到质疑。清朝国家的既定目标既不是国家认同，也不是民族认同；而是通过重新调整已经划定的界线使之充当行使权力的手段。

如果仅仅按照路康乐对晚清正发生着变化的意识机制的非凡的表述，我们很难确定，在中国历史上是否有一个特定时刻或事件——中国与西方列强发生冲突从而促使传统的民族主义发展成为现代的种族主义仇恨。到19世纪结束，清王朝的命运与传播并接受反传统思想紧密相连，诸如梁启超等人，他们呼吁结束满汉之间的种族区分，并强调把“黄种人”从数百年的外国奴役中解放出来。

面对这种反抗行为——包括街头的排外运动，还有义和团运动后性质复杂的共和党人的革命运动——处于衰落中的清廷娴熟灵活地处理这些突发事件，这进一步证明民族设计的适应性与应急性之本质。满洲认同问题似乎与八旗的历史和结构息息相关，而且正是这一重要制度的衰退与失败，阻碍了慈禧太后与载沣统治时期一个新帝国的创造力及重新集权的任何推进。因此，这里的问题是，在研究清朝衰落时，它究竟在多大程度上吸收了汉文化，可能还需要进一步讨论。现在可以说明的是，正是维持满洲人处于统治地位的这些差别激起了普遍存在的汉人的民族主义情感，推翻清朝统治的这种情感与从西方强权的不当压迫中解放中国相等同。然而,清朝统治的瓦解并不一定或者有利于民族主义在中国的兴起。

大体上,对亚洲历史来说有些特别重要且具有启发性的问题,这些问题同样促使其他传统亚洲帝国,特别是那些"中期"联合后的穆斯林世界的历史学家,更加仔细地审视他们内在的民族构成,以及贵族混合体中存在的各种经过反省的认同。在莫卧儿印度这个个案中,除了对皇室的忠诚与支持外,它也揭示出种族中心主义宗派与国家财政分配的失败是同样重要的(昌德拉,1959;哈比卜,1963;阿塔尔·阿里,1968)。但是,这里更需要述及的则是,非连续的世系和集体的忠诚与帝国理想之间的关系。我怀疑在研究衰落中的奥特曼帝国,特别是贝勒贝宜正在兴起的自治权及后来18世纪地方的"封建领主"这些有权势的贵族(ayans)时,同样的问题也会产生(伊纳尔切克,1994;帕默,1992;库恩特,1983)。

历史的能动性是群体维护其权利与合法性,并以原民族术语申明其特殊的血统,在总结这一点时,术语的界定仍然是一个很大的问题。或许我们需要赋予民族性以一种更加合适的历史性的术语形式,而并不违背民族的现代性去界定它。对满洲语言与观念形式的进一步探讨有助于我们更好地理解语言差异在清帝国认同形成过程中的重要作用。本文认为,满洲的民族性并不单纯是帝制中国边疆"蛮夷"政治经济的产物,而且它还涉及到领土、世系及政治统治观念的创造性使用。但是,这是一个有争议的问题,历史学家的研究技巧与我们对民族—国家的高度意识是同样重要的,对民族—国家的意识会激发并影响我们自己的探究,特别是当我们从蛮夷的边疆谈及帝国的范围时尤为如此。

参考书目:

Athar all, M. 1968. Mughal Nobility under Aurangzeb. Bombay: Asia Publishing House.(阿塔尔·阿里:《奥朗则布统治下的莫卧儿贵族》)

——. 1985. The Apparatus of Empires: Awards of Ranks, Offices and Titles to the Mughal Nobility, 1573—1658. New Delhi: Oxford University Press.(《帝国的机构:授予莫卧儿贵族的等级、官职与头衔)

Babur, Zahiruddin Muhammad. 1970. Baburnama. Vol. 1. Translated by A. S. Beveridge. Reprint, Delhi: Oriental Books Reprint Corporation.(巴布尔:《巴布

尔回忆录》)

Barkey, Karen. 1994. Bandits and Bureaucrats: The Ottoman Route to State Centralization. Ithaca: Cornell University Press. (克伦·巴凯:《匪帮与官僚:奥特曼帝国集权之路》)

Chandra, Satish. 1959. Parties and Politics at the Mughal Court, 1701—1740. Aligarh: Aligarh Muslim University. (萨蒂什·昌德拉:《1701—1740 年莫卧儿政府的党派与政治》)

Dughlat, Mirza Haidar. 1972. A History of the Moguls in Central Asia, being the Tarikh-I-Rashidi of Mirza Muhammad Haidar Dughlat. Edited by N. Elias and translated by E. Denison Ross. Reprint, London: Curzon Press. (米尔扎·海达尔·杜格拉特:《拉失德史》)

Elliot, H. M. , and John Dowson. 1964. The History of India as Told by its Own Historians. Vol. 6. Allahabad: Kitab Mahal. (伊利奥特, 约翰·道森:《印度史学家讲述的印度史》)

Fleischer, Cornell H. 1986. Bureaucrat and Intellectual in the Ottoman Empire: The Historian Mustafa Ali. Princeton: Princeton University Press. (科内尔·弗雷斯谢尔:《奥斯曼帝国的官僚与知识分子》)

Foltz, Richard C. 1998. Mughal India and Central Asia. Karachi: Oxford University Press. (理查德·福斯:《莫卧儿印度与中亚》)

Goodwin, Jason. 1998. Lords of the Horizons: A History of the Ottoman Empire. New York: Henry Holt. (贾森·古德温:《奥特曼帝国史》)

Grousset, Rene. 1996. The Empire of the Steppes: A History of Central Asia. Translated by Naomi Walford. Reprint, New York: Barnes and Noble. (勒内·格鲁塞:《草原帝国:中亚历史》)

Gulbadan Begam. 1902. The History of Humayun (Humayun-Nama). Translated by A. S. Beveridge. London: Royal Asiatic Society. (贝加姆·古尔巴丹:《胡马雍统治的历史》)

Habib, Irfan. 1963. Agrarian System of the Mughal Empire. Bombay: Popular Press. (伊尔凡·哈比卜:《莫卧儿帝国的农业制度》)

Hodgson, Marshall G. S. 1974. The Venture of Islam. Vol. 2, The Expansion of

Islam in the Middle Period. Chicago:The University of Chicago Press.(马歇尔·霍奇森:《伊斯兰的冒险》)

Inalcik, Halil, ed. 1994. An Economic and Social History of the Ottoman Empire. Cambridge:Cambridge University Press.(哈利勒·伊纳尔切克:《奥斯曼帝国的经济与社会史》)

Juvaini. 1958. The History of the World-Conqueror; Translated From the Text of Mirza Muhammad Qazvini. Vol. 1. Cambridge: Harvard University Press.(志费尼:《世界征服者史》)

Kafesoglu, Ibrahim. 1988. A History of the Seljuks:Ibrahim Kafesoglu's Interpretation and the Resulting Controversy. Edited and Translated by Gary Leiser. Carbondale and Edwardsville:Southern Illinois University Press.(易卜拉欣·喀费索格鲁:《塞尔柱史》)

Kahn, Paul. 1984. The Secret History of the Mongols: The Origins of Chinghis Khan: An Adaptation of the Yuan Ch'ao Pi Shih Based Primarily on the English Translation by Francis Woodman Cleaves. San Francisco:North Point Press.(保罗·卡恩:《蒙古秘史:成吉思合罕的起源》)

Khan, Iqtidar Alam. 1968. "The Nobility Under Akbar and the Development of his Religious Policy." Journal of the Royal Asiatic Society 1~2:29~36.(伊克提达阿拉姆:《阿克巴统治下的贵族及其宗教政策的发展》)

Khazanov, A. M. 1983. Nomads and the Outside World. Translated by Julia Crookenden. Cambridge:Cambridge University Press.(哈萨诺维:《游牧人及其外部世界》)

Kunt, Ibrahim Metin. 1983. The Sultan's Servants: The Transformation of Ottoman Provincial Government. 1550—1650. New York:Columbia University Press.(易卜拉欣梅丁·库恩特:《1550—1650 年苏丹的雇佣者:奥斯曼行省统治的变化》)

Lattimore, Owen. 1940. Inner Asian Frontiers of China. New York:American Geographical Society.(欧文·拉铁摩尔:《中国的亚洲内陆边疆》)

Manz, Beatrice F. 1989. The Rise and Rule of Tamerlane. Cambridge:Cambridge University Press.(贝亚斯·曼茨:《帖木儿的兴起与统治》)

Mcneill, William. 1964. Europe's Steppe Frontier, 1500—1800. Chicago: University of Chicago Press.（威廉·麦克尼尔:《1500—1800 欧洲的草原边疆》）

Palmer, Alan. 1992. The Decline and Fall of the Ottoman Empire. London: J. Murray.（阿兰·帕默:《奥斯曼帝国衰亡史》）

Richards, John F. 1981. "The Formation of Imperial Authority under Akbar and Jahangir." In Kingship and Authority in South Asia, edited by J. F. Richards. 2d ed. Madison: University of Wisconsin, South Asian Studies.（约翰·理查兹:《阿克巴与贾汉基尔统治时期帝国权威的形成》）

Spence, Jonathan. 1988. Emperor of China: Self Portrait of K'ang-his. New York: Vintage.（史景迁:《中国皇帝:康熙自画像》）

Streusand, Douglas E. 1989. The Formation of the Mughal Empire. Delhi: Oxford University Press.（道格拉斯·斯特桑德:《莫卧儿帝国的形成》）

Tapper, Richard. 1997. Frontier Nomads of Iran: A Political and Social History of the Shahsevan. Cambridge: Cambridge University Press.（理查德·泰珀尔:《伊朗边境的游牧人:沙赫色文人的政治及社会史》）

后　记

满族是中华民族大家庭中的一员。她是一个充满激情与进取精神的少数民族,她勤劳、勇敢、智慧,对我们统一的多民族国家的发展、繁荣、强盛做出了突出的贡献。满族及其历代先民与周边各民族共同缔造了我国的疆域版图,维护了国家的主权,促进了经济的恢复和发展,在科学和文学艺术等诸多方面取得了令人瞩目的成就,在中国这片土地上留下了深深的印记和极为宝贵的历史文化遗产。正因为如此,满学成为众多学者关注的一个重要研究领域。

需要说明的是,这部书稿是我近十年学习与研究的一个小结,其主要内容已散见于各种公开出版物,此次做了归类、整理和修订,使之能够较为系统地呈现我的学术观点。书稿主要包括以下几个部分:一、清代满汉关系的演变:清政权是一个满洲居于支配地位的全国性政权,满汉关系在清代多民族国家中具有极其重要的地位,满汉关系的发展变化直接影响着清政权的稳定与中国社会的发展。整个清代,满汉之间的交往联系始终受到清政权政策调整的影响而带有鲜明的阶段特征。从清政权初兴到其覆亡,满汉之间存在矛盾冲突,但双方关系亦有缓和友好的一面,经济文化的交流与融合始终构成彼此间关系的主流。二、东北地区的满与汉:清入关后的东北地区具有与内地各省许多不同的特点,满汉关系的表现及其发展趋势带有特定区域所赋予的鲜明特征。总体来看,东北地区以旗民交往与交融为主要特征的满汉关系相对较为缓和。三、满族的八旗制度:八旗是清朝军队的核心部分,也是满族军政合一的社会组织和管理机构。清朝统治的满洲特色亦通过八旗得以充分彰显。本部分重点考察了八旗户籍、八旗基层组织佐领的编设与改易、清代的归旗制度等相关问题,对八旗制度在历史上的作用,这一制度自身所具有的体制性缺陷及其对满族的影响等问题进行了分析。四、八旗汉军——八旗内部的边缘群体:满汉关系不仅体现在旗、民关系方面,也体现在八旗内部满洲与汉军的关系方面。在满洲本位思想的支配下,清代八旗汉军与清廷的关系非常微妙,他们的身份也时有变易,成为一个游移于旗与民之间的特殊群体。五、满族传统生态文化及其变迁:满族在发展过程中,其传统文化也经历了重大变化,留下了许多值得深入阐发的课题。本部分主要从生态人类学的角度对东北满族生态环境和传统文化变迁进行梳理,旨在探讨满族民族文化在现代社会的传承与发展。六、满族史研究的趋势与进展:我国的满族史研究具有鲜明的本土特色且根基深厚,需要继续秉持史学实证研究的传统。与此同时,需要批判地吸收国内外相关研究的合理部分和有益成果,不断推进与深化满族史研究。

人民日报出版社梁雪云女士在书稿编审过程中给我提供了非常有价值的建议,她的认真负责和友善率真令我感动,谨在此表示诚挚的感谢!

书稿分内外两编六个部分,虽然每个部分的研究各有侧重,但其中贯穿着同一追问:清代的满洲人置身于汉人、汉文化的汪洋大海中,他们如何保持自身的独特性?满洲最具特色的八旗制度在实践中是如何完善与运作的?历史研究的推进是一代代史学研究者坚持不懈、勇于创新的结果。前贤的研究成果给我很多有益的启示。可以说,我所获得的每一项成果都是在前人的研究基础上展开的。在此谨向前辈学者致以诚挚的谢意!若使用前贤与学友的学术观点时存在误读误解或引用不当,敬请谅解。囿于学识所限,有些论述与探讨难免稚嫩疏漏,敬请各位师长、学友批评指正。

孙静

2017 年 9 月